# VOTO ÚTIL:

## CÓMO ELEGIR A NUESTROS POLÍTICOS

### POR JOSÉ ALBERTO LEÓN

I0410436

© José Alberto León Alonso, 2016.

ISBN-13: 978-1540716903

ISBN-10: 1540716902

# ÍNDICE

# 1. PREÁMBULO

El 15 de mayo de 2011, cuarenta personas decidieron de forma espontánea acampar en la Puerta del Sol de Madrid tras una manifestación convocada por las redes sociales con la intención de promover una democracia más participativa en España. Esa acampada fue el inicio del Movimiento 15-M, también llamado movimiento de los indignados, que se difundió rápidamente por toda España popularizando el eslogan "no nos representan", dirigido a los políticos que ejercen su labor en nombre de todos. Con ese lema advertían que los políticos ni se dedicaban a buscar el bien común y el mejor servicio a los ciudadanos, ni se parecían a ellos en su forma de vivir, de hacer y de actuar. Criticaban que para los representantes políticos su único *leiv-motiv* era el acceso a las instituciones, lo que les garantizaba poder, recursos y capacidad para extraer rentas, mientras que para los ciudadanos, en cambio, el poder sólo era un instrumento y no un fin en sí mismo. El 15-M se difuminó a partir de octubre de 2011 a causa del paulatino levantamiento de las acampadas y de su instrumentalización por grupos más radicales, pero las causas que lo generaron han seguido vigentes, y la indignación ciudadana, si bien apenas visualizada hasta hace muy poco, no se ha reducido sino, al contrario, se ha generalizado e incrementado. En una encuesta[1] realizada dos años después, tres de cada cuatro ciudadanos (74%) consideraban que el Congreso de los Diputados no representaba a la mayoría de los españoles y un porcentaje incluso superior (80%) no se sentía personalmente representado por él. Aquel grito que pusieron de moda las movilizaciones sociales del 15M — "no nos representan"— ha dejado de ser el lema de una minoría para pasar a expresar un sentimiento mayoritario. De hecho, la abrumadora mayoría de los ciudadanos (83%) desaprueba la forma en que el Congreso de los Diputados lleva a cabo su trabajo.

Hay que reconocer que existen motivos más que suficientes para la indignación ciudadana. España es un país en el que la cúpula de la justicia está politizada; en el que las administraciones públicas pueden incumplir voluntariamente sentencias judiciales sin consecuencia alguna; en el que la corrupción campa a sus anchas corrompiendo políticos e instituciones; en

---

[1] FERRÁNDIZ, José Pablo. *"No nos representan"*. Metroscopia. El País, 2013.

el que una región se arroga soberanía propia y apuesta por un proceso revolucionario para lograr su secesión del resto de España; en el que una legión de enchufados ocupa instituciones, fundaciones, organismos y empresas públicas sobrecargando a los contribuyentes con su manutención, sin otro mérito que la pertenencia al partido o a la familia; en el que la política se ha convertido en una profesión para cientos de miles de personas de escasa valía; en el que los políticos están más interesados en capturar rentas y mantenerse en el poder, que en trabajar en pos del interés común; en el que los ciudadanos no pueden (y en ocasiones, no quieren) castigar a los políticos corruptos negándoles el voto; y en el que las cúpulas de los partidos se comportan como reyes absolutistas premiando la lealtad de sus acólitos con suculentos cargos y castigando con el ostracismo a quienes osen ejercer su derecho a la discrepancia.

¿Fue siempre así? No al principio. Como indica César Molinas[2], los políticos de nuestra transición política eran muy distintos de los actuales. No tenían espíritu de gremio ni un interés particular como colectivo. De hecho, muchos no se veían siquiera como políticos profesionales, sino como una élite sin interés por el poder y una gran capacidad de trabajo y de entendimiento que deseaba evitar nuestra peor historia de enfrentamientos. Por ello, dedicaron algunos años de su vida (algunos apenas unos meses) para crear un marco político de convivencia entre los españoles. No lo hicieron nada mal, pero en su momento tomaron dos decisiones trascendentales que dieron forma a la clase política que les siguió. La primera fue adoptar un sistema electoral proporcional corregido, con listas electorales cerradas y bloqueadas, que en la práctica era un sistema proporcional con sesgo mayoritario. El objetivo era consolidar el sistema de partidos fortaleciendo el poder interno de sus dirigentes, algo que entonces, en el inicio de una democracia incipiente y dubitativa, parecía razonable. La segunda decisión fue descentralizar fuertemente el Estado, adoptando la versión "café para todos" del Estado de las autonomías. El plan, por aquel entonces, parecía sensato. Pero con el tiempo se desmandó.

---

[2] MOLINAS, *op. cit.*

La descentralización del estado fue mucho más allá de lo imaginable cuando se aprobó la Constitución. Como señala Enric Juliana[3], el Estado de las autonomías que presumía de una descentralización controlada de arriba abajo, se vio rápidamente desbordado por un movimiento de abajo arriba liderado por las élites locales que, por no ser menos, acabó imponiendo la versión de "café para todos" del Estado autonómico. ¿Y quiénes eran esas "élites locales"? Pues los antiguos caciques y beneficiarios de los sistemas clientelares de toda la vida de la España de provincias que, para no perder su poder político, se apuntaron a una descentralización que favorecía su acceso a la cúpula del nuevo poder regional. El resultado fueron diecisiete administraciones autonómicas, diecisiete parlamentos y miles de nuevas empresas, fundaciones y organismos públicos cuyo principal objetivo era y es "colocar" a los "suyos". Ya he tenido ocasión de describir este asunto en profundidad en varias de mis obras[4], así que no haré más hincapié en ello excepto para concluir que el proceso autonómico se ha revelado en la crisis como un auténtico fracaso: impulsado para contener el incipiente separatismo en Cataluña y el País Vasco, ha acabado alimentándolo, y en lugar de acercar la administración al ciudadano, lo ha hecho al clientelismo, la arbitrariedad, el despilfarro y la corrupción, lo que ha traído consigo la insatisfacción y hastío con la clase política.

Respecto a la otra decisión trascendental, el sistema electoral proporcional corregido, con listas cerradas y bloqueadas, ha creado una clase política profesional muy distinta de la que protagonizó la Transición, donde los políticos acceden a las listas electorales por el exclusivo mérito de fidelidad a las cúpulas, y no por su competencia y capacidad. Denuncia Molinas que "la política y sus aledaños se han convertido en un *modus vivendi* que alterna cargos oficiales con enchufes en empresas, fundaciones y organismos públicos y, también, con canonjías en empresas privadas reguladas que dependen del BOE para prosperar". En este libro me centraré exclusivamente en el efecto de nuestro sistema electoral y el

---

[3] JULIANA, Enric. "*Modesta España: Paisaje después de la austeridad*". Ed. RBA, 2012.
[4] Ver LEÓN ALONSO, José Alberto. *Una reforma territorial para España*, así como en *Qué hacer con el "problema catalán" (y vasco)*. Ed. CreateSpace Independent Publishing Platform, 2015.

reclutamiento y la selección de candidatos sobre el estado actual de nuestro país.

El vigente sistema electoral en España pretendía lograr un Congreso con escasa fragmentación política en el que primase la estabilidad y gobernabilidad sobre cualquier otra alternativa, lo que en 1978 podía tener cierta lógica, pues aún no estaba clara nuestra capacidad para convivir de forma democrática, y se quería huir de la inestabilidad política de nuestra Segunda República. Pero con el sistema diseñado y vigente desde entonces, es el partido político quien postula en su lista a los candidatos al poder ejecutivo y al legislativo. Esta situación se ve agravada por la falta de transparencia en la democracia interna de los partidos, siendo en la práctica el líder único y omnisciente quien designa y postula a los candidatos a todos los diferentes cargos, que ni siquiera son elegidos por los afiliados en elecciones internas. La existencia de listas cerradas provoca que, en el momento de la votación, el elector no escoja a ningún candidato concreto, sino a una lista bloqueada de candidatos diseñada previamente por la cúpula del partido. Estas listas cerradas suelen incluir personas por lo general desconocidas o carentes de apoyo popular "colocadas" detrás de un candidato mediático que encabeza la lista para acumular votos, e instaladas en la lista por el líder del partido como premio a la lealtad demostrada, a su amistad o a sus lazos familiares. Los parlamentarios y los concejales no son realmente escogidos por los ciudadanos, sino por los partidos, que posteriormente someten su decisión a la ratificación del electorado, aunque sin posibilidad alguna de enmienda. Con este sistema, el elector en realidad vota por una preferencia política y no por el candidato predilecto para ejercer las labores de representación en el Congreso de los Diputados, y los representantes terminan privilegiando intereses ajenos a los de los electores, incluso por encima de sus valores e ideales. Pero si las decisiones las toman las cúpulas de los partidos, que las trasladan al Parlamento a través de la disciplina de voto, la conclusión es desoladora: el Parlamento no refleja la soberanía popular sino la voluntad de las cúpulas de los partidos. En ese sentido, está claro que "no nos representan", y la conclusión también es diáfana: no es posible abordar la crisis de representatividad de las instituciones democráticas sin tener en cuenta la crisis de la representatividad de los propios partidos.

En lo que se refiere al sistema electoral, el diseño realizado para elegir a los diputados en cada circunscripción produce al menos dos efectos para los electores y uno para el funcionamiento de los partidos. Respecto a los ciudadanos, por un lado, los candidatos NO son realmente elegidos por el pueblo, sino por las cúpulas de los partidos, con lo que el ciudadano no se siente bien representado; y por otro lado, la falta de capacidad del votante para elegir a la persona que la representa tiene como consecuencia más grave la ausencia de mecanismos para premiar o castigar la actuación de un diputado durante su mandato. Es un sistema en el que no existe la rendición de cuentas de los representantes ante el electorado que, como veremos, es un criterio fundamental para catalogar a un sistema electoral como bueno. En cuanto al partido, este mecanismo facilita la concentración de todas sus decisiones en su cúpula y en su carácter indiscutible, incluso las más controvertidas. Un ejemplo es el apoyo de España a la Guerra de Irak por decisión personal de Aznar, en contra de la voluntad de la inmensa mayoría de los españoles e, incluso, de los afiliados y cargos públicos del PP, pero que, pese a ello, apoyaron sin fisuras a su líder. No cabía otra postura para ellos. Quebrar la disciplina de voto o incluso criticar la postura de su líder podría acarrear su salida de las listas electorales y el fin de su carrera política, a la que en la mayoría de los casos habían dedicado toda su vida, pues no conocían otra ocupación profesional. Carrasco[5] introduce un término interesante, que utilizaré de ahora en adelante, para referirse a la actual situación. En lugar del manido *partitocracia*, concluye que nuestro sistema político descansa en una "*cupulocracia*, en el que un pequeño grupo de personas que controlan el aparato del partido son las que toman todas las decisiones, sin que ninguna instancia, ni interna ni externa, pueda controlarlas o refrendarlas." El parlamentario debe tanto a su partido, es tan siervo de él, que incluso le cede parte de su sueldo, que pagamos los contribuyentes. Y es que todos saben que sin el apoyo de su partido, el diputado nunca saldría elegido.

Así pues, un grave problema hace imposible esperar una buena gobernanza en España: la falta de incentivos para rendir cuentas, todo ellos relacionado con la selección de las élites y el sistema electoral. La

---

[5] CARRASCO, *op. cit.*

corrupción no tiene consecuencias porque mientras el político corrupto sea leal a la dirección, ésta lo "colocará" en un lugar elegible de la lista cerrada que se presenta a los electores como un "lo tomas o lo dejas". Y como no tiene consecuencias, la corrupción en España se ha vuelto crónica. Tal y como diagnostica el CIS encuesta tras encuesta, en España los partidos y los políticos se han convertido en uno de los grandes problemas nacionales. En el barómetro de octubre de 2016, la corrupción era mencionada por el 37,6% de los españoles entre los tres problemas más graves de España, en segundo lugar y solo por detrás del paro (71,3%). Por otro lado, los políticos y los partidos eran considerados en ese mismo barómetro el tercer problema más grave del país por un 29,5% de los españoles. No se trata pues, de un problema baladí. La desafección existe y está consolidada, pues se repite sondeo tras sondeo al menos desde la crisis económica.

El problema de la selección de las élites políticas y la profesionalización de la propia política como actividad, constituye una de las cuestiones fundamentales para entender el gravísimo conflicto producido por el creciente desprestigio de los partidos y de los políticos. No es la única cuestión, pues lo oscuro de su financiación, la extensa corrupción que los acompaña, así como la colonización de otras instituciones y poderes del Estado que no deberían haber caído jamás bajo el dominio directo o indirecto de las organizaciones partidistas han jugado también su papel. Pero centrándonos en los aspectos relacionados con el sistema electoral, la mecánica de selección de las élites de partido provoca casi inevitablemente que el comportamiento de los seleccionados acabe por estar muy alejado del que debiera ser su objetivo principal: procurar la satisfacción de los intereses generales de los ciudadanos y del país. Pero esa tarea es poco menos que imposible cuando la principal preocupación de un político electo es volver a ser incluido en las listas electorales, y para ello su lealtad se debe a quien lo coloca en las listas. Y no es el ciudadano o elector, no, sino a la cúpula dirigente del partido, detentadora del poder de decisión sobre las listas, a la que mostrará lealtad absoluta con ese fin.

No acaban aquí los efectos perniciosos de nuestro sistema electoral. Aunque el sistema proporcional en teoría permite una representación adecuada de todas las tendencias políticas, la existencia de pequeñas circunscripciones electorales imprime un doble sesgo mayoritario a nuestro sistema electoral[6], premiando a aquellos partidos que compiten solamente en unas pocas circunscripciones donde concentran la mayoría de su electorado y castigando a aquellos partidos de ámbito nacional que tienen fuerza a nivel agregado, pero no en cada una de las circunscripciones. Igualmente sobre-representa a los partidos más votados en las circunscripciones más pequeñas, y dado que el reparto de la población española es muy desigual entre ellas, lo que se produce es una acusada sobrerrepresentación de las menos pobladas y la infra-representación de las más pobladas. La fórmula D'Hondt de reparto de escaños, tan vilipendiada, es la menos favorable a las minorías de todas las proporcionales, pero son los distritos de tamaño pequeño los que imprimen ese sesgo mayoritario, produciendo gran desproporcionalidad y tendencia al bipartidismo a un sistema en teoría proporcional. Cuanto mayor es una circunscripción, más proporcionales son los resultados que se obtienen y viceversa. Como fruto del sistema electoral, en España los partidos bisagra que garantizan gobiernos estables nunca han sido partidos minoritarios de alcance nacional (como en Europa), sino partidos regionales. Para alcanzar el Gobierno del Estado, el PSOE o el PP siempre han estado dispuestos a descentralizar aún más el país, todo ello para satisfacer las inacabables ansias de poder de los partidos nacionalistas, otorgando graciosamente ésta o aquella competencia sin criterio de eficiencia alguno, o repartiendo dinero a las regiones de cuyo voto dependía la estabilidad del gobierno nacional. El resultado tras 35 años de "deconstrucción" es el actual estado de descontrol, deslealtad e impotencia. Y es que los partidos nacionalistas en España han alcanzado una relevancia exagerada hasta el punto de que, aunque no representen a la mayoría del electorado de su región, se arrogan el título de representantes "auténticos" de los intereses de su comunidad. Así, si el PNV o CiU se oponen a cualquier política nacional, no son estos partidos sino el conjunto de Euskadi o Cataluña quienes se oponen y se sienten "agredidos".

En una democracia representativa, la selección de cargos públicos debería ser un flujo continuo por el cual: 1) ciudadanos comunes se

---

[6] PENADÉS, Albertos y SANTIUSTE, Salvador. *La desigualdad en el sistema electoral español y el premio a la localización del voto*. Revista Española de Ciencia Política, núm. 32, julio 2013.

postulan ante los partidos políticos como potenciales candidatos para acceder a cargos de representación y, eventualmente, de gobierno; 2) los partidos políticos seleccionan democráticamente, de entre los candidatos postulados, a aquellos que consideran más adecuados para presentarlos ante el electorado; 3) a través del procedimiento electoral, los electores eligen, de entre los partidos y candidatos propuestos, a los que más se acerquen a sus puntos de vista políticos para que los representen en las instituciones durante un periodo de tiempo determinado; y 4) transcurrido ese periodo de tiempo, los cargos de representación rinden cuentas de nuevo ante los electores, que les renuevan su confianza o los devuelven a su ocupación anterior. Pero en España cada una de estas fases funciona de forma inadecuada y no existe ningún interés en reformarlas por parte de quienes han hecho de la política su profesión. Nuestros problemas son estructurales, institucionales. Las cosas funcionan mal en gran parte simple y llanamente porque a los actores clave no les interesa cambiarlas. ¿Para qué hacerlo si a quiénes deben hacerlo les va tan bien? Visto así, parece claro que hay que cambiar a la clase política y para ello hay que cambiar a los partidos políticos. Por este motivo, éstos deberían estar mucho más regulados, puesto que, como indicó Gómez Yañez[7], "los partidos no son asociaciones privadas con legitimidad para autorregularse; son entidades especiales a las que se da el monopolio de la representación política, financiadas con dinero público y cuyo personal percibe retribuciones públicas, por tanto, deben regularse por leyes para proteger las instituciones, y sus cajas."

Así pues, si deseamos regenerar nuestra democracia un aspecto fundamental es eliminar o reducir la actual *cupulocracia* como mecanismo de elección de nuestra clase política. Para ello es preciso acometer reformas en dos aspectos estrechamente vinculados al poder de las cúpulas de los partidos: primero, el reclutamiento y la selección de candidatos a cargos públicos por parte de los partidos políticos, asociado al proceso de atracción de personas que pueden ocupar un puesto en la lista electoral (reclutamiento), y a la posterior elección entre ellas (selección), para la proclamación de candidaturas electorales. Y segundo, la elección de

---

[7] GÓMEZ YÁÑEZ, José Antonio. *¿Se puede reformar la política? ¿Cómo?*. El País, 2012.

representantes políticos por parte del electorado, que depende del sistema electoral vigente. Pero hay que tener claro que de poco sirve modificar lo segundo si no se cambia de lo primero, pues ninguna reforma electoral tendrá gran eficacia para resolver la crisis de legitimidad de los políticos y la política si no se modifica el sistema de reclutamiento y selección de candidatos por parte de los partidos. Por ello en esta obra no solo me centraré en el análisis de nuestro sistema electoral y en la propuesta de reforma del mismo, sino también en el procedimiento previo de selección y reclutamiento de candidatos a cargos de representación popular. Y todo ello bajo la premisa de que para recuperar la confianza de los ciudadanos en las instituciones políticas es primordial estrechar la relación entre representantes y representados, facilitando vías de participación política y trasladando el poder de decisión de las cúpulas de los partidos a sus militantes y simpatizantes, así como a los ciudadanos.

Con este fin, en la primera parte de este libro me centraré en los candidatos electorales y en la regulación de su selección. El análisis doctrinal ha venido desatendiendo la decisiva fase previa al procedimiento electoral, es decir, el quién, cómo y por quién de la elección de las candidaturas electorales de los partidos políticos. Se la ve como un elemento menor dentro del sistema electoral, pero lo cierto es que es esencial para determinar el acceso, permanencia y el ejercicio de cargos públicos representativos en nuestro país, y una de las principales causas del profundo desencanto ciudadano con nuestro sistema de democracia representativa. ¿Cómo no ha de ser importante? Después de todo, la elección de las candidaturas electorales determina el "menú" de candidatos del que los ciudadanos pueden escoger. Si a esto le añadimos las listas electorales cerradas y bloqueadas, tenemos a los ciudadanos obligados a elegir de entre las escasas opciones del "menú del día".

Describiré a lo largo de los primeros capítulos el procedimiento de reclutamiento y selección de candidatos, el perfil de las personas que actualmente se selecciona conforme a ellos, y cuál debería ser. Analizaré los requisitos a cumplir por los postulantes a candidato de un partido político para poder ser elegibles, que deberían ser algo más estrictos que la simple mayoría de edad y la tenencia de la nacionalidad española; la regulación de los procedimientos democráticos que establecen cómo y quién selecciona a los candidatos electorales por parte de los partidos, procedimientos que deben estar regulados y que quiten de las manos de la *cupulocracia* el poder de decisión sobre las listas electorales; los mecanismos de control externo que deberían implementarse para garantizar el cumplimiento de esos requisitos democráticos en la selección partidista, ya que los incipientes intentos de democratización en la elección de candidatos en algunos partidos ya han demostrado que el "aparato" se resiste con uñas y dientes a ceder su poder; el procedimiento electoral de elección de representantes dentro de las listas electorales, que permita que los ciudadanos puedan premiar y castigar a los candidatos mediante un sistema de elección preferencial; y, finalmente, las condiciones que eviten la "oligarquización" de la política, es decir, el hacer de su ejercicio una profesión de por vida, para lo que habrá que ofrecer una vía de salida de los políticos amortizados de la escena pública, ya que lo razonable es que alguna vez haya una salida, y no que se encadenen cargos públicos inexorablemente hasta la jubilación.

La segunda y la tercera parte del libro estarán dedicadas a proponer una reforma de nuestro sistema electoral para el Congreso de los Diputados. Para ello, realizo un recorrido por los sistema electorales comparados, detallando los criterios teóricos con los que debería cumplir un sistema electoral para ser considerado bueno; describiendo el sistema electoral al Congreso de los Diputados español, con sus puntos fuertes y débiles, para concluir que no es el nuestro el peor de los sistemas, pero que presenta serios problemas de legitimidad, representatividad y rendición de cuentas de los representantes, para los que hay recorrido de mejora; y, finalmente, analizando las principales alternativas vigentes en el mundo democrático, como las del Reino Unido, Francia, Australia, Irlanda, Alemania, Japón, Holanda, Dinamarca y Suecia. De todo este análisis se concluirá que no existe ningún sistema electoral perfecto, y que el equilibrio entre unos criterios deseables y otros es difícil, de modo que será preciso una solución de compromiso que se adapte a la idiosincrasia de nuestro país, pues la misma solución puede no ser igual de válida en un país que en otro.

Una vez analizado el "menú" de opciones electorales existentes, en la tercera parte procederé a detallar mi propuesta de reforma del sistema electoral español a la cámara baja, bajo la premisa de intentar conservar en lo posible los buenos criterios que nuestro actual sistema ofrece, mientras se modifica aquello que no funciona adecuadamente, intentando que las propuestas de reforma sean las imprescindibles. En la práctica, las reformas electorales duraderas suelen ser las denominadas menores, esto es, las que modifican aspectos puntuales del sistema pero no su totalidad, ya que las reformas en profundidad tienden a revertirse rápidamente en cuanto demuestran sus propias ineficiencias. Detallaré los aspectos concretos de la reforma, que en la mayor parte de los casos serán imperceptibles para el ciudadano a la hora de depositar su papeleta en la urna, salvo que tendrá la posibilidad de mostrar su valoración y preferencia sobre los distintos candidatos del partido elegido. Sin embargo, aun así la reforma tendrá un gran impacto en el momento de traducir la suma de los votos en la asignación de los escaños, mejorando la legitimidad, representatividad y rendición de cuentas de los representantes, mientras se mantiene e incluso mejora la gobernabilidad del parlamento resultante que, en las dos últimas elecciones, se ha tornado problemática. Para demostrar que las pretendidas bondades de mi propuesta no son solo teóricas, sino también prácticas, procederé en los últimos capítulos del libro a simular cuáles habrían sido los resultados electorales con la reforma propuesta, para concluir que, en todos los casos, el parlamento resultante habría sido considerablemente más representativo e igualitario que el real, mientras que la gobernabilidad del mismo habría sido al menos igual, y en algunos casos superior, a la del sistema actual.

# PARTE PRIMERA: LOS CANDIDATOS

## 2. LOS MECANISMOS DE RECLUTAMIENTO DE CANDIDATOS A POLÍTICOS EN ESPAÑA

### 2.1. ¿Reclutamos a los mejores?

El reclutamiento de candidatos consiste en la atracción de personas hacia el sistema político con el fin de que se conviertan en candidatos electorales de un partido. Se trata de un paso previo a la selección de los candidatos y tiene unos mecanismos y filtros propios que hacen que para pasar de ciudadano a político haya que salvar varios factores. Los métodos de reclutamiento políticos pueden ser exclusivos, o inclusivos y democráticos[8]. Los primeros son aquellos en los que los candidatos deben ser afiliados con características específicas (años de militancia y experiencia previa en cargos orgánicos o representativos) y son elegidos por los dirigentes del partido, mientras que en los métodos inclusivos cualquier ciudadano puede ser candidato y en su selección puede participar todo el electorado a través de un procedimiento democrático. Los sistemas de reclutamiento exclusivos o inclusivos puros son raros, siendo lo normal un híbrido entre ambos.

Si se analiza la escasa bibliografía existente en España sobre este asunto, lo primero que se observa es que la selección de nuestros dirigentes políticos adolece del rigor necesario para encumbrar a los más honrados y capaces. Los sistemas de elección de líderes y candidatos responden más a relaciones afectivas y de camaradería partidista, que a criterios de mérito y capacidad. Los políticos españoles proceden de hogares más politizados que la ciudadanía en general, y casi la mitad cuentan con antecedentes familiares de personas dedicadas a la política[9], que muestran comportamientos a imitar, generan expectativas y es muy probable que faciliten la entrada y los primeros pasos del aspirante a político. No resulta así extraña la existencia de "dinastías" familiares[10] dentro de los partidos

---

[8] RAHAT, G., HAZAN, RY. *Candidate selection methods: an analytical framework*. Party Politics, 2001.

[9] CIS. *Élites políticas en España 2009-2011*. CIS, 2011.

[10] LÓPEZ GARCÍA, Guillermo. *Los Pujol, los Fabra y las dinastías de la política en España*. Valencia Plaza, 2013.

políticos, donde los hijos suceden a los padres. Pero, en lo que afecta a esta obra, supone un grado de "gremialización" de la política que reduce la competencia política y la calidad de la oferta política. En el 92% de los casos los candidatos son reclutados por la jerarquía de los partidos, normalmente entre aquellos que han demostrado lealtad (71%) y dedicación (76%) al partido[11], y/o lo han representado ya en diversas instituciones (70%). Apenas un 5,5% de los parlamentarios españoles se ofrecieron directamente al partido, solo en un 2,5% de los casos fueron las bases de los partidos quienes propusieron su postulación, y únicamente un 2% de los diputados no dedicaba tiempo al partido antes de ser representante electo. Es decir, la inclusión en las listas en un puesto elegible es un premio a la dedicación y lealtad al partido y a su cúpula.

Así pues, el "mercado" de reclutamiento político en España es un mercado de demanda, donde el poder está en manos de los órganos de los partidos y, en concreto, de algunos de sus dirigentes, que son quienes ofrecen a los posibles postulantes la posibilidad de convertirse en candidato electoral incluyéndolo en un puesto "de salida" (elegible a priori, de acuerdo con las encuestas previas) de las listas electorales. Las bases de los partidos no desempeñan apenas ningún papel en la configuración de las listas electorales en la mayoría de los partidos españoles. Así pues, el reclutamiento para ser candidato electoral en España se produce casi con exclusividad entre los "de dentro", esto es, personas que llevan tiempo dedicándole su tiempo al partido, y por iniciativa de la cúpula del partido. Teniendo en cuenta que los afiliados y colaboradores a los partidos políticos suponen menos del 2% de la población española, esto supone que la base desde la que se recluta es muy reducida, y que los reclutadores (la cúpula dirigente) son muy pocos. Esto deja fuera del proceso de reclutamiento a gente valiosa que podría estar y no está, mientras que algunos de los que están no deberían estar. Sostiene Barreiro[12] que la presencia de malos políticos no es casual, sino que responde a un problema de selección adversa en los partidos, que se produce cuando los peores son los únicos que se ofrecen para participar en un mercado. En los partidos políticos el problema de selección adversa se manifiesta en que aquellos que se ofrecen para ocupar cargos políticos no son siempre los más

---

[11] CIS. *Élites políticas en España 2009-2011*. CIS, 2011.
[12] BARREIRO, Belén. *La selección adversa en los partidos*. El País, 2003.

valiosos. Tal y como analiza el colectivo Politikon[13], en la carrera profesional de la política prima más la lealtad y obediencia a la organización y, en especial, a su cúpula dirigente, que la formación y experiencia que los candidatos puedan ofrecer a la sociedad. En los partidos políticos españoles medran fundamentalmente dos tipos de personas: "por un lado, los funcionarios políticos, aquellos que viven del partido, que militan en él desde su pubertad política ligados a sus aparatos burocráticos, y que jamás han trabajado en otra cosa, ya que viven por y para la política; y, por otro lado, los políticos funcionarios, quienes disponen de un puesto de trabajo asegurado en la función pública y que se "aventuran" a probar suerte en la política. En ambos casos, estos militantes serán total y completamente afectos a la cúpula que tiene el poder de destituirlos o nombrarlos."

Visto todo ello, es imprescindible incorporar medidas a la legislación para ampliar la base o el "menú" del cual seleccionar posteriormente a los candidatos electorales. Para ello, las vías de presentación de candidaturas electorales no pueden limitarse, como ahora, a las presentadas por las cúpulas dirigentes, sino que cualquier ciudadano (no militante) debería poder postularse como candidato a las elecciones primarias de un partido político a un puesto de representante electo local/regional/nacional de estar avalado por uno de los siguientes grupos:

- Dos/cinco/diez cargos electos del partido;

- o veinticinco/cincuenta/cien militantes del partido del ámbito por el que se presente;

- o 100/200/500 residentes con derecho a voto o el 1% de las personas con derecho a voto (cualquiera que sea mayor) del ámbito por el que se presente;

Los partidos políticos podrían reducir estos requisitos, pero no incrementarlos. Se trata de facilitar un canal de conexión entre la sociedad y el partido independiente de las cúpulas y aparatos partidistas, no se cegar esta vía con condiciones imposibles de cumplir. Deberían asimismo regular si pueden presentarse o no como candidatos a puestos ejecutivos, así como

---

[13] POLITIKON, *La urna rota*, Ed. Debate, Barcelona, 2014.

los requisitos para hacerlo, caso de permitirlo. Cada persona podría avalar únicamente a un postulante. Una vez elegido como candidato, podrá exigírsele la afiliación para aceptar el encargo. De esta forma, se abre el abanico de opciones para las posibles personas interesadas en presentarse como candidato a las primarias de un partido político, sin necesidad de haber dedicado parte de su vida a conocer las entrañas del partido en cuestión. Es particularmente interesante la opción del aval de 100 ciudadanos (o el 1% del censo), ya que implica que ese postulante trae consigo un potencial de captación de votantes. Se trata de un procedimiento habitual en los países anglosajones y nórdicos.

### 2.2. La profesionalización de la política

¿Qué es un político profesional? Intuitivamente, los ciudadanos entienden por tal a aquella persona que vive de la política y que se ha dedicado a labrarse una carrera profesional como tal. ¿Cómo puede saberse si la política en España se ha profesionalizado? Algunos indicadores son más fiables que otros para determinarlo. La falta de experiencia profesional previa ajena a la política es un signo claro de profesionalización, pero complementar las funciones políticas con otras ajenas a ella indica justo lo contrario. Con estos dos indicadores, experiencia profesional previa ajena a la política, y exclusividad de la dedicación política, podemos al menos hacernos una idea del grado de profesionalización de la política en España.

En cuanto a la **experiencia profesional**, muchos de nuestros políticos no han trabajado nunca fuera de los partidos, ya que cuando concluyen sus estudios se incorporan a las filas de estas organizaciones. En 2009 un 28% de los alcaldes españoles rehusaba declarar su profesión y un 1,4% declaraban como tal las labores del hogar, así que puede concluirse que casi un 30% no había tenido nunca otra profesión al margen de la política. Todo ello si se creen sus declaraciones, pues no son pocos los casos de cargos políticos que han falseado su currículum.

La web *epolitic.org*[14], en un encomiable esfuerzo de transparencia hacia el ciudadano, lleva unos pocos años recopilando la información

---

[14] ePolitic.org es una plataforma española pionera que recopila y difunde los CV de los políticos españoles con el objetivo de aportar mayor conocimiento a la sociedad sobre la identidad, formación y trayectoria profesional de los representantes políticos.

existente sobre los currículum vitae (CV) de nuestros representantes políticos, cuyos datos publica en Internet. De ellos se extrae que entre un 25% y un 29% de los candidatos de los partidos tradicionales (PSOE, PP e IU) en el puesto número uno de la lista electoral en las elecciones municipales y autonómicas de 2015 carecía de experiencia profesional ajena a la política[15]. Si asumimos que es probable que la cualificación profesional en puestos más lejanos de la cabecera de la lista y en municipios de menor población sea menor, parece claro que existe un buen número de políticos profesionales en las listas electorales de nuestros municipios y parlamentos autonómicos. Igualmente, analizando en la misma web el CV de los diputados elegidos el 20D[16], 64 de los 350 diputados del Congreso (un 18,3% del total) no explican actividad profesional alguna al margen de la política. Son personas jóvenes (41 años de media frente al resto, que tiene 49) que, muy probablemente, terminaron los estudios y pasaron al ruedo político en algún puesto que les condujo después al Parlamento. Estos diputados jóvenes que no han trabajado con anterioridad han entrado en una vía de profesionalización política de la que les resultará difícil salir y que intentarán prolongar, con las consecuencias negativas que esta situación acarrea para los partidos y las instituciones.

Por lo que respecta a la **dedicación parcial o total a la carrera política**, entre los parlamentarios nacionales y autonómicos[17] la pauta dominante es la dedicación exclusiva. Solo el 20% compagina su actividad parlamentaria con otra, que suele ser casi siempre una actividad docente o profesional del derecho. La dedicación exclusiva no solo indica profesionalización, sino que la fomenta, dado que tras años de alejamiento profesional de su anterior actividad, es más difícil volver a ella. De hecho, un tercio de los parlamentarios encuestados ven en la necesidad de reciclarse su mayor problema para volver a su profesión de origen.

Con todo, ¿resulta al menos provechosa en su vida política la experiencia previa ajena a la política? Pues al contrario de lo que podría

---

[15] EPOLITIC.ORG. *ePolitic.org recopila y publica los CV de 420 candidatos a las elecciones del 24-M.* ePolitic.org, 2016.
[16] EPOLITIC.ORG, *Informe Congreso XI Legislatura: Análisis de los CV de los diputados electos en la XIª legislatura del Congreso de los Diputados.* ePolitic.org, 2016.
[17] CIS. *Élites políticas en España 2009-2011.* CIS, 2011

pensarse, no solo no le beneficia sino que, al contrario, le perjudica en su influencia dentro del grupo parlamentario. Así, un análisis de regresión[18] que busca la relación estadística entre experiencia profesional ajena a la política e influencia parlamentaria, demuestra que la relación es negativa, es decir, que el hecho de acumular experiencia antes de entrar en la arena política no parece producir rédito político, sino que antes al contrario, perjudica la carrera política del que la posee. El poder de los grupos parlamentarios parece estar concentrado en los parlamentarios que han desarrollado su carrera dentro de los partidos políticos, en los funcionarios de partido. Este hecho también sugiere que la incorporación de "independientes" en las listas electorales es más un recurso para captar votos que para utilizar su experiencia profesional en la política.

Por todo lo visto, los partidos políticos españoles parecen incurrir con cada vez con mayor frecuencia en la profesionalización política. Los grupos dirigentes que controlan los partidos han establecido un mecanismo de selección adversa de las élites partidistas en virtud de la cual, lejos de seleccionar a los mejor preparados en términos de capacidad política y profesional, optan por favorecer el nombramiento o la elección de quienes presentan peores condiciones de experiencia o formación, de tal modo que no puedan convertirse en sus competidores y arrebatarles el poder. Desde el momento en el que los funcionarios de partidos se hacen con un cargo público, pasan a estar dominados por una preocupación fundamental y casi única: su carrera política. Se trata de un mecanismo que se retroalimenta, pues cuantos más sean los dirigentes que vivan de la política sin alternativa profesional fuera de ella, más tenderán a practicar la referida selección adversa, lo que generará a su vez políticos dependientes por completo.

No puede entonces extrañar que los partidos políticos españoles sean hoy vistos más como instrumentos de iniciación en la carrera política, que como herramientas para canalizar la representación de los ciudadanos. Pero si cualquier actividad requiere de profesionales de calidad no es menor la exigencia de ella en el seno de la política. Si bien no pueden establecerse criterios estrictos de formación, pues ello podría discriminar y atentar

---

[18] JAIME CASTILLO, Antonio M. y MARTÍNEZ COUSINOU, Gloria. *Grupos parlamentarios y contexto institucional*. CIS, 2016.

contra los criterios de igualdad en el acceso a las tareas representativas a capas enteras de la población que no han podido acceder a una formación elevada, en cambio sí que es posible establecer requisitos de experiencia profesional al margen de la política, independientemente de cuál haya sido ésta, ya que no resulta discriminatorio con ninguna capa social. Felipe González señalaba que "uno tiene que saber entrar y salir de la responsabilidad institucional y política sin que se le acabe el horizonte. Quien solo sirva para ser diputado, es probable que tampoco sirva para eso"[19]. Así, considero exigible la exigencia de una experiencia laboral (contrastable a través de la vida laboral del candidato) de, como mínimo, cuatro años de experiencia profesional no vinculada al partido o a un cargo público, para poder presentarse como candidato a representante político. Ese prerrequisito obligaría a que los candidatos hubieran desarrollado una actividad profesional de una duración mínima antes de incorporarse a un cargo representativo, descartando al menos así a los que acceden a ella porque no son capaces de encontrar otro trabajo y que, por lo tanto, serían incapaces de abandonarla en un momento dado. Si la política se entiende como una vocación de servicio a la sociedad, de aportarle los conocimientos adquiridos tanto en la etapa formativa y en la profesional, entonces a la política se debería ir aprendido, no a cometer los inevitables errores propios del aprendizaje, errores que pagaríamos los contribuyentes. Numerosos países incluyen requisitos de edad para el acceso a cargos públicos, desde 25 a 40 años según los casos, asumiendo que la edad vendrá acompañada de la experiencia, pero en España numerosas personas en ese rango de edad dedicadas a la política no han trabajado en ninguna otra actividad, de modo que no se produciría la imprescindible selección. Por otro lado, para algunos cargos en instituciones del Estado se exige experiencia profesional acreditada[20].

¿Valdría cualquier experiencia profesional para acreditar los requisitos para convertirse en cargo electo? Habría que excluir la experiencia profesional como cargo electo; o en aquellos cargos

---

[19] GONZÁLEZ, Felipe. *Quien sólo sirva ser diputado, es probable que tampoco sirva para eso*. El Mundo, 2011.
[20] Son, por ejemplo, los casos de magistrado del Tribunal Constitucional y de Fiscal General del Estado, a los que se les exige quince años de ejercicio efectivo de su profesión, además de "reconocido prestigio".

designados por cargos electos[21]; los cargos orgánicos en partidos políticos, sus fundaciones o empresas participadas; así como los cargos directivos en organismos, empresas o entidades con mayoría de capital público. En general, se trataría de los cargos de confianza relacionados o designados por cargos políticos. Naturalmente, siempre cabe la posibilidad de que se produzcan contrataciones laborales fraudulentas por nepotismo en empresas públicas, que eludirían estas excepciones, pero tampoco sería razonable excluir a todos los trabajadores de las empresas públicas, la mayoría de los cuales han sido contratados y trabajan de forma "normal". En cualquier caso, se reduciría considerablemente el número de personas que podrían acreditar esta experiencia profesional de forma indebida.

### 2.3.    ¿Corrupción al poder?

Hay otro problema relacionado con la selección de las élites y el sistema electoral que hace imposible esperar una buena gobernanza en España: la falta de incentivos para rendir cuentas. La corrupción no tiene consecuencias, porque mientras el político corrupto sea leal a la dirección, ésta lo "colocará" en un lugar elegible de la lista cerrada que se presenta a los electores como un "lo tomas o lo dejas", lo que vuelve crónica la corrupción en España. La agencia *Europa Press* ha reunido información sobre 130 causas judiciales de corrupción que suponen la existencia de 1.900 imputados y al menos 170 condenados en noviembre de 2014[22]. Por otro lado, el número de municipios afectados por casos de corrupción municipal entre los años 2000 y 2010 asciende a nada menos que el 8,4% en toda España[23], aunque algunas CC.AA. presentan porcentajes de municipios implicados mucho mayores[24]. Pese a que no se recogen ni se publican de forma sistemática, estos datos muestran que la corrupción no

---

[21] Incluido el personal eventual – los conocidos "asesores" – a sueldo de las administraciones públicas como personal de confianza.

[22] Europa Press. *Corrupción en España: más de 1.900 imputados y al menos 170 condenados en más de 130 causas*. Europa Press, 2014.

[23] JEREZ, Luis M.; Víctor O. MARTÍN, y Ramón PÉREZ. *Aproximación a una geografía de la corrupción urbanística en España*. Ería, 2012.

[24] Así, en esos años el 58% de los municipios murcianos, el 40% de los canarios, el 36% de los baleares, y más del 20% de los asturianos, madrileños, gallegos y andaluces, se veían implicados en casos de corrupción en esa década.

es ni mucho menos esporádica ni ocasional, en especial en los municipios españoles[25].

En nuestro país se tiende a confundir las responsabilidades políticas con las penales, de modo que no existen las primeras sin las segundas, así como a apelar de forma interesada a la presunción de inocencia para evitar la asunción de responsabilidades políticas, de modo que parece necesaria una regulación del acceso y la permanencia de un cargo representativo cuando se está inmenso en un procedimiento judicial. Nuestros representantes políticos son reacios a asumir responsabilidades políticas cuando son investigados o enjuiciados, y se aprovechan de su puesto para retrasar o eludir las actuaciones judiciales, utilizando los recursos jurídicos públicos para sus problemas privados, ocultando pruebas o incluso represaliando a quienes "se han ido de la lengua", de modo que parece conveniente que el cargo público sea apartado de sus responsabilidades para facilitar la instrucción judicial, y que ningún político bajo sospecha de corrupción política siga en un cargo público. Por todo ello, cualquier cargo público al que se investigue por corrupción política debería quedar inhabilitado para continuar ejerciendo como tal, y abandonar la vida pública hasta que solucione sus problemas con la justicia.

Así pues, dentro de la Ley de Partidos Políticos debería incluirse la inelegibilidad de las personas imputadas por delitos de corrupción política[26], así como la obligada renuncia a sus cargos electos y orgánicos cuando se les impute o investigue por un delito penal de corrupción

---

[25] Según la COMISIÓN EUROPEA, *Business' attitudes towards corruption in EU.* Eurobarómetro 374, 2014; el 69% de las empresas españolas cree que desde las administraciones públicas se favorece a los amigos y la familia. El 97% cree que la corrupción está muy o bastante extendida en el país, el 83% que existe corrupción en la contratación pública en las autoridades nacionales, y el 90% en las autoridades regionales y locales. El 30% cree que los sobornos son frecuentes en España, el 86% que están extendidos entre las autoridades nacionales y el 88% entre las regionales y las locales.

[26] Aunque estos delitos no están sistematizados en nuestro Código Penal, en ausencia de la misma, deberían entenderse como tales las penas de prisión por delitos contra la Administración Pública establecidos en el Título XIX del mismo. A saber, abandono de destino y de la omisión del deber de perseguir delitos; infidelidad en la custodia de documentos y violación de secretos; cohecho; tráfico de influencias; malversación; fraudes y exacciones ilegales; negociaciones y actividades prohibidas a los funcionarios públicos y de los abusos en el ejercicio de su función; y corrupción en las transacciones comerciales internacionales.

política. De esta forma se eliminan los imputados (ahora denominados "investigados") por corrupción política de las listas electorales y los cargos públicos, evitando que puedan permanecer en sus cargos en el caso de ser formalmente acusados. Distingo entre delitos de corrupción política y otro tipo de delitos, así como entre aquellas imputaciones que, de confirmarse, conllevarían pena de prisión de otro tipo de penas, ya que, en mi opinión, no cabe que un sospechoso de este tipo de delitos con pena de prisión ejerza o se presente candidato a ejercer un cargo en el que volverá a tener posibilidades de cometer los delitos de los que se le acusa. Si un representante político está siendo investigado por ese tipo de delitos, lo que procede es que se retire temporalmente de la vida pública y dedique sus esfuerzos a dejar clara su inocencia. Una vez hecho esto podrá volver a la vida política sin sombra de sospecha. Si un político con indicios de corrupción no se centrara en resolver sus problemas con la Justicia antes de presentarse a unas elecciones o ejercer su cargo público, sucederían tres cosas, ninguna de ellas buena: 1ª) sería inevitable que al menos parte de sus esfuerzos se dedicaran a resolver sus problemas personales y no los del ciudadano, 2º) toda su actividad política se cubriría con una manto de sospecha, y 3º) de resultar elegido cargo público o continuar en su puesto, seríamos los ciudadanos los que cargaríamos con los costes de su defensa pues, como resulta habitual, utilizaría los recursos humanos y materiales de las administraciones públicas para su mejor defensa, ya que afirmaría estar siendo sometido a un "juicio político" por su cargo.

La presunción de inocencia debe respetarse, pero ante la ley, no ante los ciudadanos. Para los ciudadanos lo mejor es que el político se desvincule de los asuntos públicos y se dedique a sus menesteres privados mientras resuelve sus problemas con la justicia. Naturalmente, para los numerosos políticos que han hecho de la *res pública* su forma de vida y que no saben hacer otra cosa, esta decisión es considerablemente dura, pero este hecho no supone un quebradero de cabeza para los que creemos que la política no debería ser un trabajo o una forma de vida, sino una ocupación de paso, donde durante unos años se devuelve a la sociedad los conocimientos y experiencias que ésta nos ha aportado en nuestra vida, antes de volver de nuevo a nuestras ocupaciones privadas.

## 3. LAS PRIMARIAS COMO SISTEMA DE SELECCIÓN DE CANDIDATOS

En España los partidos políticos se han convertido en instituciones oligárquicas, donde sus dirigentes adoptan decisiones sin tener en cuenta las opiniones de sus militantes, que si acaso son consultados únicamente para legitimar resoluciones previamente adoptadas. En este tipo de partidos, los dirigentes controlan de manera férrea el poder y monopolizan o restringen la participación de las bases en las decisiones programáticas o en la elección de los candidatos, y las bases carecen de poder y mecanismos para premiar o castigar a sus líderes, si no comparten sus decisiones. Por este motivo, la legitimidad de los partidos se ve cada vez más cuestionada por la opinión pública.

Esta situación es fruto de la evolución histórica de nuestra clase política. En la transición democrática, el peligro más temido por los constituyentes fue no ser capaces de construir un régimen político que gozara de estabilidad política. Dicha preocupación por la estabilidad condujo a la creación de unos partidos fuertes, homogéneos y cerrados en sí mismos, temerosos de albergar conciencias excesivamente críticas y de desaparecer ante la pugna de facciones opuestas entre sí. Por este motivo, ni la Constitución ni la ley de partidos políticos han desarrollado ni derechos, ni garantías, ni procedimientos internos en los partidos. Se fueron consolidando, en consecuencia, unas organizaciones en las que lo importante era la unidad y la disciplina interna, por encima de la relación con la ciudadanía. Un sistema electoral de listas cerradas contribuyó a ahondar la distancia entre electores y candidatos, los cuales, una vez en posesión de sus cargos, se han venido mostrando más pendientes de rendir cuenta de sus actuaciones a sus respectivos partidos, que de atender a las demandas de la ciudadanía. Si los partidos políticos españoles se han convertido en organizaciones muy cerradas, reacias a la discrepancia y al disenso interno en manos de la "cupulocracia" de los mismos, se hace preciso abrirlos a la sociedad, con el fin de reducir el poder omnímodo de los dirigentes de los partidos. Para ello, nada mejor que unas elecciones primarias para seleccionar a los candidatos electorales. Si los dirigentes de los partidos pierden el poder de castigar o premiar a los militantes díscolos u obedientes, perderán parte del poder que los hace irreductibles.

### 3.1. ¿Quién selecciona a los candidatos electorales?

La ley de partidos española incluye entre sus estipulaciones que "los partidos políticos se ajustarán en su organización, funcionamiento y actividad a los principios democráticos", pero la realidad es que este precepto dista mucho de cumplirse. Dado que la ley actual no obliga a un sistema de elección u otro, cada partido ha optado por sus propios métodos supuestamente democráticos, pero la realidad es que los dirigentes se guardan una buena cuota de poder para nombrar a sus candidatos preferidos, ya sea por un método u otro. En los países democráticos hay básicamente tres maneras distintas de escoger un líder político: voto restringido (solo votan los cargos del partido), el dedazo (el líder saliente o la cúpula del partido escoge al sucesor a puerta cerrada) y elecciones internas (primarias). Cada sistema tiene sus ventajas e inconvenientes.

El sistema de votación restringida era hasta hace poco el más extendido en toda Europa. La decisión la tomaban los cargos intermedios del partido, en votación o en Congreso. Tenía la ventaja de que no solía provocar enconadas disputas en el interior del partido, ya que la pugna por el poder duraba poco y se celebraba a puerta cerrada. Sin embargo, presentaba varios problemas. En ocasiones las disputas internas eran tan enconadas que resultaban imposibles de ocultar a la opinión pública. Asimismo, distanciaba a la cúpula del partido de las bases, que observaba cómo los dirigentes de un partido decidían en negociaciones secretas y por intereses normalmente personales quiénes serían los nuevos dirigentes y candidatos, comenzando un proceso de desafección que nos ha conducido a acusar a los políticos de estar más pendientes de sus asuntos particulares que de representar adecuadamente a los ciudadanos. Era además un proceso fácilmente manipulable si se controlaba cómo se elige a quienes votan, las condiciones de presentación de candidaturas y el sistema de votación. Controlando estos factores una cúpula decidida y sin escrúpulos podía eternizarse en el poder, y de hecho lo hacía. Este era el sistema utilizado por la mayoría de los partidos tradicionales en España (a excepción del PP, que utilizaba el dedazo). Era además el método preferido en los países no democráticos, en la mayor parte de los regímenes comunistas del siglo XX y en algunos regímenes fascistas (como por ejemplo el franquista y sus sindicatos verticales). Se trata de una suerte de democracia piramidal, en el que las bases eligen a unos representantes locales, que a su vez eligen a otros representantes provinciales o regionales, quienes a su vez eligen a los representantes nacionales, que, por fin, votan la elección de la cúpula del partido. Naturalmente, la capacidad de control y de rendición de cuentas de los representantes nacionales ante la base que inició el proceso es nula, y las elecciones se deciden en negociaciones de reparto de poder entre la cúpula.

El sistema de dedazo no guarda ni siquiera las formas democráticas ni un mínimo de transparencia. El sucesor es elegido por el actual ocupante del cargo o por una reducida camarilla de "hombres fuertes" del partido. Es el sistema elegido por el PP para las tres sucesiones que ha llevado a cabo. El conflicto interno no existe, pero la representatividad y legitimidad ante las bases y el electorado es aún menor que en el sistema anterior. La suerte del sucesor dependerá del resultado de las siguientes elecciones. Si las gana, detentará el poder absoluto sobre la suerte laboral de decenas de miles de sus afiliados y se revestirá de la representatividad y legitimidad de la que carecía. Si las pierde, resulta muy vulnerable al carecer de ambas. No es un sistema muy habitual en Europa, ya que descansa exclusivamente en la sagacidad y buen criterio del actual líder.

Por otro lado, de todos los métodos de selección de candidatos, las elecciones primarias son las que despiertan mayor fascinación. Se trata de un método percibido por muchos observadores como una forma de democratizar el funcionamiento interno de los partidos. Las primarias suelen ser la norma en los partidos de nueva creación en España y en otros países han acabado generando una suerte de "contagio", que lleva a adoptarlas a los partidos tradicionales. Así ha sucedido en Irlanda, Francia, Italia, Canadá y el Reino Unido. Las primarias en España son el mecanismo de elección de los cabezas de lista de UPyD, Ciudadanos, ICV y ERC, pero no del resto de candidatos que se eligen "a dedo" por los órganos del partido. Ciudadanos elige por primarias a los primeros cinco puestos de la lista electoral, aunque el resto se completa por los equipos dirigentes. En Podemos se eligen por primarias no personas, sino listas cerradas, de modo que la capacidad de elección también es reducida, pues se reduce a un bloque de personas u otro. Y el PSOE, que formalmente muestra predilección por un sistema de primarias, lo utiliza únicamente para elegir a su cabeza de lista, y en la práctica ni siquiera a éste, puesto que ha acabado utilizando preferentemente el voto restringido[27] o estableciendo complicados requisitos para los aspectos mencionados y, en especial, sobre las condiciones de presentación de candidaturas[28] y unos reducidos plazos para presentarlas que dificultan la presentación de candidatos no "oficiales". Así, a la mayor parte de los procesos de primarias formalmente abiertos acaba presentándose únicamente el candidato oficial[29]. De hecho, ningún candidato del PSOE se ha presentado nunca a la Presidencia del Gobierno tras haber sido elegido en un proceso disputado de primarias[30].

Si es preciso modificar el mecanismo de selección de candidatos a cargos electos para reducir el poder de las cúpulas de los partidos para imponer "sus" candidatos, esto es, a los funcionarios de partido a los que se pretende recompensar por los servicios prestados, la pregunta que cabe hacerse es cómo. La respuesta obvia es reduciendo la capacidad de las cúpulas de los partidos políticos para confeccionar las listas electorales a su conveniencia y, de esta manera, reducir su capacidad para "comprar" voluntades con la promesa de un buen puesto en las listas electorales. Para ello, hay que eliminar el "dedazo" o los tejemanejes urdidos entre unos pocos dirigentes que confeccionan las listas premiando y castigando afectos y desafectos. Si deseamos eliminar o, al menos, reducir la desafección hacia la política y la crisis de legitimidad de nuestros representantes electos, parece claro que ni el método de votación restringida, ni mucho menos el "dedazo" pueden seguir siendo mecanismos "democráticos" de selección de candidatos[31]. La única solución es la

---

[27] Tal y como fue elegido Rubalcaba en 2011, en un proceso diseñado para que no se presentara competidor alguno; o por voto restringido a través de Congresos de delegados en el que fue elegido Zapatero, un absoluto desconocido, durante el XXXV Congreso Federal de junio de 2000, tras la dimisión de Joaquín Almunia.

[28] Exigiendo avales del 10% de los militantes para presentarse que solo pueden recoger candidatos del "aparato".

[29] Así ha sucedido finalmente con la elección de junio de 2015 de Pedro Sánchez como candidato a la Presidencia del Gobierno.

[30] Ni siquiera el primero, Borrell, elegido por primarias en 1998 llegó a presentarse finalmente a las elecciones como candidato, pues acabó renunciando en 1999 en favor de Almunia, debido a la falta de apoyo de la dirección del partido.

[31] Otro asunto distinto es la selección de cargos orgánicos internos (no electos) del partido, en el que la selección restringida puede ser perfectamente aceptable. De hecho, la

elección de candidatos por primarias con voto secreto y directo entre todos los militantes o incluso entre simpatizantes o electores.

Así pues, apuesto por un modelo que garantice el máximo de pluralidad en la selección de los cargos electos, con el fin de cumplir la misión constitucional de "facilitar el acceso a la vida pública y la adecuada representación de los ciudadanos". Para ello, nada mejor que instaurar la celebración de elecciones primarias como método obligatorio de selección de candidatos a cargos electos de los partidos. Las primarias generan legitimidad, favorecen la renovación de nuestra élite política, permiten el acceso de líderes ajenos al funcionariado de partido, y constituyen un mecanismo útil para atraer de nuevo a la política a personas brillantes que han perdido el interés en los partidos. No solucionarán todos nuestros problemas, pero ayudarán a regenerar nuestra élite política, a reducir la corrupción y a estimular la calidad e independencia de nuestros políticos.

### 3.2.    ¿Pero qué tipo de primarias?

Sin embargo, las primarias no dejan de tener sus problemas, y pueden diferir mucho unas de otras. Pueden ser abiertas, cerradas o semicerradas. En las primeras pueden votar todos los votantes, mientras que en las segundas únicamente los afiliados, y en las terceras los afiliados y simpatizantes (inscritos en un registro específico a tal fin).

Las primarias abiertas son comunes en Estados Unidos, no solamente para las elecciones presidenciales sino para escoger también a los candidatos a representantes, senadores, alcaldes y gobernadores. En la mayor parte de los partidos de Europa no se utilizan. Tienen la ventaja de implicar a futuros votantes no afiliados, lo que en la práctica se convierte en un arma electoral. Sus desventajas son que, primero, son caras, ya que se pretende hacer llegar al electorado las propuestas de cada uno de los potenciales candidatos, y eso multiplica los gastos de publicidad, mítines, debates y buzoneos; segundo, provocan cansancio entre los electores que se ven compelidos a votar en numerosas ocasiones y que deben "sufrir"

---

separación entre los cargos orgánicos del partido y los cargos electos, que propondré más adelante, debe comenzar por una diferenciación clara que parta incluso del método de elección.

continuas campañas electorales ya sea para una votación u otra; y, tercero, que se puede producir una práctica conocida como "asalto" o *raiding*[32]. El coste es un aspecto esencial en las primarias abiertas. En Estados Unidos, donde la estructura de partido es muy débil, son los candidatos los que corren con los gastos de campaña, recaudando fondos y creando una estructura de apoyo basada en voluntarios (muchos) y profesionales remunerados (pocos y cualificados). En ese país, los candidatos deben ser personas capaces de movilizar ingentes cantidades de dinero para elaborar y transmitir anuncios, pagar desplazamientos y foros donde celebrar mítines. Las primarias americanas son costosísimas, pero dado que no le cuestan un euro ni al contribuyente ni a los partidos, eso no parece suponer un problema para el público en general. Eso sí, buena parte de los candidatos disponen de una considerable fortuna personal que emplean con este fin, y no parece que este sesgo inicial sea aceptable bajo nuestra mentalidad europea. ¿Acaso los ricos deben tener más oportunidades para presentarse como candidatos electorales?

No comparto el entusiasmo por las primarias abiertas que, si bien cuentan con la ventaja de abrir más el partido a la opinión de los votantes, en la práctica éstos no conocen ni les interesa conocer a casi ninguno de los potenciales candidatos. La experiencia en nuestro país sobre elección en primarias abiertas muestra que, con la excepción de la candidatura a la Presidencia del Gobierno, los electores muestran escasísimo interés en participar en las primarias para la elección de cargos públicos. En la práctica a éstas suelen acudir buena parte de los militantes, así como los simpatizantes más interesados y motivados por la política, de modo que difícilmente representan un espejo de la sociedad. Y abrir las primarias a toda la sociedad de forma obligatoria complica mucho el procedimiento (por ejemplo, descarta el uso del voto electrónico) y lo encarece en demasía.

---

[32] El "asalto" consiste en que los votantes de otros partidos podrían participar en las primarias de un partido rival eligiendo el rival a priori más débil, para tener mayor ventaja en las futuras elecciones. En EE.UU. algo parecido sucedió en la primaria de senadores de Vermont en 1998 con la elección de Fred Tuttle por el candidato Republicano. En España, se intentó realizar sin éxito en las elecciones por primarias abiertas del secretario del PSC en Barcelona, cuando un movimiento surgido en las redes sociales animó a sectores externos que apoyan la independencia a votar a favor de un candidato pro-independencia para así castigar a la dirección regional del PSC.

Hay quienes piensan que solo las abiertas son primarias democráticas, y que tienen la ventaja de probar la idoneidad del candidato para un puesto electivo entre el "selectorado" natural (la población). Sin embargo, conviene no idealizarlas. En la práctica en ellas suelen participar únicamente los militantes y votantes más ideologizados y motivados, por lo que no son ni mucho menos una muestra real del electorado final. De hecho, en las primarias para elegir al secretario del PSC en Barcelona votaron apenas 7.415 personas, de las cuales 1.421 eran militantes, 797 simpatizantes y 5.197 ciudadanos sin adscripción política. Si en una ciudad tan poblada apenas votaron siete mil personas, parece claro que la población no participa del entusiasmo por la elección de candidatos (exceptuando quizás el candidato a la Presidencia del Gobierno).

Las primarias abiertas son, con diferencia, las más caras de organizar de todas, y su coste no es un asunto baladí. Nuestros partidos políticos se sostienen fundamentalmente con cargo a los presupuestos públicos y, tanto si el coste de las elecciones primarias se sufraga directamente con fondos públicos como del partido, seremos los contribuyentes quienes acabaremos soportándolo con nuestros impuestos. En España el coste de unas elecciones primarias abiertas con garantías para los principales puestos ejecutivos y para todos los partidos oscilaría entre 20 y 100 millones de euros, que habría que sumar el de las elecciones "de verdad", lo que en la práctica acabaría casi duplicando el coste electoral. Si el voto en primarias fuese electrónico, como sería factible de limitarse a los afiliados y simpatizantes inscritos, el coste sería muy inferior.

Por otro lado, pese a que suele argumentarse que las primarias abiertas favorecen a los candidatos más moderados al reducirse el peso de los más ideologizados afiliados del partido, los estudios realizados en Estados Unidos contradicen esa opinión. Los motivos son variados. Por un lado, los votantes no afiliados, pese a ser en general más moderados, "fallan" con frecuencia a la hora de diferenciar entre candidatos moderados o extremistas[33]. Por otro, mientras que las primarias semicerradas incrementan las posibilidades de elección de candidatos moderados, las

---

[33] AHLER Douglas J.; CITRIN, Jack y LENZ, Gabriel S., *Do Open Primaries Help Moderate Candidates? An Experimental Test on the 2012 California Primary*, University of California, Berkeley, 2013.

abiertas en ocasiones generan una mayor polarización que desemboca en un grado de extremismo superior incluso al de las primarias cerradas[34]. El ejemplo de Trump, vencedor en las primarias del Partido Republicano en Estados Unidos con un mensaje populista, *anti-establishment*, y en contra del "aparato" del partido, que deseaba un candidato más moderado con capacidad de apelar a un electorado más amplio, es un claro ejemplo de ello. Finalmente, en primarias abiertas, simultáneas y voluntarias para seleccionar su candidato presidencial, como en Uruguay[35], los electores más educados, que simpatizan con los partidos y mantienen posiciones ideológicas más extremas tienen mayor propensión a participar, lo que beneficia a los pre-candidatos que se ubican en posiciones más radicales.

La elección por primarias cerradas es la forma más usual de selección de candidatos por primarias. En ella únicamente los militantes inscritos en el partido pueden votar. De hecho, uno de los derechos básicos del afiliado lo constituye participar en la elección de los candidatos de su partido, y esta fórmula de elección implica una suerte de democracia directa para ellos, ya que hasta la fecha su tarea consistía en todo caso en elegir representantes que posteriormente decidían como mejor creían quiénes ocuparían los órganos rectores de los partidos. Las primarias cerradas implican una mayor participación de los militantes, ayudan a que el partido se movilice y se preocupe por intereses sociales hasta el momento no representados, permiten dirimir conflictos entre múltiples liderazgos o entre facciones internas y, finalmente, mejoran el nivel de legitimación de la organización ante la opinión pública[36]. De las primarias cerradas se critica que predomina más el interés político intrapartidario que el interés general, ya que los juegos de poder internos tienen mucha importancia. Personalmente, veo este aspecto problemático dentro de los partidos con escasa afiliación, donde la elección de los candidatos locales o incluso regionales dependería del voto de unos pocos cientos de afiliados y donde se prestaría más a la "compra" de voluntades con futuros cargos u

---

[34] OAK, Mandar P., *On the role of the Primary System in candidate selection*, Economics & Politics, 2006.
[35] BUQUET, Daniel y PIÑEIRO, Rafael, *Participación electoral en las elecciones primarias en Uruguay*, Revista Debates, Porto Alegre, Brasil, 2011.
[36] FREIDENBERG, Flavia, Democracia interna: reto ineludible de los partidos políticos, Revista de Derecho Electoral, Costa Rica, 2006.

otras prebendas, pero no tanto en los partidos con una gran afiliación, en los que el acceso al militante de base es más complicado. De hecho, con ocasión de la reciente promesa de realizar primarias para la elección de cargos orgánicos en el PP madrileño, con unos cien mil militantes, diversos miembros de la "vieja guardia" consideraron el método "una locura" por ser "imposible de controlar". Justo lo que se pretendía, vaya.

Las primarias semicerradas implican a simpatizantes registrados, además de a los afiliados, lo que diluye algo la lucha intrapartidaria por el poder y amplia el electorado, complicando aún más el posible control por parte de la cúpula. Normalmente se exige que los simpatizantes estén registrados en el momento de la convocatoria de primarias, para evitar el "asalto". En mi opinión, este es el mejor de los tres sistemas de primarias, ya que evita los problemas de coste, cansancio y "asalto" de las primarias abiertas; al mismo tiempo que diluye el impacto de la lucha intrapartidaria y facilita la selección de candidatos independientes al partido, aunque simpatizantes con el mismo.

La experiencia islandesa, donde desde 1970 los partidos políticos han utilizado las diversas formas de primarias para seleccionar a sus candidatos, puede resultar más ilustrativa de lo que cabe esperar en España que la americana, que queda muy lejos de nuestra tradición de partidos políticos. Los estudios[37] señalan que, pese a casi cuatro décadas de elección por primarias, los partidos políticos islandeses continúan siendo instituciones fuertes e inclusivas, en contra de lo que los críticos de este sistema de elección argumentan. La evolución de los distintos sistemas de elección de candidatos a lo largo del tiempo en Islandia tiene también su interés. En 1971 aproximadamente el 55% de los partidos elegía a sus candidatos a través de una convención de delegados, un 25% en primarias cerradas o semicerradas (para afiliados y/o simpatizantes) y un 20% en primarias abiertas (para todo el electorado). Esos porcentajes cambiaron en 2009, cuando apenas el 10% de los partidos utilizaba convenciones de delegados, un abrumador 85% primarias cerradas o semicerradas, y un escaso 5% primarias abiertas. Parece pues, que las primarias cerradas o

---

[37] INDRIOASON, Indriði H. y KRISTINSSON, Gunnar Helgi. *Primary consequences. The effects of candidate selection through party primaries in Iceland*. Ed. SAGE Publications, 2012.

semicerradas han acabado imponiéndose cuando se ha dejado libertad a los partidos y no se puede acusar a los partidos islandeses de entes cerrados.

En cualquier caso, no creo que la Ley de Partidos deba decantarse específicamente por un tipo de primarias u otro, al menos para los candidatos a puestos ejecutivos. Cualquier tipo de elección primaria logra el objetivo primordial de reducir el poder de las cúpulas para decidir las listas electorales, y no puede decirse que unas sean más o menos democráticas que las otras. Así pues, mi propuesta es dejar a elección del partido el formato más útil. Se podría así optar por votación a través de asambleas, voto por correo o voto electrónico. Este último formato permite reducir el coste y el tiempo de escrutinio y organización de las primarias y debería generalizarse, especialmente si se opta por la celebración de primarias cerradas o semicerradas, en las cuales los electores están perfectamente identificados y registrados. En cualquier caso, el voto debería ser siempre secreto y supervisado por la Junta Electoral, para que existan condiciones de seguridad e imposibilidad de fraude.

### 3.3.    Primarias para todos los puestos en las listas

Si unos de los motivos para introducir las elecciones primarias es arrebatar el poder de incluir o no en las listas a los afines y castigar a los críticos, la elección de candidatos a cargos públicos debe extenderse al total de la lista electoral. Las listas de candidatos deben formarse de abajo hacia arriba, para garantizar que los militantes participan en dicho proceso. Esos procedimientos deben extenderse por todo el país y no sólo en la capital o las ciudades más importantes.

No hay un solo partido político en España que elija a todos sus candidatos electorales por primarias, pero una democratización efectiva de un partido debería pasar por una selección abierta de todos los aspirantes a representantes electos. De nada sirve elegir al cabeza de lista por primarias si el resto de candidatos de la lista se elige por el habitual sistema de "premio a la fidelidad". De esa forma, apenas el 14% de los diputados habrían sido seleccionados por primarias, y el 86% restante se habría beneficiado del favor de las cúpulas de los partidos para ir "colocados" en puestos elegibles. Un sistema de primarias limitado a cabezas de lista es en mi opinión un sistema tramposo, que intenta dar la impresión de que los ciudadanos participan en la elección de candidatos, cuando en realidad, apenas cambia nada.

La extensión de las primarias a todos los puestos de las listas sí que obligaría a que la elección de los candidatos que no aspiran a gobernar (alcaldes y presidentes de gobierno) se establezca de forma obligatoria a través primarias cerradas o semicerradas, ya que el interés y el conocimiento ciudadano por los candidatos en puestos bajos de las listas cabe esperar que, más que reducido, sea prácticamente inexistente. Así, sería factible abrir al conjunto de la ciudadanía la elección del candidato a un puesto ejecutivo (alcalde, Presidente autonómico o Presidente nacional), mientras que el resto de la lista electoral se seleccionaría obligatoriamente por los militantes y/o simpatizantes.

### 3.4. ¿Quién puede ser candidato?

Tan importante como establecer quién vota en el proceso de selección, es la concreción de quién puede presentarse a ese proceso, y cómo se elige al candidato. Si se establece lo primero, pero la dirección del partido controla lo segundo y lo tercero, nada habrá cambiado. En la práctica se seleccionará entre el "menú" que la dirección propone, por lo que seguirá controlando el acceso a las listas. Por ello, y vista la nefasta experiencia de la autorregulación también en este aspecto[38], la Ley de Partidos debería igualmente establecer unos requisitos máximos que los partidos podrán establecer a la postulación de candidatos, que serían los siguientes:

1) **Requisitos generales**. Los candidatos a puestos representativos deberán acreditar:

• Ausencia de imputación, juicio oral o antecedentes de penas de prisión por delitos de corrupción pública[39]. Las personas condenadas a penas

---

[38] Avales muy elevados (10% de los militantes) en el PSOE, listas cerradas en Podemos.

[39] Aunque estos delitos no están sistematizados en nuestro Código Penal, en ausencia de la misma, deberían entenderse como tales las penas de prisión por delitos contra la Administración Pública establecidos en el Título XIX del mismo. A saber, abandono de destino y de la omisión del deber de perseguir delitos; infidelidad en la custodia de documentos y violación de secretos; cohecho; tráfico de influencias; malversación; fraudes y exacciones ilegales; negociaciones y actividades prohibidas a los funcionarios públicos y

de prisión por delitos contra la Administración pública estarán inhabilitadas de por vida para optar a puestos representativos, y las imputadas estarán inhabilitadas mientras se instruya el proceso. Las condenadas a penas de multa o inhabilitación, podrán presentarse una vez cumplida su sanción.

- Al menos cuatro años de experiencia laboral ajena a la política[40].

2) **Requisitos no afiliados**. Cualquier ciudadano podrá presentar su candidatura a un puesto de representante electo local/regional/nacional en el partido de su elección si está avalado por:

- Dos/cinco/diez cargos electos del partido;

- o veinticinco/cincuenta/cien militantes del partido del ámbito por el que se presente;

- o 100/200/500 residentes con derecho a voto o el 1% de las personas con derecho a voto (cualquiera que sea mayor) del ámbito por el que se presente;

3) **Requisitos afiliados**. Para puestos ejecutivos (alcaldía o presidencia) la mitad de los avales exigidos a los no afiliados para puestos representativos, y libre presentación para puestos electos no ejecutivos.

Los partidos políticos podrán reducir estos requisitos, pero no incrementarlos. Deberán asimismo regular si los no afiliados pueden presentarse o no como candidatos a puestos ejecutivos, así como los requisitos para hacerlo, caso de permitirlo. Se trata de asegurar que la capacidad de presentarse como candidato esté abierta a múltiples vías, todas representativas (cargos electos, militantes o ciudadanos), para que no puedan estar controladas por la dirección del partido. La acreditación se

---

de los abusos en el ejercicio de su función; y corrupción en las transacciones comerciales internacionales.

[40] Esto es, justificable por la vida laboral de la Seguridad Social, y excluyendo la experiencia profesional como cargo electo; o en aquellos cargos designados por cargos electos (incluido el personal eventual – los conocidos "asesores" – a sueldo de las administraciones públicas como personal de confianza); los cargos orgánicos en partidos políticos, sus fundaciones o empresas participadas; así como los cargos directivos en organismos, empresas o entidades con mayoría de capital público. En general, se trataría de los cargos de confianza relacionados o designados por cargos políticos.

realizará ante la Junta Electoral correspondiente, que tendrá acceso al censo de militantes y/o simpatizantes de cada partido.

### 3.5. Incompatibilidad de cargos orgánicos y electos

Las primarias representarían en España una mejora del funcionamiento democrático de los partidos que han impuesto un sistema de elección de candidatos basado en la fidelidad absoluta, pero el proceso de primarias debe estar bien diseñado y aplicado en la práctica. Tan importante como obligar a los partidos a elegir a sus candidatos a través de primarias es el conjunto de normas que éstas deben cumplir para que sean efectivas. Hay autores que, de hecho, apuntan que un sistema de primarias puede resultar incluso menos democrático que otro sistema más restrictivo, si está mal diseñado[41]. En España el "aparato" del partido diseña las normas de las primarias a conveniencia de su candidato oficial y en numerosas ocasiones utiliza los medios del partido[42] para asegurarse de que éste resulte elegido, reduciendo cualquier vestigio de neutralidad. Si interesa una campaña corta y con pocos debates públicos para que los candidatos rivales no se den a conocer, así se diseña, de modo que el candidato oficialista parte con una ventaja notable. Hacer inviables las primarias a base de acaparar votos, gracias al aparato del partido, para que no pueda presentarse ni siquiera un segundo candidato, o preparar unas primarias que están ya cantadas semanas antes de celebrarse, es un fraude colosal. Si no se incluyen mecanismos para forzar la neutralidad del aparato, las primarias difícilmente serán creíbles.

Uno de los posibles arreglos institucionales para minimizar estas tentaciones es determinar la separación entre líderes orgánicos y electorales[43], impidiendo la acumulación de los dos cargos (lo común en España, salvo en el caso del PNV) en una sola persona, y abriendo el

---

[41] KATZ, Richard S. *The problem of candidate selection and models of party democracy*. SAGE Publications, Party Politics vol. 7, n° 3, 2001.

[42] Censo de militantes, emails, página Web, sedes oficiales y apoyos públicos de cargos institucionales

[43] KENIG, Ofer. *Classifying party leaders' selection methods in parliamentary democracies*. Ed. Routledge, Taylor & Francis Group, Journal of Elections, Public Opinion and Parties, Volume 19, Issue 4, 2009.

partido a la bicefalia, aunque ésta tiene sus propios problemas[44]. En este sentido, Ferrajoli[45] propone "la incompatibilidad entre cargos de partido y cargos públicos electivos, con el objeto de impedir el interés personal de los titulares de los primeros de auto-elegirse como titulares de los segundos". Para solucionar los posibles problemas de convivencia entre un máximo cargo del partido derrotado en primarias por un candidato que no ostenta poder orgánico en el partido, la mejor solución sería imponer la incompatibilidad entre la ostentación de puestos de poder orgánico en los partidos y la condición de aspirante a candidato electoral. Así, quien ostentase un cargo orgánico debería renunciar a él para presentarse a las primarias y acatar el veredicto de los electores tras ellas, sin poder refugiarse de nuevo en el partido y hacerle la vida imposible al candidato victorioso en las primarias[46]. Esta medida supondría además un nuevo equilibrio de poder en el interior de los partidos, evitando la situación actual de poder omnímodo del líder que no es solo candidato a la Presidencia del Gobierno, sino de su grupo parlamentario y del partido que lo apoya, lo que lo convierte en casi "indestronable", como ha demostrado las experiencias tras las elecciones de diciembre de 2015 y junio de 2016, en las que ni el líder del PP ni el del PSOE dimitieron o fueron sustituidos tras los malos resultados electorales obtenidos[47].

---

[44] Como se comprobó con la difícil convivencia en el PSOE entre Borrell y Almunia desde que el primero resultó elegido candidato (derrotando al segundo), mientras que el segundo mantenía el cargo de Secretario General.

[45] FERRAJOLI, Luigi. *Poderes salvajes. La crisis de la democracia constitucional.* Editorial Mínima Trotta, 2011.

[46] Con esa solución, Almunia hubiera perdido su poder orgánico en el partido tras su derrota en primarias ante Borrell en las primarias del PSOE de 1998, y el candidato elegido hubiera tenido más fácil presentarse a las elecciones, lo que finalmente no pudo hacer, ya que estando el Partido Socialista Obrero Español (PSOE) en la oposición, Borrell ganó las elecciones primarias del 24 de abril de 1998 para la elección del candidato a la Presidencia del Gobierno en 2000, derrotando por un 55% de votos a Joaquín Almunia, entonces secretario general. Acabó renunciando el 14 de mayo del siguiente año en favor de Almunia, debido a la falta de apoyo de la dirección, y al escándalo de fraude fiscal de Ernesto de Aguiar y José María Huguet, dos antiguos colaboradores suyos cuando era Secretario de Estado de Hacienda.

[47] Con caídas del voto del 36% y del 23% de PP y PSOE en las elecciones de 2015 respecto a las de 2011, y del 26% y 21%, respectivamente, en las elecciones de 2016 respecto al 2011.

## 3.6.　El método electoral

Respecto al sistema de elección de candidatos, debe estar establecido en la Ley de Partidos pues, de otro modo, las cúpulas elegirían para sus primarias aquel sistema que les posibilitara un mayor control del proceso, de forma que los aparatos continuarían detentando el poder real en las votaciones. Así que habrá que especificar claramente el sistema a utilizar, tal y como especifica la ley de partidos alemana, que obliga a utilizar el voto mayoritario para la elección de candidatos.

Para la elección de puestos ejecutivos propongo utilizar el sistema de **voto aprobatorio**, un método de votación en el cual un votante puede votar ("aprobar") a todos los candidatos que desee, y en el que el ganador sería el candidato aprobado por un mayor número de electores. Un ejemplo de papeleta se muestra a continuación. En ella, cada elector podría votar por uno, varios (en este caso tres) o todos los candidatos incluidos en la papeleta, marcando una X al lado de su nombre.

| ¿Cuáles de las siguientes personas serían BUENAS candidatas a Alcalde? | |
| --- | --- |
| *Marque con una X una O MÁS de las casillas junto a los candidatos que considere BUENOS para el cargo.* | |
| Marta Pérez | |
| Juan Hernández | X |
| Felipe de la Rosa | X |
| Rosa García | |
| Luisa Santacruz | X |
| José Sánchez | |

Se trata de uno de los métodos electorales más sencillos de comprender y administrar, y aventaja al tradicional "vote por uno de los siguientes candidatos" en que es más expresivo, permitiendo que los electores formulen unas preferencias más complejas (dos de los candidatos me parecen igual de buenos, por ejemplo); que no se ve afectado por el número de candidatos que se presenten a las elecciones, pues no se corre el riesgo de que el voto se divida entre varios de ellos, ya que se puede apoyar a cualquier número de candidatos que se considere bueno para el puesto; y que tiende a elegir a candidatos más transversales y de consenso. Para unas primarias es igualmente un método que reduce el riesgo de fractura interna, ya que incentiva las campañas en positivo, puesto que si un candidato se dedica a atacar a otros no recibirá el apoyo de los que apoyan a los atacados. Finalmente, la elección por método aprobatorio compensaría el sesgo ideologizado o extremista de la elección por primarias, cualquiera que sea la fórmula que se elija. El electorado de las primarias suele estar más convencido, ideologizado y situarse en una posición más extrema que el ciudadano medio, lo que conlleva el riesgo de que una mayoría de los candidatos que resulten elegidos en las primarias sean radicales o extremistas. Sin embargo, el método aprobatorio tiende a beneficiar a los candidatos más moderados sobre los extremistas, puesto que los primeros son capaces de lograr la aprobación de un electorado más amplio, al contrario que los segundos, que suelen tener tantos detractores como seguidores acérrimos. La combinación de ambos sesgos, hacia el extremo en las primarias, y hacia la moderación por el método aprobatorio, conduciría a la elección de un amplio y variado abanico de candidatos que presentar a los electores, que serían los que finalmente decidirían a quiénes otorgarían su confianza, lo que constituye un argumento más para la utilización del método aprobatorio en las elecciones primarias de los partidos.

En cuanto al recuento, en lugar de contar un voto por papeleta, habrá que contabilizar uno o varios, pero el resultado es sencillo de transmitir a los electores: "gana X con el apoyo de 23.245 votantes".

Para la elección del resto de candidaturas sí que postulo claramente que las primarias no deben ser abiertas, puesto que generan cansancio entre los electores y se les pide que seleccionen de entre una multitud de candidatos desconocidos con el objeto de completar unas listas electorales por las que mayoritariamente no tienen ningún interés. Unas primarias cerradas o semicerradas son las adecuadas en este caso, y además debería utilizarse el voto electrónico, ya que reduce sustancialmente el coste del proceso, que está dirigido a un electorado más reducido y perfectamente identificado. El método electoral debe estar establecido en la propia Ley de Partidos, que debe consagrar un sistema proporcional y personalizado de elección de candidatos. Estas dos características son importantes. Veamos por qué. En primer lugar, si la elección de candidatos en las listas se realiza por un método proporcional, se garantiza que en las listas electorales estarán presentes todas las corrientes ideológicas internas de los partidos, sin posibilidad de "castigo" a los críticos con la dirección, como sucede ahora habitualmente. Eso reducirá las tensiones que se producen en la confección de las listas en cada proceso electoral, dadas las luchas de poder internas en cada agrupación. Con un método proporcional cada corriente o familia ideológica participaría en la lista electoral con un peso relacionado con su peso interno, y serían los electores mediante su apoyo personalizado en las elecciones a unos candidatos u otros los que resolverían qué corriente interna les representa mejor. Es un mecanismo plenamente democrático de resolución de tensiones internas que evitaría que los partidos se rompiesen por su causa a la hora de confeccionar las listas. Y en segundo lugar, la elección debe ser personalizada y no a través de listas ideológicas diferenciadas[48] precisamente para no fomentar la polarización en torno a las corrientes ideológicas, así como permitir el éxito de candidatos independientes, tanto externos al partido como no adscritos a corriente alguna, así como de candidatos moderados o contemporizadores, que abogan por un entendimiento entre las distintas familias partidistas, o que comparte puntos de vista con unos u otros.

Métodos electorales para la elección de múltiples candidatos que sean al mismo tiempo proporcionales y personalizados, y a su vez relativamente sencillos de explicar y administrar, conozco solo uno, de apenas un año de vida, denominado voto único divisible[49], que se utiliza en la elección de los Premios Hugo de Ciencia Ficción, pero que considero plenamente apropiado para este tipo de elección. En el voto único divisible, cada elector apoya a tantos candidatos como desee, pero su voto se divide

---

[48] Al estilo de Podemos, en la actualidad.
[49] QUINN, Jameson y SCHNEIER, Bruce, *A Proportional Voting System for Awards Nominations Resistant to Voting Blocs*, Schneier on Security, 2016.

en una parte alícuota para cada candidato que apoye. Esto es, si decide apoyar a tres candidatos, otorgará un tercio de su voto a cada uno de ellos. Una vez sumados los votos de todos los electores, de entre los dos con menos votos se elimina aquel que es apoyado por menos votantes, y se recalculan los votos de todos aquellos que apoyaban al candidato eliminado, de tal modo que si resulta eliminado uno de los tres candidatos aprobados por un elector, su voto se divide ahora por igual entre los dos que sobreviven (1/2 voto para cada uno). Con un ejemplo se ve más claro.

*Se celebran elecciones primarias para elegir tres candidatos de entre los cinco disponibles (A, B, C, D, E). Los votantes son 100, que se reparten sus votos entre los candidatos de la siguiente manera:*

*32 DE – es decir, 32" aprueban" tanto a D como a E.*

*22 AB*

*21 ABC*

*20 AC*

*3 ABE*

*2 C*

*El recuento inicial resulta de dividir el número de votantes por el número de candidatos que cada uno apoya. De esta forma, A obtendría 29 votos, 11 de los 22 votantes que le otorgan la mitad de su apoyo y la otra mitad a B (esto es los 22 que votan por A y B), 7 de los 21 que apoyan a ABC, 10 de los 20 que aprueban a AC, y 1 voto más de los 3 que aprueban a ABE. La suma es 11+7+10+1=29. De la misma manera se calculan el resto de apoyos, con la ayuda de un programa informático sencillo. Así el resto de votos es B(19), C(19), D(16), E(17). La suma de todos los votos a candidatos es 100.*

*Los dos candidatos con menor número de votos son D(16) y E(17), por lo que, de entre ellos dos, se elimina el candidato apoyado por el menor número de votantes en total, que es D(32), ya que E es apoyado por 35 votantes. Una vez eliminado D, el nuevo recuento es A(29), B(19), C(19), E(33). Los dos candidatos con menor número de votos son B(19) y C(19), por lo que, de entre ellos dos, se elimina el candidato apoyado por el menor número de votantes, que es C(43), ya que B es apoyado por 46 votantes.*

*Los elegidos resultan ser A, B y E. Se observa que, de los candidatos D y E al que votan en bloque la tercera parte de los votantes, resulta elegido únicamente uno (E), de los dos el que recibe algún apoyo transversal adicional (3 votos a repartir entre A, B, y E). Casi las dos terceras partes de los votos se reparten entre A, B y C, de modo que, para mantener la proporcionalidad, dos de ellos estarán entre los tres elegidos, resultando eliminado de entre ellos aquel que menos votantes apoyen, que es C(43). B es apoyado por 46 y A por 66. El resultado es proporcional, pues es seleccionado uno de los dos candidatos (D y E) apoyados en bloque por la tercera parte de los votantes, y dos de los otros tres candidatos (A, B y C) apoyados por las dos terceras partes de los votantes (aproximadamente). Como se observa, el candidato aprobado por más votantes (A), jamás resultará eliminado pues saldrá victorioso en cualquier comparativa con otro. Se premia a los candidatos más moderados y capaces de salirse de su bloque (E en el bloque DE), lo que incentiva a candidatos no excluyentes y reduce las tensiones internas en el partido. Y resultarán eliminados los candidatos que menos apoyo transversal (de más votantes) recaben dentro de cada facción.*

Es un método sencillo para los electores, que sólo deben decidir a cuántos candidatos apoyan. Personalizado, ya que se apoya a candidatos individuales, y no a listas o grupos. Y proporcional, ya que tiene la ventaja de que un elector puede apoyar a tantos candidatos como considere buenos, sin el temor de que al diluir su voto todos sus candidatos resulten eliminados, pues de hecho su voto se irá transfiriendo a los candidatos favoritos que sobrevivan. No es un sistema aceptable para el voto de la población en general, ya que requiere contabilizar cada papeleta para poder hacer los recálculos tras cada eliminación, pero sí para unas elecciones primarias donde la votación es electrónica y un simple ordenador personal puede realizar los recálculos y seleccionar a los candidatos vencedores en unos segundos.

El número de candidatos electorales a elegir debería ser igual al número de representantes a elegir en el distrito, junto a tres adicionales, para que existan, del mismo modo que ahora, tres candidatos suplentes en cada lista electoral para cubrir posibles vacantes. Así, al elector se le ofrecerían al menos cuatro opciones personales incluso en las circunscripciones que eligiesen a un solo representante, y los tres candidatos menos votados quedarían como suplentes del resto. De esta forma se garantiza que en cualquier circunscripción electoral existe una cierta competencia y los ciudadanos puedan elegir de entre un número mínimo de candidatos (cuatro).

Existen otras propuestas de métodos similares[50], pero que son computacionalmente impracticables para elecciones con muchos electores o que no logran una buena proporcionalidad si los electores no se ciñen al voto partidista, de modo que la opción propuesta resulta la más sencilla y practicable, al menos para primarias cerradas o semicerradas.

### 3.7. Control externo de la Junta Electoral

La (mala) experiencia aconseja que las primarias se organicen de forma oficial, no por los aparatos de los partidos, y se controlen por la Junta Electoral. Así pues, la Ley de Partidos debería especificar que será la Junta Electoral, y no la cúpula de los partidos, la que convocará, en una fecha decidida de antemano[51], elecciones primarias para todos los partidos y agrupaciones electorales que deseen presentar candidaturas en cualquier tipo de elección. La elección por primarias sería el único método

---

[50] BRAMS, S. J., & KULGOUR, D. M., *Satisfaction approval voting*. In Voting Power and Procedures (pp. 323-346). Springer International Publishing, 2014; o la solución *Secuential Proportional Approval Voting* propuesta por THIELE en PHRAGMÉN, E, *Till frågan om en proportionell valmetod*, Statsvetenskaplig tidskrifts Vol. 2, No. 2: pp 87-95, 1899; así como *Proportional Approval Voting* propuesta por FOREST, Simmons y descrita en Kilgour, KILGOUR, Marc, *Approval Balloting for Multi-winner Elections*, In LASLIER, Jean-François; REMZI SANVER, M., *Handbook on Approval Voting*. Springer. pp. 105–124, 2010.

[51] Por ejemplo, seis meses antes del fin del mandato electoral o, cuando las elecciones se convoquen anticipadamente, siempre que no se haya realizado un proceso de elección de candidatos por primarias durante el último año, sería necesario un plazo de quince días después de la fecha de convocatoria de elecciones, para reunir las firmas, y al menos otros siete de campaña para celebrar las primarias, de modo que deberían ampliarse o modificarse los plazos previstos para que los partidos entreguen las candidaturas a la Junta Electoral, pues el plazo actual (once días tras la convocatoria de elecciones), es insuficiente en el caso de elecciones anticipadas.

habilitante para que un candidato estuviese incluido en la lista electoral de cualquier partido o agrupación.

Esta medida es importante porque, lamentablemente, con demasiada frecuencia se produce juego sucio e incluso acusaciones de *pucherazo* en las aún escasas elecciones primarias que se celebran en España, y no queremos que el proceso se contamine desde el inicio. Sería la Junta Electoral la que se encargaría de elaborar el censo de afiliados y de simpatizantes de los partidos. Si se permite la participación de simpatizantes, éstos deberían poder inscribirse ante la Junta Electoral, para garantizar que se inscriben (y votan) en un solo partido, así como que los aparatos de los partidos no retrasan algunas inscripciones o aceleran otras por motivos partidarios. Son prácticas torticeras que ya se han empleado en la escasa experiencia de elecciones primarias en España, como expliqué. Igualmente, la Junta Electoral garantizaría la neutralidad de los partidos ante los distintos candidatos y les otorgaría igualdad de medios. El censo estaría a disposición de todos ellos y la Junta Electoral se encargaría de verificar que éstos cumplen con la normativa de incompatibilidades.

Finalmente, las elecciones primarias se llevarían a cabo al mismo tiempo a través de las herramientas de voto electrónico (para los candidatos a puestos representativos) o de voto presencial (para los candidatos a puestos ejecutivos) diseñadas por la Junta Electoral. La herramienta de voto electrónico sería propia de la Junta Electoral y certificada por diversos organismos independientes, para evitar las acusaciones de fraude[52] que ya se han producido en algunas votaciones. En cuanto a la votación presencial, se debería realizar en los colegios electorales dispuestos por la Junta Electoral de Distrito o en las sedes de los propios partidos políticos, siempre bajo la supervisión de la primera.

Naturalmente, sería la correspondiente Junta Electoral la que procedería al recuento y proclamación de las candidaturas elegidas.

---

[52] Sirvan como ejemplo, GUTIÉRREZ, J. *El PSOE ve fraude en las primarias y saca del censo a 3.755 simpatizantes*. La Opinión de Tenerife, 2014; GIL, Andrés. *Podemos anula su lista en La Rioja tras detectar "fraude" en las primarias*. el diario.es, 2015; ROJO, Andrés. *Podemos anuncia primarias bajo la sospecha de fraude en el censo*. La Razón, 2015.

## 4. LISTAS FLEXIBLES, QUE NO ABIERTAS

Las dos dimensiones cruciales de un sistema electoral son la proporcionalidad y la relación diputado-elector. Respecto a la primera en las partes segunda y tercera de este libro se describirán los distintos sistemas electorales existentes en los países democráticos y se expondrá la reforma electoral que se propone.

En cuanto a la relación diputado-elector, hay que tener en cuenta que parte de la indignación ciudadana procede del modo en el que los representantes políticos se han alejado de los votantes. Una manera de corregir esta deficiencia de la representación política sería modificar nuestro sistema de elección de representantes a través de listas cerradas y bloqueadas, en las que todo el poder de elección de los representantes de cada partido que resultan elegidos descansa en la selección de candidatos por los partidos, y sustituirlo por otro en el que el elector tenga más poder que ahora para seleccionar a uno, varios o todos los candidatos. En la Unión Europea, únicamente España y Portugal tienen un sistema de listas cerradas y bloqueadas. Cerradas porque solo se puede votar a un partido, y bloqueadas porque no se puede cambiar el orden de los candidatos que dispone cada papeleta. Recientes estudios demuestran que allí donde se emplean listas abiertas la satisfacción con el funcionamiento del sistema político es mayor que con listas cerradas[53], de modo que esta modificación resultaría en un incremento de la legitimidad de los representantes elegidos y de satisfacción con la democracia de los electores. Para ello, existen básicamente tres opciones dentro de los sistema electorales por listas: el *panachage* o listas libres, las listas abiertas y las flexibles o desbloqueadas, aunque con frecuencia se confunden unas con otras, ya que lo que varía es el poder que se otorga al elector en cada sistema.

El *panachage* es un sistema de listas libres que permite a los electores seleccionar candidatos de distintos partidos. El poder del elector es máximo. No solo su voto es el único relevante para determinar quién resulta elegido, sino que puede escoger candidatos de distintos partidos

---

[53] Farrell, David y McAllister, Ian, *Voter satisfaction and electoral systems: Does preferential voting in candidate-centered systems make a difference*, European Journal of Political Research, Oxford, Inglaterra, 2006.

políticos y listas. El *panachage* únicamente se utiliza en Suiza, Luxemburgo, Mónaco y Liechtenstein, que se caracterizan por ser países pequeños o incluso diminutos, donde el conocimiento personal de los candidatos de todos los partidos es muy alto. Para el elector es un sistema exigente, pues le "obliga" no solo a conocer y tener una opinión fundada de los candidatos de un partido en concreto, lo que suele suponer elegir a uno o varios candidatos de entre veinte o treinta, sino también respecto a los candidatos del resto de partidos, lo que supone un esfuerzo potencial de recopilación de información sobre centenares de candidatos.

Las listas abiertas otorgan algo menos de poder a los electores. Al igual que en el *panachage*, sólo su voto se tiene en cuenta para seleccionar a los representantes, pero el elector únicamente puede elegir entre los candidatos de una lista de partido. Esto reduce el número de opciones de centenares a unas decenas o incluso menos. En una lista abierta el orden de presentación de los candidatos no tiene relevancia en el recuento[54] y resultan elegidos los candidatos dentro de la lista con un mayor número de votos preferenciales. Finlandia, Dinamarca, Polonia y Eslovenia son países europeos que utilizan las listas abiertas.

Finalmente nos encontramos con las listas flexibles en las que el número de votos preferenciales recibidos no es el único criterio para determinar el orden de elección de los candidatos dentro de una lista, ya que el orden postulado por el partido tiene su relevancia. Las listas flexibles ofrecen un orden preestablecido de elección de los candidatos de un partido, que los electores pueden alterar bajo determinadas condiciones. La condición suele ser la exigencia de un mínimo número de votos preferenciales a favor de un candidato para saltarse el orden de la lista. La mayoría de los países de la Unión Europea con sistemas de representación proporcional utilizan listas desbloqueadas (*open lists* en la literatura anglosajona, de ahí la confusión de términos), permitiendo que los electores indiquen su candidato favorito dentro de la lista de partido elegida. El número mínimo de votos para que el voto preferencial de los electores sea tenido en cuenta varía enormemente entre unos países y otros.

---

[54] Aunque los candidatos mostrados en los primeros lugares suelen recibir más votos, en muchos casos el orden de presentación de los mismos es aleatorio e incluso cambia de unas papeletas a otras para eliminar este sesgo de elección.

Es muy elevado en Holanda (25% de los votos recibidos por el partido), lo que ocasiona que la inmensa mayoría de los representantes sean elegidos de acuerdo con el orden presentado por el partido, y se va reduciendo de Austria (16%), a Suecia (8%), y más aún en la República Checa (5%), o en Eslovaquia (3%). Así pues, este porcentaje varía entre el 3% y el 25% de los votos del distrito. La elección del mínimo tiene tal impacto que cuanto menor es el porcentaje exigido, mayor es el número de votantes que ejercitan el voto preferencial, esto es, marcan la casilla con el nombre de su candidato preferido. Cuando los electores saben que el voto personal al candidato de su elección es relevante, lo utilizan más. El caso prototípico para comprobarlo es la elección en Eslovenia. En 1990, para cambiar el orden de las listas era necesario que al menos el 10% de los electores del distrito hubieran hecho uso del voto preferencial y que el candidato en cuestión obtuviese más del 50% de los votos de su partido, en 1992 este último porcentaje se redujo al 10% de los votos recibidos por el partido en ese distrito, y en 1999 se redujo de nuevo al 3% de los votos de su partido. Con cada reforma que facilitaba el voto preferencial el número de éstos se incrementaba, y en las últimas elecciones la inmensa mayoría de los votantes lo utilizó, con el resultado de que alrededor de un 10% de los candidatos finalmente elegidos lo fueron por los votos preferenciales.

Tanto en las listas abiertas como en las flexibles el voto preferencial puede ser obligatorio (si no se vota al menos por un candidato el voto al partido no es válido) o voluntario (se puede votar al partido sin elegir a un candidato dentro de él); y el número de votos preferenciales también puede variar. Cinco países de la Unión Europea[55] y Finlandia permiten votar a uno solo de los candidatos de la lista, y otros diez países de la UE, además de Islandia y San Marino, admiten un número limitado[56] o ilimitado[57] de elecciones preferenciales. Finalmente, en cuatro países[58], además de votar a favor de uno, varios o todos los candidatos de la lista, los ciudadanos pueden borrar o votar en contra de alguno de los candidatos de la lista.

---

[55] Austria, Dinamarca, Países Bajos, Polonia y Suecia.
[56] Chipre (una preferencia por cada cuatro puestos), Chequia, Eslovaquia y Grecia (hasta 4 preferencias), y Lituania (hasta 5 preferencias).
[57] Bélgica, Bulgaria, Estonia, Letonia, Islandia, San Marino y Noruega.
[58] Islandia, Letonia, Mónaco y Noruega.

La distinción entre listas abiertas y flexibles es sutil pero crucial, ya que en las listas flexibles el elector que no utiliza el voto preferencial delega en el partido la decisión de seleccionar a los candidatos elegidos en concreto, mientras que en las listas abiertas esa tarea se delega en el resto de electores (en los que sí utilizan el voto preferencial). Cada una de esas opciones tiene sus problemas. Descartando las listas cerradas que no otorgan poder alguno a los electores y que impiden por completo la rendición de cuentas de los representantes, las listas libres o *panachage* suponen un cambio revolucionario no solo en la elección de candidatos sino en la votación a los partidos, ya que obligarían a redefinir cómo se contabilizan los votos a candidatos de distintos partidos. Podría ser una opción para elecciones en municipios pequeños (por ejemplo municipios de menos de cinco mil habitantes), donde el conocimiento personal es más elevado y donde la política partidista puede tener menos sentido, pero lo descartaría para España para municipios de cierto tamaño y para elecciones regionales y nacionales. Se trataría de un cambio demasiado radical y sin grandes ventajas a cambio. En realidad, cualquier grado de apertura de las listas en España sería ya un cambio suficientemente profundo como para irnos al otro extremo. Las listas abiertas otorgan, dentro de una lista de partido, todo el poder al elector, pero se trata de un poder que satisface y utiliza un tipo muy específico de elector: el más motivado e implicado en política, así como mejor formado. De hecho, cuanto más complicado es el procedimiento de votación, menos suelen votar los electores menos formados e interesados en la política, reduciendo su participación electoral e introduciendo sesgos socioeconómicos en los votantes que acuden a las urnas. De igual modo, con las listas abiertas puede darse el caso de que algunos candidatos sean elegidos con relativamente pocos votos preferenciales, simplemente porque se han comprometido con grupos clientelares o de interés, y con sus votos ha sido suficiente como para escalar posiciones hasta los puestos de salida. Finalmente, las listas flexibles suponen un poder limitado para el elector, cuyo impacto depende de las dificultades que se impongan para alterar el orden de las listas, pues de ser estas dificultades grandes resultaría un cambio cosmético para que todo siguiera igual y sean los partidos los que acaben imponiendo su decisión sobre el orden de los candidatos.

Mi propuesta es establecer, de forma voluntaria y no obligatoria, la opción de voto preferencial por el método aprobatorio, que permite apoyar a un número ilimitado de los candidatos dentro de una lista partidista, de tal modo que la lista sea flexible, esto es, que siga el orden establecido por el partido a menos que un candidato reciba un 5% o más de votos preferenciales. Procedo a explicar los motivos de cada decisión.

En primer lugar, el voto preferencial debe ser una opción y no una obligación, con el fin de ofrecer esta posibilidad a los electores con interés, implicación y dispuestos a dedicar parte de su tiempo a conocer y discriminar entre los distintos candidatos de una lista partidaria. No se trata de complicar el procedimiento de votación para aquellos que pueden verse inhibidos de acudir a las urnas en caso de hacerlo, ya que su obligatoriedad desincentivaría la participación de los sectores sociales menos educados[59], que huyen de las complicaciones. No todos los votantes estarán dispuestos o deseosos de hacerlo, por lo que no tiene sentido obligarlos, ya que o bien dejarían de votar en las elecciones o formularían lo que en la jerga se llama un *donkey voting* (el voto de los burros), es decir, votarían por cualquier candidatos de la lista (normalmente el número uno) sin saber nada de sus virtudes y defectos ni de los demás candidatos. Bajo mi propuesta, el votante seguiría eligiendo la papeleta del partido al que deseara votar con la única diferencia de que ahora podría además mostrar su preferencia por uno o varios de los candidatos allí nominados. Si no lo hiciera, su voto continuaría computando como un voto más para el partido a la hora del reparto de escaños, pero no tendría relevancia a la hora de designar al representante elegido, y se mantendría así la facilidad de uso, comprensión y administración del actual sistema electoral, que es un valor a conservar.

En segundo lugar, propongo utilizar el método aprobatorio porque es el más sencillo de todos los métodos alternativos al tradicional de votar por una sola persona o partido. Es fácil de contabilizar y recontar, e igualmente es independiente del número de candidatos que se presenten, es decir, que el hecho de que se presente un candidato más o menos no detrae ni añade

---

[59] GALLEGO, Aina, *Are More Choices in the Ballot Better? Cross-National and Experimental Evidence*. APSA 2011 Annual Meeting Paper.

votos a ningún otro candidato, como sucede con el voto tradicional[60]. Igualmente permite a los electores apoyar a varios candidatos si considera que todos ellos son igualmente buenos, así como castigar al candidato corrupto o carente de calidad o escrúpulos, para lo que bastaría con apoyar a todos los candidatos menos al que se desea castigar. No hay que despreciar el poder del voto preferencial para castigar conductas que los electores consideren impropias. De hecho, el voto personal dentro de las listas partidarias castiga la corrupción en mayor medida incluso que en los sistemas electorales con distritos de único candidato[61] (caso de Gran Bretaña), ya que el voto preferencial permite que los electores castiguen al candidato corrupto (apoyando al resto, en nuestro caso) al mismo tiempo que votan por su partido preferido, mientras que en el caso británico, para castigar al corrupto se debe dejar de votar al partido, y buena parte de los electores es renuente a hacerlo.

En tercer lugar, propongo un sistema de lista flexible, que siga el orden establecido por el partido a menos que un candidato reciba un 5% o más de votos preferenciales. La lista flexible polariza menos la competición entre los candidatos que la abierta, no divide a los partidos y no aumenta la volatilidad de los resultados por unos pocos votos que cambian por completo la elección concreta de los representantes. Establezco un mínimo del 5% de votos preferenciales para saltarse el orden de la lista, ya que, por debajo de este porcentaje quedarían candidatos cuasi desconocidos que únicamente han alcanzado a pequeños grupos de interés, de modo que en su caso prevalecería el orden inicial de la lista, cuyo electorado es probable que tenga un conocimiento más profundo de sus virtudes y defectos. Así, el orden de la lista electoral tendría importancia para los candidatos menos conocidos, mientras que los más conocidos serían elegidos de acuerdo con la voluntad de los ciudadanos. De cualquier modo, no hay que desmerecer el poder indicativo del orden de la lista para los electores, ya que es habitual que muchos voten por los candidatos en los primeros puestos de la lista, siguiendo de esta manera los criterios

---

[60] En el que la división del voto entre varios candidatos los perjudica a ambos y puede provocar que salga elegido un candidato menos deseado, pero que no compite con candidatos similares a él.

[61] RUDOLPH, Lukas y DÄUBLER, Thomas. *Holding Individual Representatives Accountable: The Role of Electoral Systems*. Journal of University of Chicago, 2016.

partidistas. De hecho, el puesto en la lista es uno de los factores cruciales para el éxito electoral en los sistemas de elección preferencial[62], no solo por motivos psicológicos o por confianza en el criterio del partido, sino también por la mayor atención mediática que reciben. Siempre que se trate de una elección voluntaria, no tengo nada que objetar a esta práctica.

Con esta propuesta, cuando de acuerdo con el criterio de reparto a un partido político le correspondieran uno o varios representantes en un distrito (una provincia, por ejemplo), los representantes elegidos serían aquellos que obtuvieran un mayor número de votos personales en ese distrito hasta un máximo del número de representantes asignados para cada partido, siempre que hayan recibido al menos un 5% de votos preferenciales. De esta forma, una vez asignados los escaños de cada circunscripción a cada partido, la elección de candidatos (al menos, de los más conocidos) dentro de cada partido se realizaría de acuerdo con los votos preferenciales recibidos por cada uno de ellos. Cabe esperar que el número de electores que utilizan el voto preferencial con el tiempo ronde o supere la mitad, tal y como sucede en Dinamarca, Suiza o la República Checa (72%). Así pues, los candidatos más apoyados personalmente en cada distrito resultarían elegidos si a su partido le correspondiese algún representante, lo que es fácil de comprender para el votante. En cuanto a la administración del sistema, además de los votos recibidos por cada partido, obliga únicamente a contar los votos personales obtenidos por cada candidato en las papeletas partidarias, lo que, si bien retrasa algo más el recuento, no resulta complicado de realizar y los resultados se seguirían conociendo la noche electoral. Cada colegio electoral contaría primero los votos de cada partido, de modo que los resultados de los partidos políticos se conocerían a la misma velocidad que ahora, y posteriormente pasarían a contar los votos personales, que ni siquiera se habrían emitido en todas las papeletas, aunque es de esperar que sí en una mayoría de ellas.

Este cambio de alguna manera **debilita a los partidos políticos** al restarle poder para "colocar" a sus candidatos y obliga a éstos a realizar una campaña electoral para lograr votos personales, lo que introduce

---

[62] VAN ERKEL, Patrick F.A. y THIJSSEN, Peter. *The first one wins: distilling the primacy effect*. Electoral Studies, 44, 2016.

ciertos elementos de tensión interna entre candidatos. Sin embargo, para ese objetivo los candidatos deben lograr primero que se vote a su partido y que éste logre algún escaño que repartir luego entre sus candidatos en el distrito electoral, así que el sistema también establece mecanismos para que los distintos candidatos cooperen en lograr votos para el partido y no lo sometan a excesivas tensiones. Por otro lado, la posibilidad de que los electores de tu propio partido no apoyen a los candidatos que se dediquen a criticar a sus compañeros incentiva las campañas en positivo y no a la ofensiva.

Con la propuesta de listas flexibles se introduce un mecanismo de control por parte de los votantes de los representantes elegidos en cada distrito electoral. Serían pues los candidatos más votados los elegidos para representar a los ciudadanos, y no resultarían elegidos como hasta ahora de acuerdo con el orden preestablecido en la lista de partido. Este sistema traspasa el poder desde los partidos hacia los votantes, lo que hará que los representantes se vean incentivados a cultivar una relación y contacto estrecho con  los ciudadanos de su circunscripción, a los cuales deberá pedirles el voto personal. Este hecho estimula la rendición de cuentas de los representantes, pues el electorado tendrá la capacidad de verificar efectivamente a quienes, una vez elegidos, traicionan las promesas que hicieron durante la campaña o demuestran incompetencia en el cargo. La evidencia[63] más reciente sugiere que los sistemas electorales con listas flexibles pueden ser más tendentes a la rendición de cuentas de lo que se había pensado hasta la fecha.

Así pues, la introducción de las listas flexibles personalizaría la elección de los candidatos, aumentaría la rendición de cuentas individual, cierta competencia interna, premiaría con la reelección a los representantes políticos más competentes o implicados con sus votantes, y mitigaría la aparición de episodios de corrupción política. Asimismo, aumentaría la motivación de los elegidos para visibilizar su labor como político dentro del parlamento, lo que presionará para cambiar la forma de trabajar en el Parlamento, otorgando más protagonismo al diputado individual.

---

[63] MIKULSKA, Anna. *To have your cake and eat it too: accountability under a preferential voting system.* The Central European Journal of Social Sciences and Humanities, 2014.

# 5. LA SALIDA DE LA POLÍTICA

## 5.1. Políticos vitalicios

Uno de los problemas de nuestro sistema político es el de la salida de los políticos amortizados de la escena pública. Cuando un cargo representativo pierde su cargo en las elecciones no suele retirarse de la vida pública y volver a sus quehaceres anteriores, sino que, al contrario, se le busca un retiro "dorado" en alguna institución superflua[64]. De lo que se trata es de recompensar los servicios prestados sin que el político en retirada deba "trabajar" en nada que no huela a un cargo público y que no esté bien remunerado. Para los beneficiados y los dirigentes del partido es un buen arreglo. Los primeros logran su objetivo de vivir, y muy bien, a expensas del erario público toda su vida, y los segundos tienen a cambio un ejército disciplinado de funcionarios de partido que siguen al pie de la letra sus consignas. Para los ciudadanos, sin embargo, no es un buen acuerdo, ya que esta actitud contraría la rendición de cuentas de los representantes, pues saben que el partido se ocupará de encontrarles un buen acomodo en el caso de que los electores rechacen su continuidad en el cargo actual, de modo que su opinión carece de importancia.

Creo que la carrera política de un representante público debería finalizar en el momento en el que, tras rendir cuentas de su actividad representativa ante los electores, no resulta reelegido por los ciudadanos, pues cabe entender que no renuevan su confianza ni para repetir en su actual cargo ni para cualquier otro cargo electo o de poder. Lo razonable sería que, transcurrido un periodo de tiempo en el que los representantes han dedicado su tiempo, formación y experiencia al servicio público, los cargos de representación no reelegidos volviesen a su ocupación anterior, y que se produjese su salida efectiva de la vida pública, sin que ésta se convirtiera en un trabajo de por vida en el que se encadenasen cargos públicos inexorablemente hasta la edad de jubilación.

---

[64] Para lo que sirve tanto un puesto de senador designado por las CC.AA., como un puesto de salida en las listas al Parlamento Europeo o, si su carrera política no ha sido tan brillante, se le aparta en algún despacho como ejecutivo de alguna empresa pública, organismo autónomo o en la dirección general de alguna consejería autonómica.

## 5.2. Puertas giratorias

Para los políticos de más alto nivel, la salida de la vida pública se acomete con su entrada en el Consejo Asesor o de Administración de una empresa privada de relumbrón. Ese ha sido el camino emprendido por casi una cincuentena de altos cargos de los gobiernos del PP y PSOE, en las conocidas "puertas giratorias" entre la actividad pública y la privada. Su destino suele ser empresas de sectores regulados por el Estado[65] o con una alta dependencia de los contratos públicos. Estas empresas pagan generosos sueldos para tener en su nómina a ex-altos cargos bien conectados con el "poder", pues su cuenta de resultados depende de que las normas y regulaciones les favorezcan, y para ello nada mejor que contratar a "lobistas" bien relacionados y a los que los ministros o, mejor aún, el Presidente les descuelgue el teléfono y escuche con atención. Lo relevante de esta práctica es que, al fin y a la postre, el sueldo de estos lobistas los acabamos pagando los contribuyentes con una regulación más sesgada hacia los intereses de los sectores regulados o mediante adjudicaciones más caras de lo que deberían ser en condiciones de competencia perfecta. Se trata, pues, de una práctica negativa que debe ser acotada y regulada.

Para expresidentes del gobierno, exministros y altos cargos de la administración central y autonómica, incluyendo a los directivos de empresas públicas, debería establecerse una incompatibilidad de 10 años para trabajar en sectores económicos regulados, evitando que "moneticen" el valor de sus relaciones personales y políticas.

## 5.3. El viaje de ida y vuelta entre administración y política

Uno de los aspectos más llamativos de la política española, y en especial entre los más altos cargos, es la abundancia de funcionarios

---

[65] Los sectores regulados son aquellas áreas de actividad económica en los que convive el ejercicio de la actividad en libre mercado o libre competencia con el cumplimiento de exigencias o requisitos legales que no se exigen en los mercados completamente liberalizados. Estos sectores coinciden con los antiguos monopolios estatales, como el farmacéutico, energía, telecomunicaciones, servicios postales, hidrocarburos, y transportes ferroviarios y aeroportuarios, desaparecidos ya en nuestro entorno jurídico y económico por exigencia de la Unión Europea. A éstos habría que añadirle la banca y los seguros, como sectores especialmente sensibles y sometidos a regulación y control especial.

públicos dedicados a la política. Este hecho no debería extrañarnos por cuanto todos los incentivos se han diseñado para que así ocurra. No solo se reserva el puesto de trabajo en la administración a quien da el salto a la política, sino que a su vuelta a la administración recibe como premio la antigüedad y los ascensos que le habrían correspondido de haber desempeñado su cargo administrativo durante su vida política. Aún más, si ha desempeñado cargos de confianza política en la administración pública durante más de dos años, se le consolida su grado de por vida aunque no vuelva a desempeñar ese puesto nunca más. Por todo ello, se ha acabado produciendo la ocupación de la alta administración por la política[66].

En España, el partido que controla un gobierno local puede nombrar multitud de altos cargos y asesores, y, a la vez, tejer una red de agencias y fundaciones con plena discreción en política de personal. En total, "en una ciudad media española puede haber cientos de personas cuyos salarios dependen de que su partido gane las elecciones." [67] Esto genera que toda la cadena de decisión de una política pública está en manos de personas que comparten un objetivo común: ganar las elecciones, lo que hace que se toleren con más facilidad los comportamientos ilícitos. Sin embargo, esta situación no es la habitual en la mayor parte de los países. Los países anglosajones, nórdicos, Alemania, Corea, etc. intentan separar las carreras profesionales de funcionarios y de políticos. "Estos países desincentivan el salto a la política imponiendo límites a las actividades políticas de los funcionarios y costes para aquellos empleados públicos que quieren regresar a la carrera funcionarial después de su aventura política. Por el contrario, en los países del arco mediterráneo (pero también otros con conocidos problemas de clientelismo, como Austria, Bélgica, México o Japón) se admite una integración de las carreras funcionarial y política."[68]

Para solucionar este mecanismo perverso lo que se precisa es cambiar los incentivos de forma radical. Si hasta ahora la participación en la política no es un freno en la carrera funcionarial sino, antes al contrario,

---

[66] JIMÉNEZ ASENSIO, Rafael. *Los directivos públicos en España (tres tesis y algunas propuestas)*. II Congreso de Gestión Pública, 2006.
[67] LAPUENTE GINÉ, Víctor. *¿Por qué hay tanta corrupción en España?*. El País, 2009.
[68] LAPUENTE GINÉ, Víctor, *op cit.*.

un acelerador de la misma, lo que procede es **reservar los puestos de control de la actividad política a aquellos funcionarios que nunca hayan desempeñado un cargo orgánico o electivo en un partido**. Así pues, el acceso a los puestos más altos de la administración pública debería quedar vetado para aquellos que hayan dado el salto a la política. Podrían volver a desempeñar puestos de carácter técnico, eso sí, pero los puestos de control quedarían fuera de su alcance. Así pues, un profesor podría dedicarse a la política durante unos años y volver posteriormente a la enseñanza sin problemas, ya que su puesto no implica funciones de control de las actividades de los políticos, pero no ocurriría igual para un Interventor, Secretario, Jefe de Área o de Servicio o Director General. El nivel de "corte" podría establecerse en el nivel 26, correspondiente a Jefe de Servicio. Así pues, los Jefes de Servicio (nivel 26), Jefes de Área (nivel 28), Subdirector Adjunto (nivel 29), Subdirector General (nivel 30), Director General y Subsecretario, estarían reservados en exclusiva para funcionarios sin experiencia política. Aquellos que hubieran participado en política podrían aspirar como máximo a una Jefatura de sección (nivel 24).

Existe además un poder del Estado como es el judicial que requeriría de medidas específicas para garantizar la separación de poderes. La legislación actual impide que los Jueces y Magistrados así como los Fiscales, mientras se hallen en activo, desempeñen otros cargos públicos, o pertenezcan a partidos políticos o sindicatos. Pero no impide que un político vuelva o se incorpore a la carrera judicial tras su paso por la política. Mi propuesta es declarar el ejercicio de la carrera judicial para Jueces, Magistrados y Fiscales incompatible con haber desempeñado un cargo público, haber estado incluido en una lista electoral de un partido político, o haber ostentado cargos orgánicos en partidos políticos. Algunos miembros de la carrera judicial ya experimentaron en el pasado la experiencia de vivir de la política como cargo público y posteriormente han vuelto a su anterior actividad. Casos hay para todos los gustos, pero es evidente que la imparcialidad que se supone a un juez o fiscal queda en entredicho cuando ha participado en el juego político, ya que existe una sospecha latente de que pueda devolver favores prestados o hacer méritos para un nuevo salto a la política, utilizando el poder que le confiere su nueva condición. Son bien conocidos los casos de algunos jueces-estrella que han probado suerte en la carrera política sabiendo que si fracasan siempre pueden volver a la judicatura y ser aupados en la carrera judicial por su antiguo partido. Eso sí, con toda independencia. En mi opinión, con el objeto de defender la independencia y el control de la política por parte de la justicia, esa puerta giratoria de ida y vuelta debería restringirse sustancialmente. Si los militares tienen absolutamente prohibida su adscripción y militancia en partidos políticos y sindicatos y, por supuesto, la posibilidad de presentarse a un cargo público, so pena de perder su condición de militar, ¿no debería restringirse de forma similar la participación en política de los titulares de un Poder del Estado como es el judicial? La participación en la vida política es un derecho de todos los españoles y no debe prohibirse a ningún ciudadano, pero lo que no debe permitirse es que un cargo público pueda volver a ocupar cualquier puesto en la administración tras su paso por la política. **Quien quiera hacer carrera en la judicatura, que se olvide de la política**. Son incompatibles. Siempre les quedaría ejercer su labor profesional como abogados tras su paso por la política.

### 5.4.    ¿Limitación de mandatos?

Una de las medidas que va poco a poco abriéndose paso para regenerar la vida política es la de la limitación de los mandatos de algunos cargos ejecutivos. La limitación de mandatos es una restricción legal al tiempo que una persona puede ocupar un determinado cargo público de carácter electivo, prohibiendo que la persona afectada pueda presentarse a la reelección para determinados cargos públicos. Con ello se pretende que entre savia nueva en los sillones del poder, y que los mandatarios no se apoltronen en ellos aprovechando la inercia a la reelección. Asimismo, busca evitar que se creen redes de clientelismo alrededor de alguien que ejerce el poder de manera casi indefinida. Estas redes clientelistas son especialmente evidentes alrededor del poder municipal y, algo menos, del autonómico. En general cuanto más reducido es el coto sobre el que se gobierna, más personales son las relaciones con el poder y mayor es el riesgo de que degenere en clientelismo y corrupción. Para evitarlo, un límite temporal al ejercicio del poder ejecutivo parece una buena idea.

Sin embargo, cuando se intenta pasar de la teoría a la práctica, comenzamos a toparnos con algunas dificultades y problemas a la hora de aplicar estos principios a la realidad. Por un lado, hay que definir a qué tipo de cargos alcanzaría esta limitación de mandatos: ¿únicamente a los ejecutivos o también a los de representación popular? Podríamos pensar en limitar los cargos máximos en cada una de las administraciones (alcalde, presidente autonómico, presidente de la diputación o presidente del gobierno), pero quedaría todo un aparato político sin estar afectado por la limitación de mandatos. También habría que contemplar si la limitación se refiere únicamente al partido en el gobierno (que, por definición, es el corrompible), o incluiría igualmente a los que ejercen la oposición, para evitar que se conviertan en políticos profesionales o vitalicios. La limitación de mandatos puede ser consecutiva, cuando prohíbe que una persona ocupe un determinado cargo durante dos o más mandatos consecutivos, y, transcurrido un tiempo (normalmente un mandato de por medio) la persona afectada puede volver a presentarse a la reelección, aplicándosele nuevamente la limitación de mandatos. Pero también puede ser absoluta cuando se impone no de forma consecutiva, sino de por vida. Igualmente, puede ser, a su vez, parcial (para un determinado cargo público electivo) o total (para todos los cargos públicos electivos). Es decir, en este último caso se prohíbe que una persona que haya transcurrido un tiempo en el ejercicio de determinado cargo público electivo pueda ocupar ningún otro cargo electivo, aunque sea de naturaleza distinta.

Los motivos para la limitación de mandatos también son variados. Cuando se aplica a los miembros del poder ejecutivo, su finalidad básica es evitar una deriva autoritaria del propio régimen político[69], así como para prevenir la acumulación de ventajas y privilegios que la permanencia en un cargo público electivo puede conllevar. Cuando se aplica a miembros del poder legislativo, su finalidad principal es distribuir el poder político entre los ciudadanos y evitar que la permanencia en el cargo por mucho tiempo de los legisladores cree una clase política profesionalizada y privilegiada, alejada de las demandas de los ciudadanos, y propensa a caer en determinadas formas de clientelismo y/o corrupción política.

---

[69] Especialmente cuando se aplica al Presidente elegido por los electores en un régimen presidencialista.

Así pues, la idea latente bajo la limitación de mandatos parlamentarios es atender a una mayor distribución o reparto del poder político entre los ciudadanos. En Estados Unidos, la organización *U. S. Term limits* ha logrado desde los años noventa introducir la limitación de mandatos en los parlamentos de quince estados. ¿Ha tenido esta iniciativa éxito en la renovación de las élites políticas? No lo parece. Esta práctica no ha acabado con los políticos de carrera, sustituidos por políticos ciudadanos[70]: "encontramos que las limitaciones de mandato han alterado el modelo de carrera política más que acabar con él. El típico camino profesional fluye desde la Asamblea al Senado y después hacia los altos cargos públicos o hacia el gobierno local". Una vez llegado al límite de mandato los parlamentarios continúan con su carrera política saltando de un cargo público electivo a otro. Es decir, si el límite se aplica únicamente al cargo actual, nada impide que el político profesional vaya saltando de un cargo a otro durante toda su vida. Pero una limitación de mandatos total y absoluta también acarrearía sus problemas. La inexperiencia de los parlamentarios puede producir: a) un menor control del ejecutivo, tal y como parece demostrar la experiencia americana[71]; b) un aumento en el poder de los grupos de intereses y de los expertos sobre los parlamentarios aficionados[72]; c) una menor productividad y calidad legislativa[73]; d) se impone una visión cortoplacista de la política; y e) se pierde la rendición de cuentas del representado con los electores.

En efecto, si la limitación fuese absoluta, por ejemplo un máximo de ocho años en cualquier cargo político, todas nuestras instituciones estarían

---

[70] CAIN, Bruce E.; *Adapting to term limits: recent experiences and new directions*, Public Policy, Institute of California, San Francisco, CA., 2004. Asimismo, KURTZ, Karl T.; CAIN, Bruce E.; NIEMI, Richard G. (Eds.). *Institutional Change in American Politics...*, *op. cit*

[71] KURTZ, Karl T.; CAIN, Bruce E.; NIEMI, Richard G. (Eds.). *Institutional Change in American Politics...*, *op. cit.*

[72] Al respecto, en la obra KURTZ, CAIN y NIEMI se muestra que los lobbies y grupos de intereses han tenido que trabajar duro para establecer relaciones con parlamentarios sujetos a *term limits*, pero la evidencia sugiere que su poder ha continuado imbatido, siempre aumentando y no decreciendo.

[73] Como demuestra que el Parlamento de California bajo *term limits* ha aprobado legislación de forma más lenta de lo que era común en el pasado, y ha tenido más dificultad para aprobar el presupuesto, según se ve en CLUCAS, Richard A., *California: The New Amateur Politics*, *op. cit*

repletas de políticos novatos. Si la calidad de nuestra legislación es ahora manifiestamente mejorable, es probable que empeorase aún más si el sistema no permitiese acumular experiencia política. La experiencia es y debe ser un bien preciado en el ejercicio de cualquier actividad, y hay que cuidar a las personas que tienen esa experiencia, que es evidente que no se adquiere en un mandato. Por otro lado, la espada de Damocles del cese legal que llegará en poco tiempo puede animar a políticas cortoplacistas y, de degenerar éstas, a coger lo que se pueda y a salir corriendo, pues, de nuevo, la rendición de cuentas ante los electores no existiría al no existir la posibilidad de reelección. Finalmente, un cuerpo de políticos novatos y que se tiene que ir cuando empieza a dominar los resortes de la política y de la administración es el sueño dorado de los grupos de presión y de los funcionarios, porque estarán varios años ciegos y no podrán hacer nada sin el apoyo de estos grupos, y cuando hayan aprendido su trabajo desaparecerán de la vida política. Se trata pues de un asunto complejo.

En mi opinión, la desprofesionalización de la política no se logra por la estricta limitación de mandatos, sino haciendo compatible la política con otras ocupaciones. Estoy de acuerdo en que los políticos deben tener sus profesiones, participar en la vida política y volver a lo que hacían tras un tiempo, y para ello nada mejor que: primero, obligar a que antes de entrar en política tengan una profesión al margen de ella a la que podrán volver posteriormente, lo que se logra con el requisito de experiencia profesional previa para todos los cargos electos y ejecutivos ya descritos; y, segundo, incentivar para que una vez dentro de la política, el político no se aleje durante mucho tiempo, al menos por completo, de su ocupación en la vida "real". Se trata de extender en la vida política española la figura del *moonlighting politician*, el político que compatibiliza la vida pública con sus actividades privadas, empleando únicamente una parte de su tiempo en la política, y sin alejarse por completo de sus actividades privadas. Esta compatibilización de la vida pública y la profesional también permite que ciudadanos de altas habilidades y competencias (y altos salarios) puedan presentarse a un cargo electo, pues su pérdida salarial será inferior que la opción de la dedicación exclusiva. De hecho, en países como Francia, Alemania, Reino Unido e Italia es posible esta compatibilización. Los estudios realizados[74] concluyen que, en los países donde es posible, existe un número no despreciable de ciudadanos con un elevado salario previo a la elección que se presenta a un cargo representativo. Así, en Austria el 77% de los congresistas y el 95% de los senadores compatibiliza su cargo con un puesto de trabajo externo, igual que un 88% de los miembros del *Bundestag* alemán, un 49% de los parlamentarios británicos, un 84% de los finlandeses, un 95% de los suizos y un 65% de los parlamentarios daneses. En España, al contrario, el 80% de los parlamentarios nacionales y autonómicos tiene dedicación exclusiva a su cargo de representación[75].

La única manera de acabar con los saltos de un cargo público electivo a otro, pero sin incurrir en crear una clase política completamente inexperta es, por un lado, establecer una limitación de mandatos total para todo cargo público electivo, pero limitarla a la **dedicación exclusiva a la política**, entendida en sentido amplio[76]. Así, el afectado podría dedicarse de forma exclusiva a la política por un máximo de dos legislaturas consecutivas, periodo tras el cual estaría limitado a una dedicación a tiempo parcial por un número de años igual al dedicado de forma exclusiva. Mientras durara esa dedicación a tiempo parcial, el político percibiría unos emolumentos por su actividad política de, como máximo, un 25% de los que percibiría por todos los conceptos (incluyendo complementos, dietas, etc.) de ostentar los mismos cargos con dedicación exclusiva. De esta forma la carrera política del sujeto afectado nunca lo alejaría de su ocupación en la vida real por un periodo superior a ocho años, el máximo asumible para una reincorporación sencilla a ella, periodo tras el cual su dedicación política debería ser parcial al 25%, y su sueldo se vería reducido proporcionalmente como incentivo para buscar una ocupación al margen de la vida pública. Así no se perdería su valiosa experiencia pública, pero nos aseguraríamos de que no se vuelve a formar una "casta" de políticos profesionales con carácter vitalicio.

---

[74] GAGLIARDUCCI, Stefano; NANNICINI, Tommaso; NATICCHIONI, Paolo, *Moonlighting Politicians*, Journal of Public Economics, 2009.

[75] CIS. *Élites políticas en España 2009-2011, Estudio 2.827*. CIS, 2011.

[76] Se extendería a todo cargo electo; a los cargos designados por cargos electos; a los cargos orgánicos en partidos políticos, sus fundaciones o empresas participadas; así como los cargos directivos en organismos, empresas o entidades con mayoría de capital público. En decir, a los cargos de confianza relacionados o designados por cargos políticos.

# 6. CÓMO ELEGIR A NUESTROS POLÍTICOS

En una democracia representativa, la selección de cargos públicos debería ser un flujo continuo por el cual: 1) ciudadanos comunes se postulan ante los partidos políticos como potenciales candidatos para acceder a cargos de representación y, eventualmente, de gobierno; 2) los partidos políticos seleccionan democráticamente, de entre los candidatos postulados, a aquellos que consideran más adecuados para presentarlos ante el electorado; 3) a través del procedimiento electoral, los electores eligen, de entre los partidos y candidatos propuestos, a los que más se acerquen a sus puntos de vista políticos para que los representen en las instituciones durante un periodo de tiempo determinado; y 4) transcurrido ese periodo de tiempo, los cargos de representación rinden cuentas de nuevo ante los electores, que les renuevan su confianza o los devuelven a su ocupación anterior.

En España, cada una de estas fases funciona defectuosamente. A lo largo de la primera parte de esta obra me he centrado en los candidatos electorales y en la regulación de su selección. Para ello, he descrito el actual procedimiento de reclutamiento y selección de candidatos, el bajo perfil de las personas que actualmente se selecciona conforme a ellos, y cuál debería ser. Los procesos de elección de líderes y candidatos no incentivan que se postulen ciudadanos comunes que se presentan temporalmente para un puesto político, sino que responden más a relaciones afectivas y de camaradería partidista que a criterios de mérito y calidad. Los políticos españoles proceden de hogares más politizados que la ciudadanía, y casi la mitad cuentan con antecedentes políticos familiares, lo que facilita la entrada y los primeros pasos del aspirante a político y ha generado "dinastías" familiares dentro de los partidos políticos, donde los hijos suceden a los padres con mayor o menor fortuna.

El "mercado" de reclutamiento político en España es un mercado de demanda, donde el poder y la iniciativa está en manos de los órganos de los partidos y de sus dirigentes, que son quienes ofrecen a los posibles postulantes la posibilidad de convertirse en candidato electoral incluyéndolo en un puesto "de salida" (elegible a priori) de las listas electorales. Ni las bases de los partidos ni los ciudadanos desempeñan ningún papel en la configuración de las listas electorales en la mayoría de los partidos españoles. Por ello, propongo que las vías de presentación de candidaturas electorales se abran a cualquier ciudadano (no militante) siempre que lo avalen un número razonable y alcanzable de cargos públicos, militantes o ciudadanos, y así posibilitar que se presenten potenciales interesados que no hayan dedicado parte de su vida a conocer las entrañas del partido.

Pero no basta con abrir la posibilidad de que se presenten candidatos ajenos al día a día del partido, los funcionarios políticos, para evitar la profesionalización política. Dado que los funcionarios políticos pueden utilizar su cargo en el partido para favorecer su candidatura y perjudicar la de los competidores externos, y que les va su carrera profesional en ello, sus incentivos serán muy superiores a los *outsiders* para medrar y alcanzar las listas. Para evitarlo propongo establecer un requisito de experiencia profesional de un mínimo de cuatro años al margen de la política, de modo que obligue a que todos los candidatos hayan desarrollado una actividad profesional antes de incorporarse a un cargo representativo, descartando al menos así a los que acceden a ella porque no son capaces de encontrar otro trabajo y que serían incapaces de abandonarla en un momento dado. También es importante que los candidatos reúnan el requisito de ausencia de antecedentes de penas firmes de prisión por delitos de corrupción pública, de modo que las personas condenadas a penas de prisión por delitos contra la Administración pública estén inhabilitadas de por vida para optar a puestos representativos. Las condenadas a penas de multa o inhabilitación, podrían presentarse una vez cumplida su sanción.

Finalmente, como Ferrajoli[77], propongo "la incompatibilidad entre cargos de partido y cargos públicos electivos, con el objeto de impedir el interés personal de los titulares de los primeros de auto-elegirse como titulares de los segundos". Para solucionar los posibles problemas de convivencia entre un alto cargo del partido derrotado en primarias por un candidato que no ostenta poder orgánico en el partido, la mejor solución es imponer la incompatibilidad entre la ostentación de puestos de poder

---

[77] FERRAJOLI, Luigi, *Poderes salvajes. La crisis de la democracia constitucional*, Editorial Mínima Trotta, Madrid, 2011.

orgánico en los partidos y la condición de aspirante a candidato electoral. Así, quien ostentase un cargo orgánico debería renunciar a él para presentarse a las primarias y acatar el veredicto de los electores tras ellas, sin poder refugiarse de nuevo en el partido y hacerle la vida imposible al candidato victorioso en las primarias.

Una vez establecidos estos filtros, es preciso que los partidos políticos seleccionen democráticamente, de entre los candidatos postulados, a aquellos que consideran más adecuados para presentarlos ante el electorado. Para ello hay que modificar el mecanismo de selección de candidatos a cargos electos reduciendo el poder de las cúpulas de los partidos para imponer "sus" candidatos, estableciendo la elección de candidatos por primarias con voto secreto y directo entre todos los militantes o incluso entre simpatizantes o electores. Para ello, nada mejor que instaurar por ley la celebración de elecciones primarias como método obligatorio de selección de candidatos a cargos electos por parte de los partidos. Las primarias no solucionarán todos nuestros problemas, pero ayudarán a regenerar nuestra élite política, a reducir la corrupción y a estimular la calidad e independencia de nuestros políticos.

En cualquier caso, el voto debería ser siempre secreto y supervisado por la Junta Electoral, para que existan condiciones de seguridad e imposibilidad de fraude, y la elección de candidatos a cargos públicos debe extenderse al total de la lista electoral. De nada sirve elegir al cabeza de lista si el resto de candidatos de la lista se elige por el habitual sistema de "premio a la fidelidad". De esa forma, apenas el 14% de los diputados habrían sido seleccionados a través de primarias, mientras el 86% restante se habría beneficiado del favor de las cúpulas de los partidos para ir "colocados" en puestos elegibles. Por ello propongo que la Ley de Partidos extienda la celebración de primarias a todos los puestos de las listas electorales, y que la Ley de Partidos especifique dos tipos de elecciones primarias diferenciadas: una para la elección del candidato del partido a puestos ejecutivos, esto es, Alcaldía, Presidencia de Cabildos, Diputaciones, CC.AA. y Estado, que encabezará la lista por la circunscripción que elija; y otra para la elección de los candidatos a los puestos de representación, que completarán las listas.

En cuanto a las **primarias para puestos ejecutivos**, propongo utilizar el método de **voto aprobatorio**, según el cual un votante puede votar a un número ilimitado de candidatos que apruebe, y en el que el ganador sería el candidato aprobado por un mayor número de electores. Este método puede utilizarse tanto en primarias cerradas, semicerradas y abiertas, opción que propongo dejar a la elección de cada partido. No comparto el entusiasmo por las primarias abiertas que, si bien cuentan con la ventaja de abrir más el partido a la opinión de los votantes, en la práctica éstos no conocen ni les interesa conocer a casi ninguno de los potenciales candidatos, y a ellas suelen acudir los militantes y simpatizantes más interesados y motivados por la política, de modo que difícilmente representan un espejo de la sociedad. Abrir las primarias a toda la sociedad de forma obligatoria complica mucho el procedimiento (por ejemplo, descarta el uso del voto electrónico) y lo encarece en demasía. En su lugar se podría así optar por votación a través de asambleas, voto por correo o voto electrónico, pero debería ser una opción de cada partido.

Para la **elección del resto de candidatos** sí que postulo claramente que **las primarias no deben ser abiertas**, puesto que generan cansancio entre los electores y se les pide que seleccionen de entre una multitud de candidatos desconocidos para completar unas listas electorales por las que mayoritariamente no tienen ningún interés. Unas primarias cerradas o semicerradas son las adecuadas en este caso, y además debería utilizarse el voto electrónico, ya que reduce sustancialmente el coste del proceso, que está dirigido a un electorado más reducido y perfectamente identificado. El método electoral debe estar establecido en la propia Ley de Partidos, que debe consagrar un sistema proporcional y personalizado de elección de candidatos, y mi propuesta es utilizar para ello el método de **voto único divisible**, en el que cada elector apoya a tantos candidatos como desee, pero su voto se divide en una parte alícuota para cada candidato que apoye, y según van eliminando los candidatos con menor apoyo en un proceso secuencial, se recalculan los votos de quienes apoyaban al candidato eliminado, de tal modo que, por ejemplo, si resulta eliminado uno de los tres candidatos aprobados por un elector, su voto se divide ahora por igual entre los dos que sobreviven (medio voto para cada uno).

La Ley de Partidos debería especificar igualmente que será la Junta Electoral, y no la cúpula de los partidos, la que convocará, en una fecha decidida de antemano, elecciones primarias para todos los partidos y agrupaciones electorales que deseen presentar candidaturas en cualquier tipo de elección. Así pues, las primarias serían **obligatorias** y **controladas por la Junta Electoral**, que garantizaría la neutralidad de los partidos ante los distintos candidatos y otorgaría igualdad de medios y un tiempo de campaña suficiente para que los distintos candidatos pudieran darse a conocer, todo ello sujeto a su supervisión. El censo estaría a disposición de todos los candidatos y la Junta Electoral se encargaría de verificar que los candidatos cumplen con la normativa de incompatibilidades. Igualmente, las primarias se llevarían a cabo al mismo tiempo a través de los procedimiento supervisados por la Junta Electoral, que sería la que procedería al recuento y proclamación de las candidaturas elegidas.

Con todo lo anterior, el procedimiento de presentación de candidaturas electorales, sería más abierto a la sociedad que el actual, con unos requisitos mínimos de experiencia profesional, ausencia de antecedentes penales por corrupción política, y a través de la elección por primarias de todos los puestos de la lista electoral en un proceso controlado y supervisado por la Junta Electoral. Pero de poco serviría todo este intento de democratización del proceso de elaboración de las listas electorales, si no existe algún grado de apertura en las propias listas electorales, de modo que sean los propios ciudadanos los que seleccionen, de entre el menú de candidatos que se les presentan, a aquellos que consideren más adecuados para representarlos. Para ello, propongo establecer de forma voluntaria y no obligatoria, una opción de **voto preferencial a través del método aprobatorio**, que permite aceptar a uno, varios o todos los candidatos dentro de una lista partidista, de tal modo que la lista sea flexible, esto es, que siga el orden establecido por el partido a menos que un candidato reciba un 5% o más de votos preferenciales. Con esto finalizaría el procedimiento de elección de representantes políticos, pero quedaría la última fase, la de la salida de la política, que debería producirse transcurrido un periodo de tiempo, en el momento en el que los electores retiren su confianza a los cargos de representación que han elegido, momento en el deberían volver a su ocupación anterior, algo que actualmente tampoco ocurre.

La única manera de acabar con los saltos de un cargo público electivo a otro, pero sin incurrir en crear una clase política completamente inexperta es, por un lado, establecer una limitación de mandatos total, es decir, para todo cargo público electivo, pero establecer esa limitación de mandatos únicamente para la **dedicación exclusiva a la política**. Así, el afectado podría dedicarse de forma exclusiva a la política por un máximo de dos legislaturas consecutivas, periodo tras el cual estaría limitado a una dedicación a tiempo parcial por un número de años igual al dedicado de forma exclusiva. Por esa dedicación parcial percibiría unos emolumentos de, como máximo, un 25% de los que percibiría por todos los conceptos de ostentar los mismos cargos con dedicación exclusiva. De esta forma la carrera política del sujeto afectado nunca lo alejaría de su ocupación en la vida real por un periodo muy largo, tras el cual su dedicación política debería ser como máximo parcial. Eso sí, en el caso de los sectores económicos regulados[78], debería establecerse una incompatibilidad de 10 años para expresidentes del gobierno, exministros y altos cargos de la administración central y autonómica, incluyendo a los directivos de empresas públicas, evitando que "moneticen" el valor de sus relaciones personales y políticas. Para el resto de sectores, debería mantenerse la regulación actual, con la excepción de la judicatura, a la que no debería permitirse la vuelta de un cargo público para evitar su politización. Siempre les quedaría ejercer su labor profesional como abogados tras su paso por la política. Igualmente habría que proceder a **reservar los puestos de control de la actividad política** (nivel 26 o superior) **a aquellos funcionarios que nunca hubieran desempeñado un cargo orgánico o electivo en un partido**. Así pues, el acceso a los puestos más altos de la administración pública quedaría vetado para aquellos que hubieran dado el salto a la política, aunque podrían desempeñar puestos de carácter técnico.

---

[78] Farmacia, energía, telecomunicaciones, servicios postales, hidrocarburos, transportes ferroviarios y aeroportuarios, banca y seguros.

# PARTE SEGUNDA: SISTEMAS COMPARADOS

## 7. EL DISEÑO DE UN BUEN SISTEMA ELECTORAL

Una vez determinados los mecanismos de elección de candidatos políticos, es preciso tratar del sistema electoral a implementar en España, ya que la elección de representantes políticos por parte del electorado depende del sistema electoral vigente, con el objetivo de incrementar su representatividad y legitimidad. Para ello, lo primero que hay que determinar es qué criterios deberían contemplarse a la hora de diseñar un buen sistema electoral. En esencia, lo que hacen los sistemas electorales es traducir los votos en escaños ganados por partidos y candidatos. Cuando se diseña un sistema electoral, es mejor comenzar con una lista de criterios que resuma lo que se quiere lograr, lo que se quiere evitar y, en sentido amplio, lo que se quiere que el gobierno y el parlamento parezcan. La clave al formular o reformar un sistema electoral está en priorizar los criterios más importantes, y luego evaluar qué sistema electoral o combinación de sistemas resulta mejor maximizando los objetivos, pues en la práctica normalmente al pretender lograr uno, alguno de los otros se ve negativamente afectado, por lo que lo que habrá que intentar es acercarse lo más posible a nuestros objetivos principales, perjudicando lo menos posible a otros menos importantes.

No hay un sistema electoral más democrático que otro, ni ninguno perfecto. De hecho, el economista Arrow[79] demostró en lo que desde entonces se conoce como la "Paradoja de Arrow" o el "Teorema de imposibilidad de Arrow" que, cuando los votantes tienen tres o más alternativas, no es posible diseñar un sistema de votación que permita reflejar las preferencias de los individuos en una preferencia global de la comunidad, de modo que al mismo tiempo se cumplan ciertos criterios racionales. Así que elijamos un sistema electoral u otro, todos tendrán alguna desventaja. Se trata pues de priorizar qué virtudes deseamos para nuestro sistema electoral, y qué inconvenientes nos resignamos a aceptar a cambio.

---

[79] ARROW, Kenneth. *A Difficulty in the Concept of Social Welfare*. The Journal of Political Economy, 1950.

Los ocho principales criterios[80] que debería cumplir un sistema electoral democrático son los siguientes:

1. **Representatividad**. La representatividad otorga legitimación al cuerpo legislativo, promueve la protección de los derechos de las minorías y las incluye dentro del proyecto político común. Las divisiones ideológicas dentro de la sociedad deben estar representadas adecuadamente en la legislatura, de tal modo que ésta sea el "espejo de la nación", que parezca, sienta y actúe de una forma que refleje a la población en su conjunto. La gobernabilidad efectiva descansa no sólo en las personas en el poder, sino también en los opositores que las controlan y vigilan. El sistema electoral debe ayudar a garantizar la presencia de grupos de oposición viables que de manera crítica puedan valorar la legislación, cuestionar el desempeño del ejecutivo, salvaguardar los derechos de las minorías, y representar a sus seguidores de manera efectiva[81]. Al mismo tiempo es importante que el sistema electoral dificulte el desarrollo de una actitud del tipo "el ganador se lleva todo" que vuelve insensibles a los gobernantes a otras opiniones y a las necesidades y deseos de los votantes de los partidos opositores.

2. **Representación geográfica**. En ocasiones, las preocupaciones de una región, localidad o barrio son específicos y los electores desean que sus puntos de vista se vean reflejados en sus representantes, por lo que exigen representatividad geográfica al sistema electoral. Cada región debería contar con unos miembros en la legislatura que esa misma región elija y que en última instancia sean responsables de rendirle cuentas a sus electores. Esta representación geográfica es deseable porque las preocupaciones políticas a veces están ligadas a zonas geográficas específicas, que deben tener voz y voto en esos asuntos.

3. **Legitimidad**. Las elecciones pueden significar poco para la gente si es difícil votar, su voto no es secreto o si al final del día su voto no tiene importancia en la forma en que el país es gobernado. Si el elector sabe que

---

[80] INSTITUTE FOR DEMOCRACY AND ELECTORAL ASSISTANCE. *Diseño de sistemas electorales*. IDEA, 2006.

[81] De hecho, una de las principales razones para adoptar un sistema de representación proporcional en Nueva Zelanda fue, por ejemplo, la sistemática subrepresentación de los pequeños partidos de oposición bajo el sistema de mayoría simple.

su candidato preferido no tiene oportunidad de resultar elegido o de ganar un escaño en su distrito, ¿cuál es su incentivo para votar? Los votantes deberían poder votar a su primera elección sin considerar si se trata de un "voto útil" o si será malgastado en el proceso electoral. En algunos sistemas electorales los "votos no útiles" (es decir, los votos válidos que no se traducen en la elección de ningún candidato) pueden representar un porcentaje significativo del total de los votos emitidos. Los votos malgastados se consideran indeseables por varias razones. Primero, desmotiva a los votantes y conduce a su apatía política, un paso previo a rebelarse contra un sistema político que no ilusiona. Y segundo y aún más importante, el voto malgastado significa que una parte de la población no tiene quién la represente. Incluso dentro de los sistemas democráticos, la selección de un sistema electoral puede influir en la legitimidad de las instituciones[82]. Cuando relativamente pocos electores participan en las elecciones se siembran dudas sobre la legitimidad política de los representantes y gobernantes elegidos. Los países con mayor participación electoral tienden a sufrir menos protestas y conflictos políticos[83].

4. **Facilitar un gobierno estable y eficiente**. Las perspectivas para un gobierno estable y eficiente no son determinadas por el sistema electoral, pero los resultados que genera el sistema electoral pueden contribuir de distintas maneras a la estabilidad. Las cuestiones clave son si el electorado percibe o no como justo al sistema, si el gobierno puede aprobar leyes y gobernar de manera eficiente y, si el sistema no discrimina contra determinados partidos o grupos de interés[84].

---

[82] Por ejemplo, entre 1919 y 1946 el Senado de Australia fue elegido mediante un sistema poco proporcional (el sistema de voto alternativo en distritos plurinominales) que produjo resultados sesgados y poco representativos. Esto socavó la legitimidad del Senado, tanto entre el electorado como entre los políticos y, como algunos analistas sostuvieron, también minó el apoyo público a las instituciones del gobierno federal en su conjunto. Después de que en 1948 el sistema fue sustituido por uno más proporcional (voto único transferible) el Senado empezó a tener mayor credibilidad, representatividad y respeto, además de que se incrementó su importancia en los procesos de toma de decisiones.

[83] BINGHAM POWELL, G. *Voter turnout in comparative perspectiva*. American Political Science Review, 1986.

[84] En Nueva Zelanda, en 1978 y 1981 el partido que recibió el mayor número de votos a nivel nacional consiguió menos escaños que sus oponentes, lo que marcó el punto de partida para un movimiento de reforma que desembocó en la sustitución del sistema electoral.

La cuestión de si el gobierno en funciones puede promulgar leyes de manera eficiente está parcialmente ligada a la posibilidad de que pueda formar una mayoría en la legislatura y esto a su vez está vinculado con el sistema electoral. Como regla general, es más probable que los sistemas electorales proporcionales den origen a gobiernos de coalición y los mayoritarios a mayorías absolutas. Sin embargo, un sistema electoral muy proporcional conlleva un sistema de partidos más fragmentado, que vuelve difícil la formación de gobiernos estables y duraderos y la atribución de responsabilidades. Por regla general, la duración de los gobiernos es mayor allí donde los parlamentos están menos fragmentados.

La importancia de disfrutar de gobiernos estables está justificada. En primer lugar, la atribución de responsabilidades es más clara en gobiernos con pocos partidos que en gobiernos con muchos partidos políticos[85]. En los gobiernos mayoritarios existen grandes partidos políticos que ejercen el poder en solitario y cuya labor es juzgada periódicamente por los votantes. En los sistemas proporcionales, sin embargo, el ejercicio del poder se reparte con cierta frecuencia entre distintos partidos políticos y eso hace que los votantes tengan más dificultades con respecto a quién hacer responsable de las acciones del gobierno.

Por último, es importante que el sistema opere, hasta donde sea posible, de una manera electoralmente neutral hacia todos los partidos y candidatos, sin discriminar abiertamente a ninguna agrupación o ideología política.

5. **Rendición de cuentas del Gobierno y de los representantes elegidos.** Un sistema político responsable es uno donde tanto el gobierno como los cargos electos son responsables frente a los electores respecto a su conducta tanto en el gobierno como en sus cargos de representación. Los sistemas electorales bien diseñados facilitan ambos objetivos.

Los votantes deben ser capaces de influir en la forma del gobierno, ya sea alterando la coalición de partidos en el poder o sacando del poder al partido gobernante cuando no haya cumplido fielmente con su mandato.

---

[85] Powell, Bingham G., Jr. y Whitten, Guy D., *A Cross – National Analysis of Economic Voting: Taking Account of the Political Context'*. American Journal of Political Science, Michigan USA, 1993.

Los electores deben, así pues, ser capaces de delimitar las responsabilidades de los partidos en el gobierno y recompensar o castigar la buena o mala gestión durante su mandato. Eso es más sencillo de realizar respecto a un gobierno monocolor que cuando se produce una coalición de gobierno, en la cual se confunden las responsabilidades de cada partido. Por ello se considera que los sistemas mayoritarios permiten una mejor rendición de cuentas del Gobierno que los proporcionales, ya que los primeros suelen generar gobiernos de un solo partido, y los segundos de varios.

Por otro lado, una parte importante del trabajo de los representantes políticos en actuar en nombre y beneficio de los ciudadanos. Un buen sistema electoral debe incentivar una relación y contacto estrechos entre representantes y ciudadanos. La rendición de cuentas a nivel individual reside en la capacidad del electorado de verificar efectivamente a los representantes que traicionan las promesas que hicieron durante la campaña o demuestran incompetencia en el cargo. Algunos sistemas enfatizan más el papel de candidatos populares a nivel local que el de aquellos nominados por un partido fuerte a nivel central. Tradicionalmente se ha considerado que los sistemas de mayoría maximizan la capacidad de los electores para deshacerse de representantes que no satisfacen sus expectativas. Sin embargo, la conexión se vuelve tenue cuando los electores se identifican más con los partidos que con los candidatos en lo individual, como ocurre en Gran Bretaña. Al mismo tiempo, las listas abiertas y libres y el sistema de voto único transferible han sido diseñados para permitir a los electores indicar sus preferencias entre los candidatos en el marco de un sistema proporcional.

6. **Incentivos para la conciliación y resistencia al extremismo**. Un buen sistema electoral debería descorazonar el extremismo político o a los partidos extremistas, que promueven la violación de derechos democráticos, el racismo, la violencia o los desórdenes. Los sistemas electorales son instrumentos para el manejo de conflictos dentro de una sociedad. Algunos sistemas, bajo ciertas circunstancias, alentarán a los partidos a buscar apoyo electoral fuera de sus bases tradicionales, lo que lo hará más unificador e incluyente. Otros sistemas fomentan la polarización política. Los sistemas que le ofrecen al elector más de un voto o le

permiten ordenar a los distintos candidatos según sus preferencias abren la oportunidad de cruzar fronteras sociales preconcebidas[86].

7. **Facilidad de uso, comprensión y coste de la administración**. Un buen sistema electoral debería permitir que los ciudadanos votaran de una forma sencilla y que pudieran comprender el efecto de su voto en el resultado de las elecciones. Los sistemas electorales muy complejos pueden reducir la participación electoral y la legitimidad democrática de los elegidos. Por otro lado, el ciudadano que no comprende claramente cómo funciona el sistema electoral puede verse incapacitado para usarlo en la promoción de sus intereses políticos. En algunos sistemas electorales donde se permiten múltiples votos, por ejemplo, votar por más de un candidato puede reducir las posibilidades de que el candidato favorito resulte elegido. En cuando al coste de la administración, en algunos sistemas electorales el recuento tarda casi una semana en completarse y requiere del uso de máquinas lectoras, así como ordenadores para realizar el recuento y el cómputo de los votos. Asimismo, si la presentación de resultados es confusa para el votante, éste acaba por no saber por qué se eligió a un candidato o partido y no a otro, lo que afecta a la legitimidad de los resultados. Incluso en algunos casos un candidato o partido obtiene representación en un distrito con menos votos que otro que, por el contrario, no resultó elegido. Si estos casos no se justifican adecuadamente el sistema democrático en su conjunto puede perder legitimidad, de ahí la importancia de que su uso, comprensión y administración resulte sencillo o, al menos, inteligible.

8. **Fortalecimiento de los partidos políticos**. La evidencia disponible sugiere que la consolidación democrática a largo plazo requiere el crecimiento y mantenimiento de un sistema de partidos fuerte y efectivo, por lo que es importante que el sistema electoral aliente esto en lugar de promover la fragmentación partidista. Se pueden modelar sistemas electorales para excluir específicamente a partidos con un reducido o mínimo nivel de apoyo.

---

[86] Por ejemplo, los llamados acuerdos electorales del "buen viernes" que se celebraron en Irlanda del Norte en 1998 permitieron que las transferencias de votos bajo el sistema de voto único transferible (VUT) favorecieran a los partidos "pro pacifistas" al mismo tiempo que siguieron generando resultados altamente proporcionales.

Los sistemas electorales se estructuran sobre tres elementos prioritarios: 1) presentación de los candidatos (nominal o por lista), 2) circunscripción o distrito electoral, 3) fórmula electoral/matemática de conversión de los votos a cargos. Dicho de otra manera: quiénes son los candidatos, dónde se eligen y cómo se eligen. Otros elementos que configuran el sistema electoral, como los umbrales mínimos necesarios para obtener escaño o los sistemas de personalización en la elección de candidatos, no son prioritarios pero pueden tener importantes repercusiones en el resultado final.

Del primer aspecto ya nos ocupamos en la primera parte de esta obra. En lo que respecta a la circunscripción o distrito, es el área territorial que es considerada como unidad de referencia para los candidatos y los votantes. La dimensión del distrito es doble: por un lado, responde a la amplitud territorial, del otro está en relación con el número de los cargos que son puestos en juego.

Las fórmulas electorales son el objetivo y la pasión sobre todo de los no técnicos desde el momento en el que le son atribuidos poderes que en cualquier caso son exagerados. La principal subdivisión de las fórmulas electorales está en el hecho de que sean mayoritarias, si dan cualquier premio a la mayoría o al vencedor, o proporcionales si buscan transformar lo más ecuánimemente posible votos en cargos. En realidad, el funcionamiento de los tres elementos conjuntamente es el que define a los sistemas electorales, que van desde los más proporcionales, porque tienen sistema proporcional y circunscripción única nacional, como Holanda, hasta los mayoritarios más extremos, con circunscripciones pequeñas y uninominales como en Gran Bretaña.

A continuación, procedo a describir el sistema electoral español al Congreso, así como otros sistemas electorales prototípicos, con el fin de enumerar sus puntos fuertes y débiles, y así proponer el mejor sistema posible para España, que combine lo mejor de cada sistema.

# 8. LAS ELECCIONES AL CONGRESO DE LOS DIPUTADOS

## 8.1. Representatividad

La representatividad del sistema electoral español es mediocre. La legislatura no es el "espejo de la nación". Aunque los resultados son más representativos que cualquier sistema no proporcional, también son de hecho los menos representativos de entre los sistemas electorales proporcionales. El sesgo mayoritario del sistema electoral en España se debe al reducido tamaño de las circunscripciones. Los principales partidos, perjudicados son los partidos minoritarios de ámbito estatal (IU, UPyD y Ciudadanos).

## PRIMAS ELECTORALES (ESCAÑOS)

| | MAYORITARIOS | | MINORITARIOS | | |
|:---:|:---:|:---:|:---:|:---:|:---:|
| AÑO | PSOE | UCD/CP/ PP | PCE/IU/ UP | AP/CDS/ UPD/C's | POD. |
| 1977 | 16 | 44 | -13 | -12 | |
| 1979 | 14 | 45 | -15 | -11 | |
| 1982 | 33 | 14 | -10 | -20 | |
| 1986 | 29 | 14 | -9 | -13 | |
| 1989 | 35 | 16 | -15 | -14 | |
| 1993 | 22 | 19 | -15 | -6 | |
| 1996 | 8 | 19 | -16 | | |
| 2000 | 4 | 25 | -11 | | |
| 2004 | 13 | 14 | -13 | | |
| 2008 | 14 | 13 | -11 | -3 | |
| 2011 | 9 | 30 | -13 | -11 | |
| 2015 | 13 | 22 | -11 | -9 | -3 |
| 2016 | 6 | 21 | | -15 | -3 |
| **MEDIA** | 16,6 | 22,8 | -12,7 | -11,4 | -3 |
| **ACUM.** | 216 | 296 | -152 | -114 | -6 |

En la tabla muestro la prima electoral en escaños, esto es, el número de escaños obtenidos por encima (en positivo) o por debajo (en negativo) de lo que correspondería a cada partido de haberse repartido los escaños de un modo completamente proporcional. He diferenciado entre los escaños obtenidos por partidos nacionales mayoritarios (PSOE; UCD en 1977 y

1979; CP y PP desde 1982) y partidos nacionales minoritarios (el Partido Comunista en sus diferentes versiones, PCE, IU y UP; Alianza Popular en 1977 y 1979; CDS, UPyD y Ciudadanos), y por último, Podemos, que es un partido medio, pues su porcentaje de voto oscila alrededor del porcentaje (19-21%) en el que el sistema electoral parece ser neutral.

Como se observa, los partidos nacionales mayoritarios están sistemáticamente sobrerrepresentados en todos y cada uno de los procesos electorales vividos en España. El PSOE obtiene una media de 16,6 escaños más de los que le correspondería de repartirse éstos de forma proporcional, lo que a lo largo de todas las convocatorias electorales suma un total de 216 escaños de más. En cuanto a la UCD (en 1977 y 1979) y Coalición Popular o Partido Popular, desde 1982, obtienen una media de 22,8 escaños por encima de lo proporcional, y una suma total de 296 escaños de más. UCD resultó durante las dos primeras elecciones el partido más beneficiado hasta la fecha por el diseño electoral[87], obteniendo 44 y 45 escaños de más en las elecciones de 1977 y 1979, respectivamente. Ello se debe a que las provincias más rurales y de voto más conservador están sobrerrepresentadas, en perjuicio de las provincias con un mayor voto urbano, y su composición sociológica beneficia a los partidos de centro-derecha respecto a los de centro-izquierda. Ningún otro partido ha vuelto a acercarse a unas primas en escaños tan elevadas, ya que la evolución social durante estos casi cuarenta años de elecciones democráticas ha vuelto menos conservadoras a las provincias menos pobladas y más conservadoras a las ciudades, reduciendo el sesgo hacia la derecha del sistema electoral, aunque sigue existiendo y ha sido estimado recientemente en nueve escaños[88]. Este sesgo electoral también se produce ante la disyuntiva de partidos tradicionales y "nuevos", beneficiando a los primeros y perjudicando a los últimos por ese mismo "sobrepeso" de las provincias menos pobladas (donde el voto es más envejecido y conservador, y se dirige preferentemente hacia PP y PSOE) e infrarrepresentación de las más pobladas y con grandes ciudades (donde el

---

[87] No en vano ese fue precisamente el efecto buscado al pactar la Ley Electoral.
[88] Por ejemplo, PENADÉS, Alberto y PAVÍA, José Manuel, en *La reforma electoral perfecta*, Ed. Catarata, 2016, estima ese sesgo en las elecciones de 2015 en nueve escaños a favor del PP sobre el PSOE si ambos partidos hubiesen obtenido el mismo porcentaje de votos (25,5%),

voto es más juvenil y más abierto a nuevas opciones políticas, beneficiando a Podemos y Ciudadanos). En las dos últimas elecciones ese sesgo se estima en unos once escaños a igualdad en el porcentaje de voto[89] en favor de cada uno de los partidos tradicionales.

En cuanto a los partidos nacionales minoritarios, el PCE o IU en sus distintas configuraciones electorales ha sido históricamente el gran perjudicado, con una prima negativa media de 12,7 escaños por elección, y un acumulado de 152 escaños obtenidos de menos en los doce procesos electorales en los que se presentó encabezando una lista[90]. Se trata de un enorme castigo para un partido que desde el año 2000 apenas ronda la mitad de los escaños que le correspondería. También los partidos de centro y centro-derecha se ven perjudicados por el sistema electoral cuando son minoritarios. Alianza Popular (AP) en 1977 y 1979; el Centro Democrático y Social entre 1982 y 1993; UCD en 1982; UPyD en 2008 y 2011; y Ciudadanos en 2015 y 2016, pierden una media de 11,4 escaños sobre los que les correspondería en cada convocatoria electoral en la que se presentan. UPyD había triplicado sus escaños en 2011, año en el que obtuvo 5 escaños, cuando le hubieran correspondido 16, y Ciudadanos logró 9 y 15 escaños menos de los que debería en 2015 y 2016, y ello a pesar de que su porcentaje de voto no fue desdeñable en ninguna de esas elecciones (13,9% y 13,4% respecto al voto válido a candidaturas).

Así pues, son los partidos nacionales mayoritarios los que están sobrerrepresentados, mientras que los partidos nacionales minoritarios están fuertemente infrarrepresentados, con dificultades para obtener representación alguna e incluso sobrevivir. Dentro de los sistemas proporcionales, el nuestro es uno de los menos representativos, es decir, falla en el aspecto donde los sistemas proporcionales suelen ser mejores, el de brindar representación. Tal y como hemos visto en las recientes elecciones de 2015 y 2016, nuestra denostada ley D´Hondt no ha impedido parlamentos plurales con partidos minoritarios de carácter estatal capaces de hacer de bisagra en sustitución de los nacionalistas. El verdadero

---

[89] Datos de PENADÉS, Alberto y PAVÍA, José Manuel, *op. cit*, para las elecciones de 2015 y estimaciones propias para las de 2016.
[90] No incluyo las elecciones del año 2016, en las que se presentó junto con Podemos, pero en una posición secundaria.

problema es que la circunscripción provincial no solo atribuye un peso desmesurado a las provincias más pequeñas[91], sino que obliga a sus electores a decidir por el juego del voto útil únicamente entre los dos partidos mayoritarios, de modo que éstos se ven favorecidos en el reparto con más premio del que los electores estarían dispuestos a darles de votar por su partido predilecto. Aunque es difícil predecir lo que sucederá en el futuro, la situación actual de cuatro partidos nacionales de cierta importancia es inestable, ya que la tendencia del sistema electoral prima la concentración bipolar del voto, por lo que es probable que al menos alguno de ellos acabe reduciendo su importancia hasta convertirse en un partido testimonial. De hecho, Ciudadanos está prácticamente en el límite de caer a la irrelevancia, pues con una caída de apenas un 4% de los votos entre las elecciones de 2015 y 2016, perdió nada menos que un 20% de los escaños.

Según el sistema electoral, la desproporción puede producirse a priori (por la asignación de escaños a las distintas circunscripciones electorales), o a posteriori (por la diferencia final entre el porcentaje de votos y de escaños obtenidos por cada partido).

Lo primero se mide por el Índice de *Mal-apportionment* o índice electoral de desproporción, que indica el porcentaje de escaños que no se corresponde con la población de la circunscripción. Este índice para España es de un 9,63%, lo que nos convierte en la 16ª democracia con una mayor desproporción de entre las 78 democracias del mundo[92]. En teoría debería ser igual o cercano a cero para que se cumpliera la regla de "un hombre, un voto", pues cuanto más se aleje de cero, eso significa que el voto de los electores de alguna circunscripción vale más que el de los de otras circunscripciones. Ese porcentaje significa que en las elecciones al Congreso nada menos que un 9,63% de los escaños están asignados a circunscripciones electorales que no los recibirían si no hubiera una desproporción inadecuada. En particular, las provincias menos pobladas se ven favorecidas por el hecho de que el mínimo de escaños a repartir en

---

[91] Esta situación viene generada por el hecho de otorgar un mínimo de dos escaños a cada provincia, de modo que 100 de los 350 escaños del Congreso no se reparten con criterios poblacionales.

[92] SAMUELS, David y SNYDER, Richard. *The Value of a Vote: Malapportionment in Comparative Perspective.* British Journal of Political Science, Cambridge University Press, 2001.

ellas es de dos, cuando en algunos casos si se tuviera en cuenta exclusivamente la población, debería tener derecho a un solo diputado.

La desproporción a posteriori la intentan medir diversos índices. El más extendido internacionalmente es el Índice de Gallagher o de los mínimos cuadrados[93], que muestra para España un valor medio de 7,0, superior a la de casi cualquier otro sistema proporcional. Este índice, pese a ser el más extendido, no puede ser interpretado de forma estricta como desproporcionalidad, ya que no tiene significado por sí mismo más allá de la comparación entre sistemas electorales[94]. Ahora bien, precisamente por el hecho de que se ha calculado para otros países, lo utilizaré para comparar el sistema electoral español con otros.

## ÍNDICE GALLAGHER

| País | Media | País | Media |
|------|-------|------|-------|
| **Mayoritarios** | **10,2** | **Multinivel** | **3,2** |
| **Proporcionales** | **3,4** | Austria | 2,5 |
| Bélgica | 3,9 | Dinamarca | 1,6 |
| Alemania | 2,7 | Islandia | 2,6 |
| Croacia | 8,8 | Noruega | 3,4 |
| España | 7,0 | Suecia | 1,8 |
| Finlandia | 3,0 | Estonia | 3,4 |
| Holanda | 1,3 | **Mixto** | **6,3** |
| Irlanda | 3,9 | Japón | 14,0 |
| Polonia | 6,0 | Nueva Zelanda | 2,7 |
| Suiza | 2,6 | Israel | 2,3 |

---

[93] Mide la desproporción efectiva entre de un sistema electoral comparando la diferencia entre el porcentaje de votos recibido por un partido político y el porcentaje de representantes obtenido por ese partido, tomando para ello la raíz cuadrada de la media de la suma de las diferencias al cuadrado entre el porcentaje de voto y el porcentaje de representantes de cada uno de los partidos políticos. Es decir, se calcula, para cada partido, la diferencia entre el porcentaje de escaños obtenido y el porcentaje de escaños que le correspondería en condiciones ideales. Para cada partido, se eleva al cuadrado la diferencia resultante y se suman los resultados. El resultado se divide entre dos y se halla su raíz cuadrada.

[94] URDÁNOZ GANUZA, Jorge. *Medición de la desproporcionalidad electoral: una crítica a los Mínimos Cuadrados*. Revista Española de Investigaciones Sociológicas (Reis), 2006.

Como era de esperar los países con sistemas mayoritarios son los que presentan un mayor índice de desproporción (un 10,2 de media entre 1946 y 2015). Los países con sistema proporcional presentan un índice medio de 3,4, y los mixtos una cifra a medio camino (6,3) entre los proporcionales y los mayoritarios, también como cabía esperar. De entre los países con sistema proporcional, el español es el peor (7,0), con la sola excepción de Croacia (8,8). La mayoría de los países oscila entre un índice de 2 y 3. Los países más proporcionales son Holanda (1,3), Dinamarca (1,6) y Suecia (1,8).

Sin embargo, cuando analice mi propuesta de reforma electoral me centraré en el índice absoluto o de Loosemore-Hanby (LH)[95], y que sí que es interpretable como el porcentaje de escaños que no han sido repartidos de un modo completamente proporcional. En España la media de este índice es de 11,9, lo que implica el 11,9% de los escaños no se han repartido históricamente de forma proporcional.

### Índice Loosemore-Hanby (LH)

| Año | Real | Año | Real |
|-----|------|-----|------|
| 1977 | 18,3 | 2000 | 9,2 |
| 1979 | 17,6 | 2004 | 8,5 |
| 1982 | 13,9 | 2008 | 8,5 |
| 1986 | 12,7 | 2011 | 11,7 |
| 1989 | 15,1 | 2015 | 11,0 |
| 1993 | 12,0 | 2016 | 8,4 |
| 1996 | 8,1 | **MEDIA** | **11,9** |

La diferencia entre la desproporción a priori y a posteriori se debe en buena parte al comportamiento estratégico de los electores, que, sabiendo que el voto a opciones políticas menos populares se desperdicia en las circunscripciones pequeñas, emplean el llamado "voto útil" y votan al menos malo de las dos opciones mayoritarias. Esto se demuestra por el hecho de que en las dos primeras elecciones (1977 y 1979), el Índice LH alcanzó el 17,9%, un porcentaje de desproporción superior al apriorístico pues los españoles aún no habían asimilado el funcionamiento del voto útil

---

[95] Que no es más que la suma de las diferencias entre el porcentaje de votos y de escaños de cada partido, dividida por dos.

y depositaron su confianza en numerosas opciones políticas minoritarias. Posteriormente, los electores aprendieron de la inutilidad de su voto en numerosas provincias y comenzaron a utilizar el voto útil para evitar malgastarlo. Sin embargo, esto reduce la legitimidad de los representantes elegidos, como veremos a continuación.

## 8.2.    Representación geográfica.

El sistema electoral del Congreso cumple muy bien con su papel de representación geográfica. Con su sistema de circunscripciones provinciales, las distintas opciones regionales están bien representadas y, de hecho, las regiones que presentan idiosincrasias políticas propias con partidos políticos diferenciados, han estado siempre bien representadas en el Congreso, dado que el sistema electoral a quien discrimina es a los partidos nacionales minoritarios, lo que incrementa la influencia y peso relativo de los partidos nacionalistas.

### PRIMAS ELECTORALES (ESCAÑOS)

| | MAYORITARIOS REGIONALES | | | | MINORITARIOS REG. | | |
|---|---|---|---|---|---|---|---|
| AÑO | CiU | PNV | ERC | AIC/CC | BNG | PA | HB/BILDU |
| 1977 | 1 | 2 | -2 | 0 | | | |
| 1979 | -2 | 2 | -1 | 0 | -1 | -1 | 0 |
| 1982 | -1 | 1 | -1 | 0 | | -1 | -2 |
| 1986 | 0 | 0 | -1 | 0 | | -2 | 1 |
| 1989 | 0 | 1 | -1 | 0 | | -2 | 0 |
| 1993 | 0 | 1 | -2 | 1 | -2 | -1 | -1 |
| 1996 | 0 | 0 | -1 | 1 | -1 | -2 | -1 |
| 2000 | 0 | 2 | -2 | 0 | -2 | -2 | |
| 2004 | -1 | 1 | -1 | 0 | -1 | -2 | |
| 2008 | -1 | 2 | -1 | 0 | -1 | | |
| 2011 | 1 | 0 | -1 | 0 | -1 | -1 | 2 |
| 2015 | 0 | 2 | 1 | 0 | | | -1 |
| 2016 | 1 | 1 | 0 | 0 | | | -1 |
| **MEDIA** | -0,2 | 1,2 | -1 | 0,2 | -0,7 | -1,1 | -0,2 |
| **ACUM.** | -2 | 15 | -13 | 2 | -9 | -14 | -3 |

El sistema ni castiga ni premia a los partidos con una representación geográfica específica, sino que les brinda una representación adecuada. Entre todos los partidos regionales obtienen de hecho 1,8 escaños menos de media de los que les correspondería en un reparto proporcional puro, pero esta diferencia se concentra en los partidos regionales minoritarios, que tienen dificultades para lograr representación en las provincias, ya que un partido regional mayoritario como el PNV, por el contrario, experimenta sobrerrepresentación de forma habitual.

Así, entre los partidos nacionales mayoritarios, Convergencia y Unió (CiU) obtiene 0,2 escaños menos de media a lo largo de los trece procesos electorales vividos, y un acumulado de apenas 2 escaños de menos entre todos ellos. El PNV, sin embargo, es el partido nacionalista más beneficiado, pues logra de media 1,2 escaños más de los que debería en cada elección, con un acumulado de 15 escaños de exceso. Esto se debe a que las provincias vascas, de escasa población, están sobrerrepresentadas respecto a las provincias más pobladas. En Cataluña, sin embargo, Barcelona obtiene menos escaños de los que debería, mientras las otras tres están sobrerrepresentadas, lo que favorece a los partidos nacionalistas (más fuertes en ellas y menos en Barcelona) respecto a los nacionales. El partido regional canario por excelencia (AIC y luego CC) logra aproximadamente los escaños adecuados, ya que las dos provincias canarias tienen un tamaño medio (entre 6 y 8 escaños según las elecciones). ERC, que hasta las elecciones de 2015 era un partido minoritario en Cataluña, se vio afectada en un principio y en 2015 y 2016 logra resultados proporcionales. Los partidos más penalizados entre los regionales son el Partido Andalucista (PA) y el Bloque Nacionalista Galego (BNG), que tienen dificultades para lograr representación parlamentaria en sus provincias como fuerzas minoritarias que son, y que cuando la logran suelen obtener menos escaños de los que les corresponderían. Los partidos de la órbita abertzale (Bildu, HB, Batasuna, etc.) como partidos minoritarios que son, se ven perjudicados por el sistema electoral, pero este impacto negativo se compensa por la sobrerrepresentación de las provincias vascas.

Lo que también es cierto es que el sistema electoral ofrece una representación geográfica sesgada en favor de algunas regiones y, en particular, de aquellas con un mayor número de provincias de escasa población, y en contra de las que cuentan con pocas provincias de gran población. La tabla adjunta muestra el número de escaños de más (en positivo) o de menos (en negativo) que cada comunidad autónoma aporta al Congreso respecto al que le correspondería de acuerdo con su población.

## ESCAÑOS POR REGIONES

| Comunidad Autónoma | Diferencia | Comunidad Autónoma | Diferencia |
|---|---|---|---|
| Castilla y León | 12 | Navarra | 0 |
| Castilla-La Mancha | 5 | Ceuta | 0 |
| Aragón | 3 | Melilla | 0 |
| Extremadura | 2 | Canarias | -1 |
| Galicia | 2 | Murcia | -1 |
| País Vasco | 2 | Andalucía | -2 |
| Rioja, La | 2 | Com. Valenciana | -4 |
| Cantabria | 1 | Cataluña | -9 |
| Asturias | 0 | Madrid | -12 |
| Baleares | 0 | **Total Nacional** | **0** |

Como se observa, en Castilla y León se eligen 12 representantes más de los que le correspondería de acuerdo con un reparto proporcional, lo que supone un 63% de sobrerrepresentación. Otras regiones como Castilla-La Mancha (5 escaños); Aragón (3); Extremadura, Galicia, País Vasco y La Rioja (2); y Cantabria (1), también reciben escaños en exceso. Por el contrario, Madrid y Cataluña son las CC.AA. más infrarrepresentadas en el Congreso, en el que eligen respectivamente 12 y 9 diputados menos. Únicamente cinco de las diecisiete CC.AA. eligen el número de diputados que les corresponde de forma proporcional.

Este sesgo no solo implica que algunos partidos nacionalistas, como los del País Vasco, se ven beneficiados, sino afecta igualmente a los equilibrios de poder dentro de los partidos de ámbito nacional, ya que, por ejemplo, las agrupaciones "castellanas" (Castilla La Mancha y Castilla y León) tienen más peso dentro de los partidos nacionales del que deberían en detrimento de la de Madrid, por ejemplo.

## 8.3.    Legitimidad.

La legitimidad de sistema electoral del Congreso es, cuando menos, mediocre. Para muchos electores su voto carece de importancia en la forma en que el país es gobernado, ya que su partido preferido no tiene oportunidad de resultar elegido o de ganar un escaño en su distrito.

Los votantes deberían poder votar a su primera elección (lo que se llama voto "honesto" o "sincero") sin considerar si se trata de un "voto útil" o si será malgastado en el proceso electoral. Como ya vimos, los votos malgastados desmotivan a los votantes y conducen a su apatía política, un paso previo a rebelarse contra un sistema político que no ilusiona. De hecho, para los numerosos votantes que "malgastan" su voto en las provincias pequeñas en opciones políticas minoritarias es evidente que el Congreso "no los representa".

### VOTO MALGASTADO

| Año | % | Año | % |
|-----|------|-------|-------|
| 1977 | 17,4% | 2000 | 9,2% |
| 1979 | 16,3% | 2004 | 8,6% |
| 1982 | 14,0% | 2008 | 8,2% |
| 1986 | 13,5% | 2011 | 11,4% |
| 1989 | 14,6% | 2015 | 11,0% |
| 1993 | 10,9% | 2016 | 8,2% |
| 1996 | 7,5% | **MEDIA** | **11,6%** |

En nuestro sistema electoral existe una media de un 11,6% de "votos no útiles"[96], aunque alcanzó picos del 17,4%, lo que se tradujo en que uno de cada seis electores tiraba su voto a la basura, ya que no se traducía en ningún efecto práctico tras el recuento. Conforme se fueron sucediendo las elecciones, los electores fueron "aprendiendo" del sistema electoral y se volvieron más eficientes a la hora de depositar su voto, ejerciendo lo que se denomina "voto útil", esto es votar a partidos con posibilidad real de obtener representación en lugar de por el partido preferido. Con esta práctica, se ha venido reduciendo el voto malgastado hasta porcentajes inferiores al 10% en la mayoría de las elecciones celebradas tras el año

---

[96] Es decir, votos válidos que no se traducen en la elección de ningún representante.

1996, pero a cambio los electores se sienten frustrados porque deben optar por el mal menor en lugar de por su opción política predilecta.

En el sistema electoral del Congreso, dado el pequeño o mediano tamaño de la mayor parte de las circunscripciones provinciales esta paradoja se produce continuamente. En las provincias que eligen menos de siete diputados (la mayoría), los partidos que reciben menos de un diez por ciento de los votos (o incluso más), no tienen posibilidad alguna de obtener representación. Debido a ello, se produce el conocido fenómeno del "voto útil", en el que el elector de cualquiera de estas circunscripciones vota al "menos malo" de los partidos con opciones reales, y no a su partido preferido. Naturalmente, que un sistema electoral condene en la práctica a un elector a votar siempre a su segunda o tercera opción no es democráticamente sano, ya que genera apatía y frustración entre los electores, y reduce la legitimidad de los representantes elegidos. De ahí el conocido grito de "no nos representan". ¿Cuál es la dimensión de ese voto útil? No debe ser menor cuando elección tras elección los partidos mayoritarios (PP y PSOE) insisten una y otra vez en que los electores lo ejerzan en su favor. Un estudio que lo ha intentado estimar para Andalucía[97], lo evalúa en un 11,6% de los electores de los partidos minoritarios en las circunscripciones pequeñas, que es donde el voto útil es eficiente. No es un porcentaje desdeñable para un sistema electoral de carácter proporcional, donde se supone que los resultados son proporcionales al voto. En países con sistema mayoritario esos porcentajes oscilan entre un 15% y un 30%.

El sistema electoral español distribuye los 350 escaños del Congreso entre 52 circunscripciones inmutables (las 50 provincias, Ceuta y Melilla), lo que arroja una magnitud media de 6,7 escaños por circunscripción. Nuestras circunscripciones electorales se pueden dividir en pequeñas (de uno a cinco escaños), medianas (de seis a nueve) y grandes (diez o más). Cuanto mayor es el tamaño, mayor es la proporcionalidad. Por el contrario,

---

[97] Lago estima el voto útil utilizando la diferencia de comportamiento del electorado de Izquierda Unida en las circunscripciones provinciales andaluzas entre las elecciones generales (donde el número de diputados por provincia es reducido y el voto estratégico es efectivo) y las autonómicas (donde en seis provincias el número de diputados a elegir es alto y no es necesario el voto útil), en LAGO, Ignacio. *Strategic voting in proportional representation systems: evidence from a natural experiment*. Ed. Party Politics, 2012.

la elección en circunscripciones de menos de cinco escaños, la elección es cuasi mayoritaria, pues únicamente los partidos que logren un 20% o más de los votos pueden aspirar a obtener representación.

En las elecciones de 2016 al Congreso el grupo de las provincias pequeñas lo componen 26 provincias, además de Ceuta y Melilla (el 54% del total) que eligen 103 de los 350 diputados (29% del total). El grupo de las provincias medianas lo forman 17 circunscripciones (el 33%) que suman 119 escaños (el 34% del total). El último grupo lo forman las 7 provincias mayores (el 14%), que sumadas eligen 128 diputados, el 37% del total. Puede así decirse que en España conviven un sistema claramente proporcional (provincias grandes), un sistema más bien mayoritario (provincias pequeñas) y un sistema intermedio (provincias medianas) con efectos semejantes a los del sistema en conjunto. De esta manera, las provincias grandes eligen 33 diputados menos de los que les correspondería (128 en lugar de 161), de los cuales las provincias medianas reciben 1 escaño, lo que indica que en general están correctamente representadas, y las pequeñas los otros 32 escaños. Es decir, las provincias grandes eligen un 20% de diputados menos de lo que sería "justo", las provincias medianas un 1% más, y las pequeñas eligen un 45% de escaños de más respecto a un reparto proporcional.

### ESCAÑOS POR TAMAÑO PROVINCIAS

| Provincias | Real | Teórico | Diferencia |
|---|---|---|---|
| Grandes | 128 | 161 | -33 |
| Medianas | 119 | 118 | 1 |
| Pequeñas | 103 | 71 | 32 |
| **TOTAL** | **350** | **350** | **0** |

La legitimidad del sistema electoral también se ve cuestionada si éste discrimina contra determinados partidos, y en España el sistema electoral vigente perjudica a los partidos nacionales minoritarios, que sufren una persistente infrarrepresentación, y está sesgado hacia al voto conservador y tradicional, por lo que resulta evidente que la desproporción en el reparto de escaños por provincias resulta exagerada, y que cualquier reforma que pretenda incrementar el grado de legitimidad, así como reducir los sesgos electorales, debe incluir una modificación en el sistema de reparto de los escaños a las circunscripciones.

## 8.4.    Facilitar un gobierno estable y eficiente.

Nuestro sistema electoral puede calificarse como bueno a la hora de facilitar un gobierno estable y eficiente. Para determinar si un sistema electoral facilita este criterio, los indicadores fundamentales a considerar son: 1º) si el gobierno puede aprobar leyes y gobernar de manera eficiente; 2º) el número de partidos "importantes" para gobernar, ya que cuantos más partidos políticos sean necesarios para formar una coalición o para apoyar al gobierno de forma externa, mayor será la inestabilidad del mismo; 3º) y el número y la duración de los gobiernos formados. Estos tres aspectos están ligados a la posibilidad de que se pueda formar una mayoría en la legislatura y ello a su vez está vinculado con el sistema electoral.

Respecto al primer aspecto, en general en España los sucesivos gobiernos han podido aprobar leyes y gobernar de manera eficiente, pero no siempre. Como hemos visto, nuestro sistema proporcional de efectos mayoritarios concede una gran prima de escaños a las dos primeras fuerzas políticas, lo que ha generado incluso que en cuatro de las trece legislaturas un solo partido haya obtenido la mayoría absoluta de los escaños[98]. En otras seis ocasiones, el partido más votado pudo gobernar eficazmente sin necesidad de coaligarse con ningún otro partido, normalmente con acuerdos estables de legislatura con algunos partidos minoritarios. Las excepciones han sido tres: la primera fue la iniciada con las elecciones de 1979, en la que, pese a lograr una holgada "prima a la gobernabilidad" de 45 escaños[99], la UCD experimentó grandes dificultades para sacar adelante sus leyes y el gobierno vivió una gran inestabilidad que, sin embargo, estuvo más provocada por divisiones internas[100] y por la enorme

---

[98] El PSOE en dos ocasiones (en 1982 y 1986) y el PP en otras dos (en 2000 y 2011).

[99] No en vano, con apenas un 35% de los votos la UCD obtuvo 168 escaños, a apenas ocho de la mayoría absoluta, cuando el PP logró 137 (31 menos) con dos puntos porcentuales de votos menos (un 33%) en las elecciones de 2016.

[100] UCD nació primero como coalición entre partidos y más tarde se convirtió en partido y, dados sus orígenes, dentro de su seno coexistieron numerosas "familias" políticas procedentes de los antiguos partidos que habían constituido originalmente la coalición, con posiciones divergentes sobre numerosos asuntos y con pugnas de por el reparto de poder en los puestos de gobierno. Tras la dimisión del Presidente Suárez en 1981 entró en una descomposición que acabaría llevándola a perder más 156 parlamentarios en las elecciones generales de 1982, y a disolverse unos meses más tarde.

inseguridad económica, política y social propia del proceso de transición de un régimen político autoritario a uno democrático. La segunda excepción fue la undécima legislatura, la que fue fruto de las elecciones de 2015, que fue incapaz de investir un gobierno y que, por primera vez desde la reinstauración democrática, obligó a celebrar nuevas elecciones el 26 de junio de 2016. Y la tercera la estamos viviendo en la actualidad, en la que llevó más de cuatro meses investir a un Presidente del Gobierno, Mariano Rajoy, y cuyo transcurrir se antoja problemático e inestable, dado lo exiguo del apoyo parlamentario permanente al Gobierno (apenas 137 escaños). Con la investidura de Rajoy se cerró el mayor periodo de Gobierno en funciones de la historia de España, 315 días después de la celebración de las elecciones generales de 2015.

En lo que España es una absoluta excepción dentro de los sistemas electorales proporcionales, es que es el único país de Europa Occidental que no ha formado nunca una coalición de gobierno a nivel estatal[101]. De hecho, la coalición de gobierno suele ser la norma en los países democráticos con sistema proporcional. De los quince países de Europa Occidental analizados por Penadés y Pavía[102] "en siete de ellos todos los gobiernos que se han formado desde 1990 han sido coaliciones y en tres más (los escandinavos) esa situación ha sido la más frecuente".

Mientras duró el bipartidismo imperfecto mediante el cual PSOE y PP se alternaban en el poder y gobernaban con mayoría absoluta o con el apoyo de alguna fuerza regional minoritaria. Incluso en las elecciones más ajustadas, las de 1996, en las que el PP ganó con apenas algo más de un punto porcentual de votos respecto al PSOE (38,79% vs. 37,63%), el sistema electoral generó una prima de escaños suficiente (156 escaños vs. 141) como para que el ganador pudiera gobernar de forma estable con el apoyo de CiU (16 escaños) y PNV (5 escaños), que sumaban un total de 177 sobre los 350 escaños. El gobierno pudo de esta forma aprobar leyes y gobernar de manera eficiente, aunque a costa de nuevas concesiones de competencias autonómicas a estas regiones. Sin embargo, las elecciones de 2015 y 2016 han alterado ese régimen de "dos partidos y medio" para

---

[101] Aunque en las Comunidades Autónomas y en los municipios, las experiencias de gobiernos de coalición son numerosas y, en la mayoría de los casos, estables.
[102] PENADÉS, Alberto y PAVÍA, José Manuel, *op cit.*

modificarlo por otro de cuatro partidos medianos (PP, PSOE, Podemos y Ciudadanos), y debido a los bloqueos mutuos la gobernabilidad se ha complicado.

De aquí pasamos al segundo indicador para la estabilidad y eficiencia del gobierno, como es el número de partidos "importantes" para gobernar. El indicador más usado para medirlo es el del "número efectivo de partidos" o Índice de Laakso y Taagepera[103] que en España indicaba un número medio de 2,6 partidos parlamentarios importantes entre las elecciones de 1977 y 2011, sin grandes variaciones en cada una de ellas. De ahí que se diga que en España (al menos hasta 2011) se había establecido un régimen de "dos partidos y medio". Sin embargo, las elecciones de 2015 y 2016 han venido a trastocar ese orden de cosas, de tal modo que el número efectivo de partidos parlamentarios ha crecido hasta los 4,1 y 3,8, respectivamente, lo que refleja la existencia de cuatro partidos nacionales influyentes. Así pues, hasta 2011 nuestro sistema de partidos oscilaba entre el bipartidismo y el multipartidismo bipolar, donde dos partidos competían y se alternaban en el poder, en ocasiones con mayoría suficiente para gobernar en solitario (bipartidismo) y en otras sin esa mayoría, lo que le obligaba a encontrar apoyos para gobernar (multipartidismo bipolar). Sin embargo, tras los dos últimos procesos electorales, nos hemos convertido en un sistema multipartidista fragmentado, donde ningún partido político tiene la mayoría, donde para formar gobierno se precisa el acuerdo de dos o más partidos y donde el gobierno suele ser de coalición. No es el peor de los mundos, ya que rondamos aproximadamente el número efectivo de partidos medio de los países de Europa Occidental con sistema proporcional, pero el problema es que nos hemos convertido en un sistema multipartidista fragmentado polarizado[104], caracterizado por la existencia de:

1) Partidos antisistema importantes, entendidos como aquellos que socavan la legitimad del régimen al que se oponen.

---

[103] La idea que subyace en este índice es "contar" el número de partidos políticos, pero ajustándolos a su tamaño relativo respecto al porcentaje de votos o de escaños. Si el número efectivo de partidos de acuerdo con los escaños obtenidos se aproxima al estimado de acuerdo con los votos, lo que significa es que los partidos tienen aproximadamente el mismo poder.

[104] SARTORI, G. *Partidos y Sistemas de Partidos*. Alianza editorial, 2005.

2) Oposiciones bilaterales, es decir, dos oposiciones mutuamente excluyentes.

3) Al menos un partido ubicado en el centro ideológico.

4) Polarización, esto es, gran distancia ideológica entre partidos.

5) Impulsos centrífugos, es decir, debilitamiento del centro respecto a un extremo, o incluso ambos.

6) Estructuración ideológica congénita. Existen partidos que no están solo en desacuerdo en cuestiones políticas, sino también en principios y cuestiones fundamentales.

7) Oposiciones irresponsables.

8) Una política de "superoferta" o de promesas excesivas.

Como pueden observar cumplimos con todas y cada una de las características descritas, lo que lleva a considerar cada transacción con el rival político como una "cesión" o incluso "traición", y complica sobremanera la gobernabilidad. Sartori entiende que esta variedad de multipartidismo tiene dificultades en cuanto a su supervivencia, ya que un sistema caracterizado por impulsos centrífugos, oposición irresponsable, y una competencia con artimañas es difícilmente viable. Si se compara con otros países europeos, el número efectivo de partidos parlamentarios en España hasta 2011 era el menor de toda Europa Occidental, y en la actualidad está en la media, pero es nuestra polarización política la que convierte un sistema de partidos perfectamente "normal" en un problema de gobernabilidad con consecuencias potencialmente explosivas.

Finalmente, el otro gran indicador de estabilidad que nos resta analizar es el del número y la duración media de los gobiernos formados. De nuevo, hay que establecer un antes y un después de las elecciones de 2011. Hasta esa fecha, España era un país especial en el que "los gobiernos duran lo que en un país germánico y, encima, sin necesidad de coaliciones"[105]. Entre 1990 y 2015, Penadés y Pavía contabilizan una decena o más de cambios de gobierno en Italia (16); Francia (12); Dinamarca (11); Bélgica, Finlandia y Portugal (10). Por el contrario,

---

[105] PENADÉS, Alberto y PAVÍA, José Manuel, *op cit.*

nuestros seis cambios de gobierno solo se ven mejorados por Suecia, Gran Bretaña y Alemania, con únicamente cinco. La duración media de nuestros gobiernos ronda los mil días (casi tres años), cuando en Italia la media es de un año. Esa gobernabilidad del país, que hasta esa fecha podría haberse calificado de excelente y que era incluso envidiada por la mayoría de nuestros vecinos europeos (en especial Bélgica e Italia, también con un problema de polarización política) se ha perdido tras las elecciones de 2015 y 2016, al decidir los electores poner fin al bipartidismo con su voto.

Así pues, si bien el sistema electoral incentiva un bipartidismo imperfecto al castigar la fragmentación en la oferta electoral, la última palabra la siguen teniendo los electores. Como veremos en mi propuesta, incluso con un Congreso políticamente fragmentado como el actual, es posible mejorar la gobernabilidad y la representatividad simultáneamente. No está todo, pues, perdido.

### 8.5.    Rendición de cuentas del Gobierno y los representantes.

En cuanto a la formación de un nuevo gobierno, la mayor parte de los sistemas proporcionales tiende a generar gobiernos de coalición entre varios partidos, en los que la atribución de responsabilidades y la rendición de cuentas se hace complicada para los electores, ya que la acción de gobierno es común y solidaria. Sin embargo, en el caso español, un sistema proporcional con resultados cuasi mayoritarios, este aspecto no ha resultado complicado y la rendición de cuentas del gobierno no puede calificarse de otro modo que como muy buena. En España todos los gobiernos excepto uno, el de Suárez en 1981, han caído por decisión de los electores, que son los que han castigado en las urnas lo que han considerado una mala gestión, y han atribuido de forma clara la responsabilidad de formar un nuevo gobierno a otro partido. Hasta 2015 la decisión de los electores en cuanto en qué partido descargaban la responsabilidad de formar gobierno fue clara e inequívoca: únicamente un partido político tenía la posibilidad y el número de escaños que le permitía hacerlo si se excluían coaliciones de imposible convivencia entre el resto de partidos. En las elecciones de 2015, sin embargo, esa decisión no fue nada clara, ya que varias alianzas y coaliciones eran posibles dentro de una cierta congruencia ideológica y programática. El resultado final no fue afortunado pues ninguna de esas combinaciones fue posible y se debieron repetir las elecciones para que los electores resolvieran el equilibrio de fuerzas y el bloqueo existente. Las elecciones de 2016, sin otorgar un mandato tan claro y concluyente como durante la época del bipartidismo imperfecto, sí que señalaron a un ganador claro respecto a los demás (el PP) y a un responsable para formar gobierno, puesto que el resto de posibles combinaciones carecía de solidez y congruencia ideológica y programática. Si, pese a ello, resultó tan complicada la tarea de investir un gobierno fue como resultado de la inestabilidad de nuestra nueva fase de sistema multipartidista fragmentado y polarizado. Así pues, pese a que la rendición de cuentas del Gobierno fue excelente hasta 2015, ha mostrado carencias y dificultades en el nuevo sistema multipartidista, lo que abre un espacio para la mejora también en este aspecto.

Respecto a la rendición de cuentas de los representantes ante los electores, el español no un buen sistema. No existe rendición de cuentas a nivel individual de los representantes elegidos que se ocultan en una lista electoral bloqueada y cerrada, cuya inclusión depende de la fidelidad demostrada por el candidato a la cúpula del partido y no de los servicios prestados al ciudadano. Pocos españoles conocen el nombre de los diputados de su circunscripción y nada (excepto votar a otro partido) pueden hacer por evitar su reelección si el partido los incluye en su lista electoral, por lo que los diputados se centran en ser disciplinados y fieles al partido, ya que su reelección depende de su puesto en la lista electoral, y no de la satisfacción de los ciudadanos con su labor. En este sentido, nuestro sistema electoral es muy deficiente y manifiestamente mejorable.

En la transición se optó por este mecanismo para fortalecer a unos partidos políticos que, por entonces, estaban en su mayoría en pañales, y la temprana experiencia de la crisis interna y posterior desaparición como partido político de la Unión de Centro Democrático (UCD), no contribuyó precisamente a una apertura o desbloqueo de las listas electorales que podría debilitar a los partidos políticos. Pero han transcurrido cuarenta años desde entonces y nuestros partidos políticos se han convertido en instituciones monolíticas donde el poder recae en sus dirigentes y no en los votantes, y donde la rendición de cuenta de los representantes políticos ante el electorado es inexistente, lo que debe ser modificado.

## 8.6.    Incentivos para la conciliación y resistencia al extremismo.

Nuestro sistema electoral para el Congreso tampoco ofrece incentivos para la conciliación, (todo lo contrario). La política española lleva instalada demasiados años en un ejercicio de enfrentamiento radical y de negación sistemática de las posiciones y propuestas ajenas, por sensatas y necesarias que puedan resultar. Una dinámica que los partidos trasladan a cualquier ámbito. El sistema electoral promueve ese enfrentamiento visceral, ya que se fundamenta en la confrontación entre dos grandes fuerzas políticas (o alguna más en las regiones con fuerte implantación nacionalista), donde cada partido tiene un buen número de convencidos fijos y busca ganar las elecciones captando el voto útil contra su rival. Las campañas electorales se convierten así en un "vota a mi partido si no quieres que gane el otro". Son campañas negativas que no se basan en lo que cada partido ofrece a sus potenciales electores, sino en fomentar la rivalidad e incluso el odio a "los otros". No resulta extraño que la política se vuelva cainita, la afinidad política guarde ciertas similitudes con los "hinchas" de un equipo de fútbol y el acuerdo en un tema concreto entre un bando y otro es visto poco menos que como un crimen. Sería deseable que la reforma del sistema electoral incentivara la conciliación entre las posiciones de los distintos partidos, buscando puntos de entendimiento y no únicamente de enfrentamiento, y que la política se concibiera como una herramienta de debate y búsqueda de consensos, en lugar de un instrumento de lucha entre intereses antagónicos e irreconciliables en la que prevalece la confrontación sobre el pacto.

## 8.7.    Facilidad de uso, comprensión y coste de la administración.

El sistema electoral español es fácil de usar, comprender y administrar. Su uso es sencillo para el votante. Dado que las listas al Congreso son cerradas y bloqueadas los ciudadanos únicamente deben elegir la papeleta de su partido preferido e introducirla en un sobre, sin necesidad de marcar a ningún candidato en ella. Los votos nulos oscilan entre el 0,5% y el 1,3% de los votos, lo que supone un porcentaje aceptable. En cuanto a la comprensión de los resultados, el reparto de escaños por circunscripción según el sistema D'Hondt es algo menos comprensible para los votantes, que en su mayoría saben únicamente que cuantos más votos obtenga su partido, resulta mejor para él y que el sistema favorece a los partidos mayoritarios. Hay que tener en cuenta que algunos electores pueden verse cohibidos y renunciar a votar en el caso de que hacerlo sea muy complicado[106]. De hecho, el método de votación para el Senado, que incluye marcar a varios candidatos en una lista común con los candidatos de todos los partidos sufre de un número de votos nulos de entre el 2% y el 3,5%, lo que multiplica por tres e incluso cuatro el voto nulo en las votaciones para el Congreso de los Diputados.

La administración del voto también es muy sencilla, con recuento en cada mesa electoral, ni necesidad de especificar votos preferenciales para candidatos específicos, ni de traslado de papeletas a centros de recuento, y los resultados se conocen en pocas horas. Finalmente, el coste de las elecciones es reducido pues el recuento se hace a mano en las mesas electorales por los ciudadanos seleccionados para ello y no precisa de máquinas lectoras de papeletas, ni ordenadores o centros de computación.

## 8.8.    Fortalecimiento de los partidos políticos.

Finalmente, el sistema favorece el fortalecimiento de los partidos políticos, ya que alienta su unidad y desalienta la fragmentación partidista. Las listas cerradas y bloqueadas de entre las cuáles se eligen a los representantes de cada partido hacen que los candidatos no tengan ningún incentivo para romper la disciplina partidista. Si lo hacen corren el riesgo de no ser seleccionados por la cúpula de los partidos en los puestos elegibles dentro de la lista y no obtienen ningún beneficio con ello, ya que los electores no tienen ningún poder para modificar el orden de salida confeccionado por los dirigentes de los partidos. Todo el poder recae pues en las cúpulas de los partidos y no en los electores, por lo que la disciplina de partido se impone y éstos se fortalecen internamente. La disensión se castiga con la exclusión de las listas, y así las rupturas con los partidos o de los partidos suelen castigarse con la desaparición de la vida pública y los nuevos partidos suelen tener una vida electoral efímera.

---

[106] GALLEGO, Aina. *Are More Choices in the Ballot Better? Cross-National and Experimental Evidence*. APSA 2011 Annual Meeting Paper.

## 8.9. Conclusiones

El diseño del sistema electoral para nuestro Congreso de los Diputados, es bueno en lo que respecta a la representación geográfica, gobernabilidad, facilidad de uso, y fortalecimiento de los partidos, pero malo en cuanto a representatividad, legitimidad, rendición de cuentas de los representantes e incentivos a la conciliación. No es el peor de los sistemas, pero presenta serios problemas de legitimidad. El modelo español ha dado estabilidad política (hasta hace poco), pero se le critican principalmente dos aspectos: que los votos valen más o menos según donde se emitan y que perjudica mucho a los partidos pequeños y medianos de implantación nacional. El sistema electoral español reúne las desventajas de los sistemas mayoritarios y de los proporcionales: los votos van dirigidos a los partidos y no a los candidatos, y aun así el sistema es básicamente bipartidista en la práctica. Así, los dos grandes partidos (PP y PSOE) salen beneficiados en el reparto de escaños a costa de las opciones minoritarias, e incluso de partidos de tamaño medio, como Podemos y Ciudadanos. En contra de lo que se suele afirmar, los partidos nacionalistas no salen beneficiados ni perjudicados. La mayor parte de la culpa de la infrarrepresentación de las minorías la tienen unas circunscripciones electorales que eligen un número reducido de escaños, así como la sobrerrepresentación de las provincias pequeñas motivada por el reparto inicial de dos escaños por provincia independientemente de su población.

Ningún sistema de votación o electoral es perfecto. Todos y cada uno incumplen varios de estos criterios y dan lugar a paradojas. De hecho, el cumplimiento de alguno de los teóricamente deseables es incompatible con el cumplimiento de otros. Puesto que cumplir todos estos criterios es imposible, lo razonable es hacerlo con los más deseables y los que evitan los problemas más frecuentes, aún a costa de incumplir otros menos deseables o menos frecuentes. Así que, para diseñar un nuevo sistema electoral, la clave está en priorizar los criterios más importantes y luego intentar que los demás se desvíen lo menos posible del óptimo con medidas correctoras. Se trata de acercarse lo más posible a nuestros objetivos principales, perjudicando en el proceso lo menos posible al resto de objetivos.

En España, la mala rendición de cuentas de los representantes ha generado una desconexión entre representantes y ciudadanos, así como un enorme poder de las cúpulas de los partidos. Por otro lado, la infrarrepresentación de los partidos minoritarios nacionales ha provocado una influencia desmedida de los partidos nacionalistas en la política nacional, y todo ello ha conducido a una crisis de legitimidad y representatividad de nuestra clase política. Así pues, la prioridad en el diseño de un nuevo sistema electoral debe estar centrada en mejorar la rendición de cuentas de los representantes, así como en incrementar la representatividad de los partidos minoritarios nacionales. Todo ello, con el menor menoscabo posible de la gobernabilidad, la rendición de cuentas del Gobierno, la representación geográfica, la facilidad de uso y el fortalecimiento de los partidos. Todo un "sodoku".

Para complicar aún más las cosas, la experiencia de otros países indica que el éxito de un sistema electoral reformado suele depender de su parecido con el previo, al menos en lo que respecta al elector[107], ya que los ciudadanos están acostumbrados a un estilo de votación y les cuesta mucho cambiar a otro muy diferente. Las reformas electorales duraderas suelen modificar apenas aspectos puntuales del sistema electoral, pero no su totalidad, pues las reformas en profundidad tienden a revertirse rápidamente en cuanto demuestran sus propias ineficiencias. Así que el "sodoku" debe además resolverse con los menores cambios posibles para el elector. ¿Es eso posible? Para verlo, nada mejor que analizar primero otros ejemplos de sistemas electorales una vez puestos en práctica. En los próximos capítulos analizaré las características, fortalezas y debilidades de varios sistemas electorales propuestos para España. Se trata del sistema mayoritario británico, el de doble vuelta de Francia, el voto alternativo de Australia, el voto único transferible (VUT) de Irlanda, el sistema de representación proporcional personalizada (RPP) alemán, el sistema paralelo de Japón, el sistema proporcional puro de Holanda, y los sistemas multinivel de Dinamarca o Suecia.

---

[107] Aunque no en el proceso de agregación de preferencias individuales que ocurre "tras las urnas" a la hora de asignar los escaños en función de los votos.

## 9. SISTEMAS ELECTORALES COMPARADOS

### 9.1. El sistema mayoritario en el Reino Unido

El sistema mayoritario o de mayoría simple (MS), en el que se utilizan distritos uninominales (con un solo ganador por distrito) y la votación se enfoca en los candidatos, es el más sencillo de los sistemas de pluralidad/mayoría. Al elector se le presentan en cada circunscripción los nombres de los candidatos postulados (normalmente uno por partido) y vota seleccionando solamente a uno de ellos. El candidato ganador es simplemente el que obtiene la mayor cantidad de votos. Los perdedores no obtienen representación alguna. Además del prototípico del Reino Unido, los casos más analizados que se ubican dentro de esta categoría son los de Canadá, India y Estados Unidos, de entre las veintidós democracias establecidas que utilizan este sistema (la mayoría excolonias británicas).

Diversos autores, como Molinas[108] y Garicano[109], han propuesto instaurar en España este sistema para lograr que los candidatos estén más interesados en complacer a sus electores que a los dirigentes de su partido. De esta forma, se volcaría la lealtad del cargo electo en sus electores y no en su partido, y se reduciría el poder de sus cúpulas dirigentes. Sin embargo, presenta la enorme desventaja de eliminar o reducir enormemente la pluralidad y representatividad de los partidos políticos elegidos, que tienden a concentrarse en las grandes opciones, lo que nos conduciría a un Parlamento dominado por dos partidos nacionales (PSOE y PP) y varias opciones nacionalistas mayoritarias en sus circunscripciones (principalmente PNV, Convergencia y ERC). Esta solución difícilmente contentaría a los que ahora gritan que los políticos "no nos representan", pues reduce a la mínima expresión otras opciones que, aunque minoritarias, suponen en conjunto entre un 30% y un 60% del electorado según el proceso electoral concreto. De hecho, en el Reino Unido, donde la mayor parte de las elecciones se rigen por el sistema mayoritario, este régimen está siendo fuertemente discutido ya que casi el 50% de los votos se "desperdicia" en candidatos que no resultan finalmente elegidos. Pero veamos en detalle sus ventajas y desventajas.

---

[108] MOLINAS, *op. cit.*
[109] GARICANO, *op. cit.*

**Ventajas.**

Este sistema tiene la ventaja de volcar la lealtad del cargo electo en sus electores y no en su partido, de modo que la <u>rendición de cuentas de los representantes</u> es muy buena. El electorado, tiene la capacidad de verificar de forma efectiva e individual a quienes, una vez elegidos, traicionan las promesas que hicieron durante la campaña o demuestran incompetencia. Tradicionalmente se ha considerado que los sistemas de pluralidad/mayoría maximizan la capacidad de los electores para deshacerse de representantes que no satisfacen sus expectativas. Igualmente, el sistema brinda la oportunidad de elegir a candidatos independientes, aunque no suele ser habitual, así como elegir entre candidatos y no sólo entre partidos. Sin embargo, la conexión se vuelve tenue cuando los electores se identifican más con los partidos que con los candidatos en lo individual, como ocurre en Gran Bretaña. De hecho, apenas el 12,4% de los electores en el Reino Unido afirma haber contactado alguna vez con su representante[110]. El sistema electoral promueve la formación de vínculos entre los electores y sus representantes, en tanto da lugar a una legislatura conformada por representantes de áreas geográficas definidas.

La <u>representación geográfica</u> es, por tanto, asimismo excelente. Uno de los principales objetivos de un sistema electoral mayoritario es obtener una legislatura que asegure que todas las áreas geográficas están representadas, y éste es claramente el mejor sistema para asegurarlo, porque está diseñado específicamente para ello. Así, los asuntos que preocupan a los habitantes de un distrito electoral serán lo prioritario para su representante, pues de solucionarlos adecuadamente dependerá su reelección o no en la siguiente legislatura.

La posibilidad de <u>formar gobiernos estables y eficientes</u> es, junto a la rendición de cuentas, otra de las grandes virtudes del sistema mayoritario. Este procedimiento permite la formación de gobiernos de un solo partido, donde los gobiernos de coalición son más una excepción que una regla. Esta situación es objeto de elogios al permitir la formación de gabinetes

---

[110] Bien es cierto que este porcentaje es superior al 3,3% de españoles que declaran lo mismo. Ver ORTEGA, Carmen. *Preference voting systems and their impact on the personalisation of politics.* Universidad de Granada, Granada, 2006.

que no están maniatados por las restricciones que impone la necesidad de negociar con el socio minoritario de una coalición. Lo habitual es que, como ha sucedido en la última elección de 2015 en Gran Bretaña, un solo partido sea capaz de gobernar con mayoría absoluta incluso con un porcentaje de votos como el alcanzado en esta ocasión por el Partido Conservador (36,9%). Entre 2010 y 2015 gobernó el Reino Unido el primer gobierno de coalición desde 1940, y el anterior no fue el resultado de unas elecciones disputadas sino de la necesidad de un gobierno de unidad nacional en medio de la 2ª Guerra Mundial. La formación de gobiernos de un solo partido facilita igualmente la rendición de cuentas del gobierno, ya que un mal gobierno es sustituido por otro por la teoría del péndulo[111].

Por último, se trata de un sistema muy fácil de usar, comprender y administrar. Todo el mundo puede entenderlo. Cada elector vota por el candidato que más le gusta[112] y sale elegido el que alcanza un mayor número de votos en cada distrito. Nada más simple. La administración también es sencilla. De hecho, el fenómeno de los *safe seats* (asientos seguros) donde un candidato tiene segura la elección dada su popularidad o la de su partido, genera que en algunos de estos distritos ni siquiera se presenten rivales políticos, lo que facilita la administración.

**Desventajas.**

Este sistema tiene la enorme desventaja de eliminar o reducir enormemente la pluralidad y representatividad de los partidos políticos elegidos, que tienden a concentrarse en las grandes opciones. Esta técnica favorece la existencia del llamado "voto útil", que supone la votación por el candidato que más posibilidades tiene de resultar elegido, sin que sea necesariamente la primera preferencia del elector. En las recientes elecciones de 2015, los conservadores obtuvieron el 51% de los parlamentarios con apenas el 37% de los votos, mientras que UKIP logró el 0,2% de los parlamentarios con el 12,6% de los votos, y el partido

---

[111] Cada partido tiene sus electores naturales -que le votan o se abstienen-, y el "voto flotante" -que se corresponde con los electores que votan a uno u otro según la campaña, el candidato o sus motivaciones personales-.

[112] Generalmente marcando una X al lado de su nombre en una papeleta con todos los candidatos que se presentan al distrito.

nacionalista escocés SNP el 8,6% de los parlamentarios con el 3,1% de los votos. Así, se priva a los partidos minoritarios de una representación "justa". Igualmente existe una tendencia clara al bipartidismo y a que se produzca lo que se conoce como "la teoría del péndulo".

La <u>legitimidad</u> se ve negativamente afectada por la escasa representatividad de la cámara legislativa elegida, así como por otros factores. Este sistema conduce a las cámaras legislativas y gobiernos menos legítimos de todos los sistemas electorales. En el Reino Unido el Partido Conservador gobernó durante dos décadas sin haber obtenido nunca más del 45% de los votos, y frecuentemente bastantes menos. Incluso en las últimas elecciones de 2015, este mismo partido obtuvo el 51% de los puestos de la legislatura con apenas el 37% de los votos. Casos incluso más paradójicos se produjeron en las elecciones al Parlamento Británico de 1974, así como en Canadá en 1979, y en Nueva Zelanda en 1978 y 1981, todos ellos países donde se usaba el sistema mayoritario, cuando el partido que recibió más votos obtuvo menos puestos en el Parlamento que su rival. Esta paradoja suele ocurrir en un 10% de las elecciones, lo que no es poco. Por otro lado, durante las recientes elecciones, el 50% de los votos (nada menos que 15 millones) se desperdiciaron, al ir a parar a candidatos que no fueron elegidos, pues se vuelven no útiles un gran número de votos que no influyen en la elección de ningún candidato. Igualmente promueve la existencia de un gran número de los llamados escaños seguros (*safe seats*), en los que no hay posibilidad real de cambio de ganador, que ascendieron al 55% de los distritos en liza. Muchos de estos *safe seats* se logran gracias a la utilización a gran escala y con medios informáticos del *gerrymandering*, que explicaré más adelante. De hecho, la *Electoral Reform Society* predijo los ganadores de 368 de los 650 escaños en liza y erró únicamente en cinco. Finalmente, el 29% de los parlamentarios fue elegido con menos del 30% de los votos de su distrito, lo que reduce su legitimidad. Los votantes que saben que su voto se va a malgastar tienen pocos motivos para ir a votar, así que también desmotiva al votante, lo que genera que la participación electoral suela ser inferior en los sistemas mayoritarios que en los proporcionales. En los 90, en Canadá la participación electoral media rondó el 60%, y en Estados Unidos el 45%. En el Reino Unido fue siempre la más alta entre los sistemas mayoritarios (el 72%), pero aun así inferior a la mayoría de los países con sistema de representación proporcional, en los que la participación osciló entre el 75% y el 90%[113].

Tampoco es un buen método para <u>fortalecer a los partidos políticos</u>. Los representantes políticos británicos son contestatarios con respecto a su cúpula, ya que tienen siempre en mente que los electores son los que lo eligen, aunque en la mayor parte de las ocasiones votan en el mismo sentido que el partido. En Estados Unidos los partidos políticos son básicamente entes recaudadores de fondos y tienen escasa cohesión. En la práctica se trata de un sistema que refuerza el bipartidismo, ya que en la mayor parte de los distritos el ganador se determinará entre los grandes bloques políticos.

Por otro lado, no es un procedimiento electoral que ofrezca grandes <u>incentivos para la conciliación</u>. Por el lado positivo, excluye a los partidos extremistas de representación alguna en la legislatura, a menos que el apoyo electoral de un partido minoritario extremista se encuentre geográficamente concentrado. Así la extrema derecha del UKIP difícilmente logra representación en el Parlamento inglés (apenas un parlamentario – un 0,2% del total - en las últimas elecciones de 2015), pese a que obtienen nada menos que un 12,6% de los votos. Sin embargo, el sistema mayoritario suele provocar una votación dividida, pues conduce al alineamiento de los electores entre los dos partidos preponderantes que, eso sí, pueden variar de región en región, ya que cada partido tiene un buen número de convencidos fijos y busca ganar las elecciones captando el voto útil contra su rival. De hecho, las últimas elecciones en el Reino Unido muestran un país dividido[114], pues por primera vez en la historia en cada una de las cuatro naciones que lo componen ganó un partido diferente: los Conservadores en Inglaterra, los Laboristas en Gales, el nacionalista SNP en Escocia y el Partido Unionista en Irlanda del Norte. Se trata de un procedimiento que puede fomentar el desarrollo de partidos políticos estructurados sobre una base étnica, regional o de clan, susceptibles de

---

[113] INTERNATIONAL INSTITUTE FOR DEMOCRACY AND ELECTORAL ASSITANCE, Voter Turnout from 1990s, IDEA, Suecia, 1999.
[114] GARLAND, Jess y TERRY, Chris. *The 2015 General Election: A voting system in crisis*. Electoral Reform Society, London, 2015.

sustentar sus campañas y plataformas políticas en concepciones que pueden ser atractivas para la mayoría de la población de su distrito o región, pero resultar hostiles o excluyentes para otras comunidades, ya que exagera el fenómeno de los "bastiones regionales", donde un solo partido obtiene la totalidad de los escaños de una provincia o área específica. Por último, las campañas electorales suelen convertirse en un "vota a mi partido si no quieres que gane el otro". Se trata de campañas negativas que no se basan en lo que cada partido ofrece a sus potenciales electores, sino en fomentar la rivalidad e incluso el odio a "los otros", y no incentiva la conciliación.

Hay que hacer constar igualmente que en el sistema electoral mayoritario se producen varias de las paradojas electorales más frecuentes en la práctica. Una es la **no independencia de alternativas irrelevantes**, por lo que un partido o candidato sin posibilidades reales de resultar elegido, acaba perjudicando a otro qué si disputaba la victoria. De hecho, no hay sistema que sufra más de esta paradoja que el mayoritario, puesto que cualquier alternativa irrelevante puede provocar que se pierda la representación electoral por completo. Así, por ejemplo, el partido liberal demócrata, que obtuvo un 7,9% de los votos, resultó cuasi-irrelevante obteniendo únicamente ocho puestos en las últimas elecciones (un 1,2% del total), pero su presencia pudo hacer perder numerosos parlamentarios al Partido Laborista, al restarle votos y permitir la victoria del candidato conservador. En elecciones presidenciales en otros países con este mismo sistema mayoritario, como en Estados Unidos (Bush-2000) y Francia (Chirac-2002), esta paradoja condujo a la elección de un Presidente distinto del que se hubiera elegido si no existiera. Y no solo eso, podría llevar incluso a que resultara elegido un candidato (denominado el **perdedor de Condorcet**) que resultaría derrotado en un cara a cara con todos y cada uno del resto de candidatos[115].

---

[115] Un ejemplo de perdedor de Condorcet sería el siguiente: imaginemos una elección con tres candidatos (A, B y C), uno de los cuáles (A) obtiene el 40% de los votos y los otros dos (B y C) un 30%. Si la mayoría de los votantes de B (y los de C) prefiriesen a C (o a B) antes que a A, en el caso de haberse enfrentado cara a cara A con cualquiera de los otros dos, habría resultado derrotado, es decir, una mayoría elegiría antes a B o a C, que a A, y, en cambio, A resulta elegido por mayoría simple.

Igualmente, sufre de un **elevado voto estratégico**. Mucho más que cualquier otro sistema electoral, el mayoritario desincentiva el voto sincero y fomenta el voto estratégico. Esto es así dado que votar a un partido minoritario es malgastar el voto, de modo que un buen número de electores (entre el 20 y el 30%) suelen votar estratégicamente, y votan por el menos malo de los partidos potencialmente ganadores. Esto provoca que en ocasiones resulte elegido un candidato por el que realmente pocos electores sienten simpatía o confianza y genera problemas de legitimidad y representatividad.

Finalmente, los sistemas de mayoría simple dependen de la revisión y ajuste periódicos de las demarcaciones electorales. Puede haber presiones para alterar o sesgar el proceso de demarcación electoral a través de una manipulación deliberada de los límites de los distritos (*gerrymandering*) o de una distribución desigual de los electores (*malapportionment*). El *gerrymandering* se aprovecha del alto número de votos malgastados para diseñar los distritos electorales de tal manera que beneficie a un partido político en concreto[116]. En 1994, el *gerrymandering* permitió a los demócratas ganar el 63% de los representantes del Estado de Texas en las elecciones al Congreso de los EE.UU., cuando solo obtuvieron el 42% de los votos. El uso de poderosas herramientas informáticas permite rediseñar los distritos atendiendo a peculiaridades socioeconómicas, étnicas y políticas con tal precisión que éstos acaban diseñándose edificio por edificio, configurando distritos electorales con las formas más extrañas. Su uso en Estados Unidos se ha convertido en una verdadera costumbre, escandalizando a cualquier espectador neutral.

---

[116] Esta práctica se realiza a través de dos procedimientos. En el primero, denominado *cracking*, los seguidores de un partido rival se dividen entre varios distritos electorales para que no puedan formar la mayoría en ninguno de ellos y así todos los votos dirigidos a ese partido se malgasten. El otro procedimiento se denomina *packing* y consiste en lo contrario, esto es, redibujar los distritos electorales de tal forma que los seguidores de un partido rival se concentren abrumadoramente en uno de ellos, donde ese partido obtendría el 75-80% de los votos, malgastando el exceso sobre el 50% más uno necesarios, que harían falta en otros distritos donde el partido beneficiado obtendría una victoria más ajustada, pero con el mismo rédito: un representante.

## Conclusiones.

Así pues, el diseño del sistema electoral para la Cámara de los Comunes, es "excelente" o "muy bueno" en lo que respecta a la gobernabilidad, la rendición de cuentas de los representantes y el Gobierno, la representación geográfica y la facilidad de uso, pero pésimo en representatividad y legitimidad. De hecho, no hay un sistema electoral peor en cuanto a estos dos últimos criterios. Y tampoco es favorable en lo que respecta a fortalecer los partidos políticos ni a favorecer la conciliación. En conjunto, es un sistema muy extremo, con numerosos aspectos excelentes y malos, y ninguno aceptable. Igualmente presenta grandes paradojas electorales y posibilidades de manipulación, donde también se comporta de forma extrema. No hay otro sistema electoral que incentive más el voto estratégico, ni que sufra más de la paradoja de las alternativas irrelevantes ni de la manipulación deliberada de los límites de los distritos o de una distribución desigual de los electores. En resumen, pese a que mejoraría enormemente la rendición de cuentas de los representantes, lo haría a costa de la representatividad y legitimidad.

Así pues, no me parece un sistema aceptable para España porque empeoraría aún más dos de los aspectos más criticados, como es la falta de representatividad y legitimidad. Con este sistema electoral en España, además del riesgo de manipulación en la confección de distritos, pasaríamos a un Congreso en el que estarían representados únicamente PP, PSOE, Convergencia y PNV, y quizás unos pocos diputados de Podemos, pues serían los únicos partidos capaces de obtener el voto mayoritario en distritos uninominales, por lo que la diversidad partidista se vería sustancialmente reducida. Si a nuestro actual sistema proporcional se le achacan las dificultades para obtener representación de los partidos minoritarios nacionales, con un sistema mayoritario sería prácticamente imposible. Así, polarizaría aún más nuestro país entre izquierda y derecha, y nuestra política es ya demasiado cainita como para acentuar esta polarización aún más. Creo que nos conduciría a un nivel de enfrentamiento similar al de la Segunda República, que me parece un modelo a evitar, dado su resultado final. Por los motivos expuestos sigue sin parecerme el más apropiado para elegir parlamentarios en España.

## 9.2.    La doble vuelta en Francia

La Asamblea Nacional Francesa se compone de 577 diputados, elegidos en distritos uninominales por medio de hasta dos rondas de votación. Tras la primera vuelta, resulta elegido cualquier candidato que haya obtenido más del 50% de los votos, así como un 25% del total de censo de votantes. Si ningún candidato logra estos resultados, se produce una segunda votación dos semanas más tarde, denominada balotaje, a la que concurren los dos candidatos más votados, así como cualquier otro que haya superado el 12,5% de los votos.

El objetivo de la doble vuelta es legitimar al electo asegurando que cuente con una mayoría clara que lo apoya, lo que supone una mejora respecto al sistema mayoritario a una sola vuelta, al evitar que sea elegido un candidato apoyado únicamente por una parte minoritaria del electorado del distrito. Es el método más común para elegir Presidente y tiene su exponente clásico en la democracia francesa. Unos ochenta países utilizan la segunda vuelta para elegir a su Presidente. La peculiaridad francesa es que se utiliza igualmente en la elección de su órgano legislativo, así como en las elecciones locales. Además de Francia, solo Mónaco, Mali, Togo, Chad, Gabón y Haití utilizan la doble vuelta para su órgano legislativo.

### Ventajas.

El sistema de doble vuelta comparte las mismas ventajas que el sistema mayoritario inglés con la excepción de su facilidad de uso, comprensión y administración, y, a cambio, incluye una más entre sus ventajas y elimina varias de sus paradojas electorales.

La ventaja añadida es la de una mayor <u>legitimidad</u> de los elegidos, dado que se asegura que los candidatos vencedores en cada distrito obtienen el apoyo mayoritario de su electorado. Sin embargo, hay varias precisiones que hacer sobre esta legitimidad añadida. Primero, este sistema solo garantiza que el candidato elegido tenga el respaldo mayoritario de los electores que concurren a esa segunda vuelta, que habitualmente suele ser bastante inferior al de la primera vuelta. Segundo, ese apoyo mayoritario del electorado se produce únicamente en el nivel del distrito, pero no en toda la nación. De hecho, es posible que el partido mayoritario en la legislatura no sea el que tenga el apoyo mayoritario de los votantes e incluso que ni siquiera sea el partido más votado en toda la nación. Si el partido más votado malgasta muchos de sus votos en mayorías abrumadoras en algunos distritos y pierde otros distritos por unos pocos votos, podría acabar ganando menos distritos y, por lo tanto, obteniendo menos representantes a pesar de ser el partido más votado.

De igual forma, desincentiva y reduce, aunque no elimina el **voto estratégico**, permitiendo un voto más sincero de los electores. Votar a un partido minoritario en la primera vuelta o como primera preferencia ya no es malgastar el voto, de modo que no es preciso votar por el menos malo de los partidos potencialmente ganadores, lo que supone una mejora sustancial respecto al sistema de voto mayoritario. Sin embargo, en determinadas situaciones el voto estratégico sigue presente pese a la introducción de una segunda vuelta electoral. Así, por ejemplo, un elector en lugar de votar a su candidato preferido pero con nulas posibilidades de resultar elegido, podría decidir votar en su lugar a otro candidato (su segunda preferencia) con posibilidades de pasar a la segunda ronda pero que esté en riesgo de no obtener la segunda plaza para esa segunda ronda.

A estas ventajas adicionales, habría que añadirle que las alianzas y coaliciones entre distintos partidos son más transparentes bajo este sistema de votación, ya que para la segunda vuelta los partidos derrotados suelen recomendar el voto para uno de los partidos ganadores, explicitando con quién podrían pactar de ser necesario tras las elecciones, lo que evita la sensación de pactos secretos entre bambalinas tras las elecciones. Sin embargo, con mucha frecuencia estas coaliciones post-electorales no llegan a ser necesarias al obtener el partido vencedor la mayoría absoluta, así que esta visualización de potenciales coaliciones con frecuencia acaba siendo irrelevante.

**Desventajas.**

Este sistema comparte los problemas de representatividad del mayoritario, así como los de legitimidad cuando se computa el voto en toda la nación. Así, en las elecciones legislativas de Francia de 2012, el Partido Socialista obtuvo 280 de los 577 escaños (el 48,5% del total) con apenas el 29,4% de los votos de la primera vuelta, lo que supone una prima de 110 escaños sobre los 170 escaños que le hubieran correspondido en un reparto proporcional. Igualmente, el Frente Nacional logró apenas 2 escaños (0,3%) con el 13,6% del total de votos en la primera vuelta.

La doble vuelta sigue permitiendo la existencia de un gran número de los llamados escaños seguros (*safe seats*) y la utilización del *gerrymandering* y el *malapportionment* para crearlos, y, aunque reduce el porcentaje de voto malgastado, es teóricamente posible que éste alcance nada menos que el 49% del total, un porcentaje inaceptable de voto inútil. Por otro lado, si se utiliza el sistema de doble vuelta, se reduce la tasa de participación electoral en la segunda, reduciendo de esta manera la implicación de los electores en su sistema político y la legitimidad de los representantes elegidos.

Tampoco es un buen sistema para <u>fortalecer a los partidos políticos,</u> compartiendo las mismas características que el sistema mayoritario en este sentido, ni ofrece tampoco, como aquél, <u>incentivos para la conciliación.</u>

Finalmente, no es un sistema tan <u>fácil de usar, comprender y administrar</u> como el mayoritario, ya que obliga a dos convocatorias electorales en aquellos distritos (casi todos) en los que un candidato no haya obtenido mayoría absoluta durante la primera vuelta, duplicando los costes de administración y campaña de los partidos políticos y candidatos.

**Conclusiones.**

El sistema de segunda vuelta pretenden mejorar el sistema mayoritario puro para resolver uno de sus principales inconvenientes, y evitar que sea elegido un candidato apoyado únicamente por una parte minoritaria del electorado del distrito, y lo consigue, del mismo modo que limita la paradoja de las alternativas irrelevantes y reduce el voto estratégico, pero por el contrario complica la facilidad de comprensión, multiplica el coste de administración del sistema, y sigue sin resolver el problema de legitimidad y representatividad del Parlamento elegido. En mi opinión, sigue sin resultar un sistema adecuado para España al no resolver sino empeorar el problema de legitimidad de la legislatura.

### 9.3.    El voto alternativo en Australia

Una alternativa con el mismo espíritu que la segunda vuelta francesa, pero que evita tener que volver a las urnas una segunda vez, es la del Voto Alternativo o IRV (*Instant Run-off Voting*, o voto por eliminación instantánea, por sus siglas en inglés). En el sistema de voto alternativo el votante no se limita a marcar un solo candidato en la papeleta, sino que puede ordenar a varios candidatos de acuerdo con sus preferencias, de más preferido a menos preferido, ordenándolos numéricamente ("1", "2", "3", etc.). Es decir, cita al lado de cada candidato la posición que debería ocupar, según su deseo. Al realizarse el escrutinio, inicialmente se cuentan solo las primeras preferencias de los votantes. Si un candidato obtiene más del 50% de los votos es proclamado vencedor. Si por el contrario ningún candidato ha obtenido mayoría absoluta, se produce entonces la segunda vuelta instantánea: se elimina al candidato con menos apoyos y se recuentan sus votos, pero asignándose ahora a las segundas preferencias marcadas en esas papeletas. Este proceso se repite hasta que un candidato gane obteniendo la mayoría absoluta de los votos. Es el sistema utilizado en el congreso australiano y en el de Sri Lanka, así como en varias ciudades estadounidenses.

**Ventajas**

El sistema de voto alternativo comparte la mayoría de las ventajas de la doble vuelta francesa. Por un lado, una mayor <u>legitimidad</u> de los elegidos, dado que se asegura que los candidatos vencedores en cada distrito obtienen el apoyo mayoritario de su electorado, ya que éste se va transfiriendo de candidato a candidato hasta que uno alcance esa mayoría, aunque, del mismo modo que la segunda vuelta francesa, este sistema garantiza el apoyo mayoritario del electorado únicamente en el nivel del distrito, pero eso no significa que la legislatura elegida tenga el apoyo mayoritario en toda la nación.

Igualmente, garantiza que es imposible que un **perdedor de Condorcet** resulte elegido, pues resultaría eliminado en alguna de las rondas eliminatorias antes de resultar proclamado vencedor en el distrito.

De igual forma, desincentiva y reduce, aunque no elimina el **voto estratégico**, permitiendo un voto más sincero de los electores. Votar a un partido minoritario en la primera vuelta o como primera preferencia ya no es malgastar el voto, de modo que no es preciso votar por el menos malo de los partidos potencialmente ganadores, lo que supone una mejora sustancial respecto al sistema de voto mayoritario.

Sin embargo, carece de la ventaja de la doble vuelta de hacer más transparentes las coaliciones electorales, ya que no hay una segunda vuelta en la que los partidos derrotados recomienden el voto para uno de los partidos ganadores, explicitando con quién podría pactar de ser necesario tras las elecciones.

Su gran ventaja respecto a la doble vuelta francesa es que evita el coste de acudir por segunda vez a las urnas, aunque a cambio el procedimiento de recuento es mucho más complejo y lento que casi cualquier otro método de votación, como ya veremos.

**Desventajas**

## ELEGIDOS EN PARLAMENTOS ALTERNATIVOS

| Partido | Mayoritario | IRV | STV | Proporcional |
|---|---|---|---|---|
| Conservador | 331 | 337 | 276 | 242 |
| Laborista | 232 | 227 | 236 | 208 |
| Liberal | 8 | 9 | 26 | 47 |
| UKIP (nacionalista) | 1 | 1 | 54 | 80 |
| Verdes | 1 | 1 | 3 | 20 |
| SNP (nacionalista escocés) | 56 | 54 | 34 | 30 |
| PC (nacionaolista galés) | 3 | 3 | 3 | 5 |

Fuente: The 2015 General election: a system in crisis. Electoral Reform Society

Los resultados obtenidos siguen sin ser representativos ni proporcionales. Una simulación de la *Electoral Reform Society* de las elecciones de 2015 en el Reino Unido[117], muestra que los resultados obtenidos por los distintos partidos políticos habrían sido muy similares a los del sistema mayoritario si se hubiera empleado la doble vuelta instantánea (IRV), y que, en ambos casos, los resultados estarían muy alejados de un reparto proporcional. Así pues, pese a solucionar el

---

[117] ELECTORAL REFORM SOCIETY. *The 2015 General election: a system in crisis*. Ed. ERS, Londres, 2015.

problema de legitimidad del ganador de cada distrito, mantiene el mismo problema de falta de legitimidad del Parlamento como un todo, debido a la escasa representatividad de los parlamentarios.

No es fácil de usar, comprender y administrar. El sistema obliga al elector a establecer sus preferencias, ordenando a los candidatos de mayor a menor y complicando su uso, así como el tiempo de recuento. Tanto es así que en Australia un árbitro electoral suele dictaminar a lo largo de la primera noche de recuento el probable ganador de cada distrito con el fin de que los electores tengan una idea de quién ha ganado las elecciones, pues el recuento puede durar cinco o seis días. No en vano, en algún caso han sido necesarias 77 rondas de eliminación de candidatos para conocer el resultado final. Esta mayor complicación acarrea además un incremento en el voto nulo de los electores que, por ejemplo, en Australia alcanza una media del 5% pese a llevar utilizando este sistema durante décadas.

Otra paradoja es propia del sistema de voto alternativo o IRV es la **ausencia de monotonicidad**, esto es, que el hecho de votar a un candidato, acabe perjudicándolo, ya que al obtener más primeros votos modifica el orden en el que otros candidatos resultan eliminados, lo que implica que los votos de esos otros candidatos se transfieren a otros que acabarán derrotando al candidato preferido. Es una grave paradoja pues implica que votar a tu candidato preferido lo perjudica, desincentivando el voto sincero.

Tampoco escapa este sistema a la paradoja de la **no independencia de alternativas irrelevantes**, pues el elegir como primera preferencia un candidato sin opciones reales de ganar puede conducir a que un candidato que recibe muchas segundas o terceras preferencias, pero no muchas primeras preferencias, resulte eliminado en las primeras rondas de escrutinio, cuando podría resultar elegido si se mantuviese en liza. Así, bajo este sistema de votación el candidato al que la mayoría de los votantes prefieren cuando se compara uno a otro respecto al resto de candidatos (lo que se llama un **ganador de Condorcet**[118]) podría resultar **eliminado** en las primeras vueltas.

---

[118] El ganador de Condorcet es el candidato que comparado con el resto es el preferido por el mayor número de votantes. De manera informal, el candidato es la persona

Sirva un ejemplo real para ilustrar alguna de las desventajas del sistema. En el año 2009, la ciudad de Burlington, en Vermont (EE.UU), procedió a realizar la elección de su alcalde bajo el método del IRV, por segunda vez tras su adopción en 2004. Se presentaron seis candidatos, de los cuáles tres fueron eliminados rápidamente en las primeras rondas dados sus escasos apoyos y restaron tres candidatos en liza (Wright –W-, Kiss – K- y Montroll -M-), cuyas preferencias se muestran a continuación.

### VOTOS BURLINGTON

| Votos | 1º | 2º | 3º |
|-------|-----|-----|-----|
| 1332 | M | K | W |
| 767 | M | W | K |
| 455 | M | | |
| 2043 | K | M | W |
| 371 | K | W | M |
| 568 | K | | |
| 1513 | W | M | K |
| 495 | W | K | M |
| 1289 | W | | |

Como se observa, tras las eliminaciones de los tres candidatos menos votados, Montroll (M) tendría 2.554 votos por las primeras preferencias (1º) de los electores, Kiss (K) sumaría 2.982 votos, y Wright (W) 3.297 votos. Siguiendo el orden de eliminación, el candidato con menos primeras preferencias (Montroll) es eliminado, y el voto de aquellos ciudadanos que optaron por él como primera opción pasaría el segundo candidato en orden de preferencia: 1.332 de sus votos pasarían a Kiss, y 767 a Wright, mientras que los 455 votos a Montroll que no incluyeron más preferencias se perderían. De esta forma, Kiss sumaría 4.314 votos y Wright 4.064 votos, con lo que Kiss sería el ganador de las elecciones.

Sin embargo, **Montroll era el denominado "Ganador de Condorcet"**, ya que vencería tanto a Wright como a Kiss si se enfrentara

---

que ganaría a todos sus potenciales oponentes en una elección entre dos candidatos. El criterio lleva el nombre del Marqués de Condorcet, que fue quien lo desarrolló.

cara a cara con cada uno de ellos por separado. En efecto, analizando todas las preferencias de los votantes, Montroll batiría tanto a Kiss (4.067 votantes prefieren a M respecto a 3.477 que optan por K en un puesto superior), como a Wright (4.597 vs. 3.668), pero Montroll resultaría eliminado en la penúltima ronda al tener menos primeras preferencias que los otros dos candidatos. ¿Qué ha sucedido? Que se ha eliminado prematuramente a Montroll al no tener en cuenta que el número de sus segundas preferencias es muy superior a las de los otros dos candidatos. Es decir, la mayoría de los votantes tanto de Kiss como de Wright preferían a Montroll como alcalde antes que a Wright o Kiss, respectivamente. Si Wright, que a la postre no ganó, no se hubiera presentado a las elecciones, el vencedor hubiera sido Montroll, y no Kiss. Por eso el IRV no escapa de la paradoja de la **no independencia de alternativas irrelevantes.**

Hay que hacer constar que en el voto mayoritario (solo se considera la primera preferencia), el ganador hubiese sido Wright, con 3.297 votos, una elección incluso peor, pues en una elección cara a cara Wright no solo perdía con Kiss, como de hecho sucedió, sino también con Montroll. Así que el IRV mejora la elección por mayoría simple, pero no elige en ocasiones al candidato adecuado. No resulta extraño que los ciudadanos de Burlington, en una consulta popular celebrada el efecto en 2010, desechasen el IRV como método de elección de su alcalde.

**Conclusiones.**

El sistema de voto alternativo mejora el de doble vuelta al reducir el coste de acudir por segunda vez a las urnas, pero a cambio complica sobremanera la facilidad de administración y comprensión, y sigue sin resolver el problema de legitimidad y representatividad del Parlamento elegido. En mi opinión, sigue sin resultar un sistema adecuado para España al no resolver sino empeorar el problema de legitimidad de la legislatura.

## 9.4. Irlanda y el voto único transferible (STV)

Concebido para introducir una cierta proporcionalidad en los sistemas mayoritarios, el voto único transferible (abreviado como STV, del inglés *Single Transferable Vote*) es un sistema de voto que generaliza el voto alternativo o IRV (*Instant-Runoff Voting*) para distritos en los que se eligen múltiples candidatos en lugar de uno solo. Actualmente es usado para elegir a los parlamentarios nacionales en Irlanda y Malta. En Australia se utiliza igualmente para elegir a su cámara alta (su Senado, para entendernos), así como la legislatura estatal (lo que sería una de nuestras CC.AA.) de Tasmania.

Al igual que en el IRV, bajo el STV el votante no se limita a marcar un solo candidato en la papeleta, sino que puede ordenar a varios candidatos de acuerdo con sus preferencias, de más preferido a menos preferido, ordenándolos numéricamente ("1", "2", "3", etc.). Es decir, cita al lado de cada candidato la posición que debería ocupar, según su deseo. Para considerarlo un sistema proporcional, el VUT utiliza distritos plurinominales (con varios representantes o puestos a elegir) que se aplica en circunscripciones reducidas (típicamente, de 3 a 7 diputados o concejales). No hay listas de partidos (ni cerradas, ni abiertas), sino que en una misma papeleta se incluyen, alfabética o aleatoriamente, los candidatos de los diferentes partidos, aunque al lado del nombre del candidato se suele identificar el partido al que pertenece o si es independiente. Tampoco se marcan con una "X" los nombres de los elegidos, sino con un número de orden. El voto de un elector se le asigna inicialmente a su candidato favorito, y si el candidato es elegido o eliminado, los votos sobrantes se transfieren a su segunda preferencia, y así sucesivamente hasta que su voto se asigne a alguna de sus opciones. El proceso de transferencia del voto tiene cierta complicación y se ve mejor con un ejemplo.

*Imaginemos un distrito de tres puestos o representantes a elegir en el que se presentan seis candidatos y votan cien electores. Los candidatos no necesitan la mayoría de los votos para ser elegidos, sino únicamente la cuota que resulta de la división entre el número de votos y el de representantes a elegir en cada circunscripción o distrito electoral. El primer paso es calcular "la cuota" de votos requeridos para la elección de un candidato, para lo cual, después de contar el número total de votos, se realiza el siguiente cálculo:*

$$Cuota = (votos/escaños+1) + 1$$

Esa cuota, denominada cuota Droop, asegura que únicamente el número de representantes a elegir y no más puede obtener los votos necesarios para ello. La primera etapa del recuento de los votos consiste en comprobar el número total de votos de primera preferencia para cada candidato. Cualquier candidato que tenga más primeras preferencias que la cuota es inmediatamente elegido. En nuestro ejemplo la cuota será de $100/(3+1)+1$ votos o, lo que es lo mismo, 26 votos. Es decir, cada candidato con 26 primeras preferencias o más resultaría elegido en la primera ronda de recuento. Si tres candidatos lograran los 26 votos, ningún otro podría igualarlos ya que restarían únicamente 22 votos para alcanzar los 100 totales. En nuestro ejemplo, Martínez logra 39 votos, por lo que resulta elegido. Ningún otro candidato alcanza o supera la cuota. Martínez ha superado de largo la cuota, con un número de votos sobrantes igual a 39-26=13 votos sobrantes. Este exceso debe repartirse entre otros candidatos para que esos votos sobrantes no se malgasten inútilmente. Así pues, si un candidato alcanza la cuota, el "excedente" de sus votos sobre la cuota es redistribuido de acuerdo a las segundas preferencias de sus papeletas.

En la segunda ronda, los votos sobrantes de Martínez son transferidos a las segundas preferencias de aquellos que lo eligieron en primer lugar. Existen muchos métodos para hacerlo, pero, para ser justos, todas las papeletas de los candidatos son redistribuidas conforme a un porcentaje fraccional de un voto, para que el total de votos redistribuidos sea igual al excedente del candidato. En nuestro ejemplo se transfiere una fracción de cada voto ($13/39=1/3$) a la segunda opción, para que los votos de todos los electores cuenten igual. Martínez conservaría los 26 votos necesarios para ser elegido y no más, y sus segundas preferencias son redistribuidas entre los candidatos restantes al valor de 1/3 de un voto. Se vuelven a recalcular de nuevo los votos de todos los candidatos y se comprueba si alguno alcanza la cuota. En nuestro ejemplo, ningún candidato alcanza la cuota, por lo que el candidato con el menor número *de primeras preferencias es eliminado, y todos los votos de aquellos que lo eligieron en primer lugar son transferidos a las segundas preferencias. Este proceso continúa en sucesivas rondas hasta que todos los escaños del distrito son ocupados o no quedan más candidatos en liza que los necesarios para completar el cupo de representantes, en cuyo caso todos los que quedan en liza resultan elegidos (aunque no alcancen la cuota).*

Incluso los más ardientes seguidores de este sistema de votación admiten que el procedimiento es complicado, aunque argumentan que es la única manera de asegurar que el número de votos malgastados o inútiles se reduce hasta el mínimo, ya que éstos se van transfiriendo de un candidato a otro. Como puede observarse, existen dos tipos de votos malgastados, los destinados a aquellos con pocas posibilidades de resultar elegidos o los que exceden el número necesario para que un candidato resulte elegido. Es uno de los sistemas electorales favoritos de los expertos ya que muchos aseguran que es la mejor aproximación a un sistema que incrementa las opciones para los electores, minimiza los votos malgastados, mantiene los lazos del representante con los electores locales, y todo ello al mismo tiempo que asegura una justa (esto es, proporcional) representación de los partidos. Como veremos, no todo es tan bonito como lo pintan, pero no deja de ser un sistema electoral con indudables atractivos.

**Ventajas**.

Como mecanismo para escoger representantes, el STV es tal vez el más sofisticado de todos los sistemas electorales, ya que permite elegir simultáneamente entre partidos y entre candidatos dentro de los partidos. Respecto a los criterios para diseñar un buen sistema electoral, el VUT cumple con los criterios de <u>representatividad geográfica</u>, <u>legitimidad</u>, ofrecer <u>incentivos para la conciliación</u>, así como asegurar que <u>el gobierno y los representantes rindan cuentas</u>.

En el STV la <u>representatividad geográfica</u> es muy importante. Los distritos no suelen ser muy grandes y el hecho que en la mayoría de los ejemplos actuales de STV los distritos plurinominales sean relativamente pequeños implica que se conserve un importante vínculo geográfico entre el votante y el representante, y no se pierde la vinculación con los asuntos locales. De hecho, una de las principales críticas del STV radica en una excesiva cercanía entre el elector y el representante, que tiene dos efectos negativos: 1º) el representante dedica más tiempo a mantenerse en contacto con los electores, a través de reuniones y redes sociales, que en cumplir con su trabajo de parlamentario, lo que menoscaba su labor legislativa; y 2º), este vinculación local y cercanía es proclive al clientelismo y al nepotismo, más incentivado cuanto menor es el distrito y más importante es el voto de unos pocos electores para resultar elegido o reelegido. En Irlanda se critica con frecuencia este excesivo localismo. En palabras de uno de sus detractores, bajo el STV "los representantes públicos trabajan en una insana cultura política del clientelismo con una sobre-concentración de asuntos locales y necesidades individuales a expensas del bien común"[119]. Creo que buena parte de estos aspectos negativos de la cercanía geográfica se deben más al pequeño tamaño de los distritos en Irlanda (unos 20.000 electores de media) y no se producirían en España de aplicarse el STV, pues el distrito medio español tendría casi 700.000 electores de media, lo que dificultaría el clientelismo.

El STV parece ofrecerles también una inusual posibilidad de éxito a los candidatos independientes debido a que la votación se enfoca mucho más en los candidatos que en los partidos. Asimismo, la eficacia de las campañas centradas en resaltar los aspectos negativos de los rivales políticos es muy reducida en este sistema de votación, o incluso contraproducente, lo que incrementa los incentivos para la conciliación. Reduce la eficacia de una campaña negativa porque ese tipo de campaña puede quitar votos al rival, pero no implica necesariamente que se otorguen al candidato que introduce este tipo de campaña. Y puede ser contraproducente porque el disgusto generalizado por este tipo de comportamiento puede significar una reducción en el número de votos recibidos en segunda, tercera o cuarta preferencias por el candidato centrado en este tipo de campaña. Además, el nexo de unión entre los electores y sus representantes es muy superior al de cualquier otro sistema proporcional, ya que deberán hacer campaña local y personal, saliéndose en ocasiones de la ideología del partido.

---

[119] HALLIGAN, Brendan. *Our Worst Preference – Reforming the Electoral System.* Ed. Scáthán Press, 2014.

El STV otorga más poder a los votantes, detrayendo ese poder de los partidos políticos, y asegurando que los representantes rindan cuentas, que es precisamente lo que se pretendería en el caso español. Este sistema de votación introduce poderosos incentivos electorales para que los partidos presenten candidatos potentes y equilibrados para maximizar el número de primeras preferencias (las marcadas con el n° 1), y permite a los votantes desplazar a los candidatos que más disgusten de su propio partido y evitar que salgan elegidos, dado que resulta complicado que estos candidatos obtengan segundas, terceras o cuartas preferencias, lo que les impediría obtener la elección. Esto supone una herramienta poderosa en manos de los votantes para castigar a candidatos corruptos o fanatizados. Favorece también a candidatos con un perfil más transversal y capaz de atraer a votantes de distintos partidos, dado que las segundas, terceras o cuartas preferencias resultan cruciales a la hora de ser elegidos.

La legitimidad del parlamento elegido también es una ventaja del STV. El STV en principio acaba con la necesidad del "voto útil", esto es, de verse obligado a votar al menos malo de entre los elegibles en lugar del candidato predilecto, pues cada elector puede nominar en primera posición a su candidato preferido sin temer que su voto se vea malgastado ya que, de no resultar elegida su primera opción, su voto se transferirá a la segunda opción o siguientes. Además, los votantes pueden influir en la composición de las coaliciones post-electorales, como ha sido el caso en Irlanda. El sistema provee incentivos para acuerdos inter-partidarios mediante un recíproco intercambio de preferencias, de modo que las coaliciones post-electorales se ven fuertemente influidas por las segundas y terceras preferencias de los votantes, que indican las preferencias de los mismos en cuanto a posibles acuerdos.

En cuanto al voto inútil, el STV es un sistema diseñado para reducir los votos malgastados, aquellos que no acaban eligiendo a nadie o que exceden del nivel de apoyo necesario para elegir a alguien, y en ese sentido tiene una enorme superioridad sobre el sistema mayoritario. En Irlanda del Norte el cambio de un sistema mayoritario al STV para su asamblea regional entre las elecciones de 2005 y 2007 redujo el voto malgastado desde un 65-87% según las circunscripciones en 2005 hasta un 14-19% en 2007, bajo el STV. Sin embargo, cuando se compara con los sistemas proporcionales de lista las ventajas en este aspecto no son tan tales. Así, en España, uno de los países menos proporcionales de entre los que utilizan el sistema proporcional por listas, el porcentaje de votos malgastados se ha reducido desde el 18-19% de las elecciones de 1977 y 1979, cuando existían multitud de partidos pequeños que no alcanzaban representación, hasta porcentajes del 8-11% durante los últimos procesos electorales, en los que el voto estratégico o útil de los electores hace que muchos ciudadanos dirijan sus votos a los partidos mayoritarios en las circunscripciones pequeñas y medianas, para no "tirar" su voto. Es decir, en ausencia de voto estratégico el voto malgastado bajo STV es similar al sistema menos proporcional de entre los proporcionales por listas, como es el del Congreso español. Y cuando el voto estratégico entra en acción, el voto malgastado es un 40% inferior en el sistema electoral de nuestro Congreso respecto al STV. Así pues, pese a que la pretendida minimización del voto inútil bajo el STV es una gran ventaja respecto a los sistemas mayoritarios, no lo es en absoluto cuando se compara con los sistemas proporcionales de lista, comportándose peor en este aspecto.

Otra de las ventajas del STV es el incremento en las posibilidades de elección de los votantes, como corresponde a un sistema que obliga a establecer un ranking de preferencias entre los candidatos de un distrito. Primero, a diferencia de los sistemas de listas cerradas o de votación mayoritaria, los electores pueden elegir entre varios miembros de un mismo partido, permitiéndoles elegir de entre las facciones del partido que mejor representan sus puntos de vista políticos. Segundo, a diferencia de la mayor parte de los sistemas de elección, el STV permite a los votantes cruzar las líneas partidarias cuando establecen su ranking de preferencias, pues nada les impide poner en primer lugar a un candidato de un partido y en segundo lugar a otro de un partido político distinto. Así pues, los electores que se sienten cercanos a varios partidos no se ven obligados a elegir uno y solo uno de ellos, como sucede en la mayor parte de los sistemas electorales.

Los sistemas de STV varían en ciertos aspectos. El principal de ellos es la forma de transferir los votos. De hecho, por este motivo, algunos han sugerido que el STV debería considerarse una familia de sistemas electorales más que un único sistema electoral. No me extenderé en describir cada uno de ellos, pues es un asunto muy técnico. Baste decir, que los más justos necesitan apoyo informático, pero que los resultados finales no difieren mucho entre cada uno de ellos.

En resumen, en el STV las minorías tienen una cierta representación, mientras ofrece la posibilidad de elegir individualmente a personas y no partidos, realizar un seguimiento personalizado de sus diputados, elevar la rendición de cuentas de sus representantes, y mejorar la relación entre el representante y sus representados. Al ser transferible el voto, se reduce el voto inútil y se incentiva la participación de candidatos independientes. El STV proporciona a los electores una herramienta sofisticada para expresar sus preferencias de forma meticulosa y las traduce en una representación parlamentaria más cercana al "espejo de la nación".

**Desventajas.**

Los politólogos han recomendado por mucho tiempo el STV como uno de los sistemas electorales más atractivos. Sin embargo, su uso se ha limitado a unos pocos casos. ¿Por qué?

Por un lado, los resultados finales mantienen cierto grado de proporcionalidad, que es mayor cuanto más puestos se elijan en cada circunscripción, pero la proporcionalidad y, por lo tanto, la representatividad, es menor que en los sistemas proporcionales por lista. Que el STV cumpla mejor o peor con el criterio de representatividad depende del tamaño de los distritos electorales y de la concentración del voto en dos partidos o en más. Cuantos más representantes se elijan en ellos y cuanto más se concentren los resultados en dos partidos principales, más proporcionales serán los resultados y más representativa será la legislatura. La proporcionalidad del STV es controvertida, especialmente en elecciones reñidas[120]. La simulación de la *Electoral Reform Society*

---

[120] Como las que en 1981 se celebraron en Malta, cuando el Partido Laborista de Malta obtuvo la mayoría de escaños pese a que el Partido Nacionalista logró más votos en sus primeras preferencias. Esto causó una crisis constitucional que condujo a una modificación de la ley electoral que otorgaba escaños adicionales al ganador en votos si volvía a producirse este evento, que efectivamente se repitió en 1987 y 1996. De igual forma, en Irlanda del Norte en 1998 el Partido Unionista logró más escaños que el PSD y el Partido Laborista, pese a recibir menos votos que ellos.

(mostrada al describir el IRV) para las elecciones parlamentarias en el Reino Unido de 2015 en la que los distritos electorales elegirían entre tres y cinco parlamentarios, mostraría unos resultados para el STV que difieren ciertamente de los de un sistema proporcional por lista. Los partidos mayoritarios, tanto nacionales (Conservador y Laborista) como nacionalistas regionales (SNP y PC), se verían favorecidos en el reparto de escaños, mientras que los partidos nacionales minoritarios (Liberal, UKIP y Verdes), se verían perjudicados bajo en STV. El resultado final sería muy similar, en términos de proporcionalidad y beneficiarios/perjudicados al sistema electoral que rige en las elecciones para nuestro Congreso de los Diputados. Los expertos concluyen que, en la práctica, se trata de un sistema algo menos proporcional que los de lista e incluso alguno cataloga el STV como semi-proporcional por este motivo.

En Irlanda el Índice de *Mal-apportionment* o índice electoral de desproporción, que indica el porcentaje de escaños que no se corresponde a priori con la población de la circunscripción, es de un 2,55%[121], lo que indica que los distritos electorales están bien dimensionados de acuerdo con su población, pero la desproporción a posteriori, que mide el Índice Gallagher calculando la desproporción efectiva entre de un Sistema electoral al comparar la diferencia entre el porcentaje de votos recibido por un partido político y el porcentaje de representantes obtenido por ese partido, muestra una desproporción media en las cuatro últimas elecciones en Irlanda del 6,93%[122], superior al 5,4% de las cuatro últimas elecciones al Congreso en España, que a su vez es superior a la de casi cualquier sistema proporcional. En Malta la media del Índice Gallagher de las cuatro últimas elecciones es muy reducido (1,69%[123]), pero ello se debe más a que entre el 98% y el 99% de los votos se dirigen a dos únicos partidos, una suerte de bipartidismo perfecto de hecho lo que reduce de forma natural la desproporción, que a las ventajas inherentes al sistema. En Tasmania (Australia), donde las elecciones estatales se celebran bajo el STV con

---

[121] SAMUELS, David y SNYDER, Richard. *The Value of a Vote: Malapportionment in Comparative Perspective.* British Journal of Political Science, Cambridge University Press, 2001.

[122] GALLAGHER, Michael y MITCHELL, Paul. *The Politics of Electoral System.* Oxford University Press, 2008.

[123] GALLAGHER, Michael and MITCHELL, Paul, *op.cit.*

cinco distritos de cinco puestos cada uno, y donde los dos partidos mayoritarios obtuvieron en 2014 el 78,5% de los votos (un bipartidismo similar a la media española), el Índice Gallagher de las últimas elecciones ascendió al 7,49%, de nuevo superior al 5,4% de las últimas elecciones al Congreso en España. En cualquier caso, los resultados son mucho más proporcionales que los obtenidos a través del sistema mayoritario. Por este motivo, el STV se considera un buen sistema para la transición del sistema mayoritario al proporcional, ya que introduce una cierta proporcionalidad sin abandonar la cercanía al elector de los distritos reducidos ni la votación por candidatos en lugar de partidos.

Está claro que el STV no cumple con los criterios de la <u>facilidad de uso, comprensión y administración</u>. Introduce una mayor complejidad en el voto y las hace menos accesibles. Sus críticos sostienen que los votantes encuentran difícil de entender el mecanismo de reparto de STV, pero el tener que señalar a los candidatos en orden de preferencia en una papeleta de STV no dificulta el propio hecho de votar. Tras su introducción en las elecciones locales en Escocia el número de votos inválidos fue del 1,7%, y en Irlanda del Norte apenas alcanzó el 0,9%, mientras en España, con un sistema mucho más sencillo como el de listas cerradas, oscila entre el 0,5% y el 1,7% de elección local en elección local. Así que en la práctica el electorado no se confunde tanto. Buena parte de los electores señalan que no comprenden muy bien cómo se producen las transferencias de votos, pero sí que entienden la mecánica básica de que si el voto por su primera preferencia no ayuda al candidato a resultar elegido, será transferido a su segunda elección. Otra desventaja es que el recuento en los propios centros de votación es imposible, a diferencia de lo que sucede hoy en España, pues se deben realizar varias rondas de recuento una vez se conocen los resultados de la anterior, analizando en cada caso unas papeletas y no otras, lo que obliga a un recuento centralizado en centros de recuento. En Irlanda el recuento es manual y en Escocia utilizan escáneres ópticos, pero en ambos casos las urnas se transportan físicamente desde los centros de votación hasta los centros de recuento. En Irlanda un centro de recuento central ordena a los demás centros de recuento qué papeletas deben recontarse tras cada ronda de escrutinio, mientras que en Escocia se escanean todas las papeletas y el recuento se realiza informáticamente. En las ciudades americanas que utilizan el IRV, un STV con un único representante a elegir, el escaneo de la papeleta lo realiza el elector en cada centro de votación y lo que se traslada o envían son los datos de las papeletas escaneadas, pero esta votación requiere que los electores sean diestros con el uso de las máquinas de escaneo, lo que ocasionaría problemas con toda seguridad de no estar habituados[124]. Por otro lado, la lentitud y lo intrincado del recuento es otro factor negativo, ya que normalmente cada papeleta debe ser recontada varias veces hasta asignar todos los puestos a elegir. Hasta ahora, en circunscripciones pequeñas con pocos votos a recontar, este procedimiento era asumible, pero en distritos electorales grandes con cientos de miles de votos, es sumamente largo y tedioso. De hecho, en Irlanda con recuento manual y distritos de unos 20.000 electores, el resultado final de unas elecciones tarda unos cuatro o cinco días en conocerse. Sin embargo, en la actualidad los avances tecnológicos permiten acelerar el recuento de modo que, por ejemplo, en Escocia, que desde 2007 utiliza el VUT en sus elecciones locales y realiza el recuento utilizando escáneres ópticos, los resultados se conocen en menos de un día, aunque la adquisición del equipamiento necesario supone un coste de unos 10€ por elector, unos 350 millones de euros en toda España, y aunque los equipos se podrían utilizar durante 10-15 años, el coste de las elecciones se incrementaría.

Tampoco garantiza un gobierno estable y legítimo. El sistema discrimina contra partidos minoritarios que se ven en dificultades de alcanzar la cuota requerida incluso con segundas o terceras preferencias. Asimismo, resulta muy complicado formar una mayoría, pues es más probable que los sistemas electorales proporcionales den origen a gobiernos de coalición y los mayoritarios a mayorías absolutas. Al STV también se le imputan las desventajas de todos los parlamentos que han sido elegidos por métodos de representación proporcional, como el hecho de que bajo ciertas circunstancias incrementa el poder de los pequeños partidos minoritarios.

El STV no fortalece a los partidos políticos, sino que incrementa la competencia entre los candidatos del mismo partido, por cuanto los

---

[124] De ahí la decisión escocesa de realizar el escrutinio en centros de recuento.

candidatos de un mismo partido compiten con otros y entre sí para obtener el mayor número posible de primeras preferencias. La mayoría de los parlamentarios del *Fianna Fáil* irlandés que se presentan a la reelección son derrotados por candidatos del mismo partido, y no por los de otros partidos. Por ello, un número considerable de parlamentarios argumentan que el STV los obliga a invertir demasiado tiempo en responder a las quejas de la comunidad y de sus representados, lo cual es vital para su supervivencia electoral, pero limita el tiempo que dedican a atender los asuntos nacionales.

Sin embargo, respecto a paradojas electorales el STV mantiene las mismas del IRV y añade alguna más. Como ya mencioné en el IRV, bajo este sistema de votación el candidato al que la mayoría de los votantes prefieren ante el resto de candidatos cuando se los compara de uno en uno (lo que se llama un **ganador de Condorcet**) podría resultar **eliminado** en la primera vuelta, pues obtiene menos primeras preferencias que los dos elegidos para pasar a la segunda vuelta. También se sigue produciendo la **ausencia de monotonicidad**, que implica que votar a tu candidato preferido puede acabar perjudicándole. Tampoco escapa este sistema a la paradoja de la **no independencia de alternativas irrelevantes**, pues el elegir como primera preferencia un candidato sin posibilidades reales de elección puede conducir a que un candidato que recibe muchas segundas o terceras preferencias, pero no muchas primeras preferencias, resulte eliminado en las primeras rondas de escrutinio, cuando podría resultar elegido si se mantuviese en liza.

Schulze[125] destaca además el enorme voto estratégico que se produce bajo el STV debido, por un lado, a la minuciosa gestión del voto que realizan los partidos políticos. La **gestión del voto** es una estrategia por la cual un partido político o un grupo de candidatos independientes controlan estrictamente el número de candidatos que presentan en cada distrito o bien solicitan a sus seguidores que voten por otro candidato cuya elección es menos segura que la de un candidato popular cuya elección se considera segura. Esta estrategia reduce la habilidad de los electores de expresar sus

---

[125] SCHULZE, Markus. *Free Riding and Vote Management under Proportional Representation by the Single Transferable Vote*. Berlin, 2011

preferencias con un voto honesto, así como rechazar a los candidatos no preferidos. La vulnerabilidad del STV a esta estrategia es uno de sus mayores problemas y fue uno de los principales motivos por el que el STV fue rechazado por las comisiones electorales de Nueva Zelanda y Reino Unido cuando estudiaban sistemas de voto alternativos al mayoritario. La gestión del voto en Irlanda es paradigmática en este campo y ha sido descrita abundantemente por Gallagher[126] y, en suma, consiste en dividir los distritos en varias partes y dirigir las preferencias de los electores de cada una de esas partes hacia los candidatos que permiten al partido maximizar sus representantes. Así, si un candidato es enormemente popular en un distrito y tiene asegurada su elección, pero no sucede lo mismo con otro candidato del mismo partido en ese distrito, se indica a parte de los potenciales electores que elijan como primera preferencia al candidato menos popular, para asegurar que no es eliminado en las primeras rondas y pueda resultar elegido. Lo mismo puede hacerse con candidatos afines de otros partidos. De esta manera, una de las principales ventajas del STV, esto es, el voto hacia los candidatos y no hacia los partidos se pervierte. De hecho, frecuentemente los candidatos en Irlanda se quejan de que su partido no les permite hacer campaña en todo su distrito[127]. El problema con estas estrategias es que, tras sucesivas rondas de recuento que pueden alargarse durante días, los resultados finales en la elección de candidatos acababan pareciéndose enormemente a los que se hubieran producido de haber contado únicamente las primeras preferencias de cada elector, lo que lleva a muchos electores a concluir que "para ese viaje no hacían falta estas alforjas", y conduce al abandono del sistema. Asimismo, el STV no está libre del efecto del *gerrymandering*, esto es el diseño de los distritos para favorecer a un partido u otro. De hecho, en Irlanda cuando el diseño de los distritos dependía de las decisiones políticas, el *Fianna Fáil* irlandés obtuvo mayorías absolutas con menos de la mitad de los votos aprovechándose de unos distritos diseñados en su beneficio, situación que no ha vuelto a repetirse desde que el diseño de los distritos se realiza por criterios técnicos.

---

[126] GALLAGHER, Michael. *The Results Analysed*. Trinity College, 1999.

[127] SACKS, PM, Bailiwicks. *Locality, and Religion: Three elements in an Irish Dáil Constituency election*. Economic and Social Review, Dublin, 1970

Y finalmente, el carácter impredecible del STV tampoco ayuda a su implantación. El sistema funciona bajo un inherente "efecto mariposa" por el cual la eliminación en una fase temprana de un candidato por unos pocos votos conduce a unas transferencias de votos complemente distintas de las que se hubieran producido con la eliminación de otro candidato distinto, de tal modo que los ganadores finales pueden ser muy diferentes en un escenario u otro. Dummett muestra un ejemplo real en el que un porcentaje de votantes que no alcanzaba el 0,5% del censo ocasiona un tornado de cambios en ocho candidatos distintos y acaba resultando en la contra-intuitiva elección del "perdedor de Condorcet", aquel candidato que perdería todos los duelos *vis a vis* entre esos candidatos, y concluye que el STV "es un sistema **cuasi-caótico**" en el que cualquier resultado puede darse. Este carácter cuasi-caótico es el que ha llevado al abandono de este sistema a lo largo del siglo XX en la mayor parte de las ciudades americanas que lo habían elegido.

**Conclusiones**.

El STV es un sistema electoral atractivo, que cuenta entre sus principales ventajas que proporciona a los electores una herramienta sofisticada para expresar sus preferencias de forma meticulosa, ya que permite elegir entre partidos y entre candidatos dentro de los partidos. Incrementa las posibilidades de elección de los votantes y la posibilidad de cruzar las líneas partidarias votando a candidatos de distintos partidos, e incluso a candidatos independientes, cuyas posibilidades de elección se ven reforzadas al tratarse de un sistema de elección personalista, y no partidista. Asimismo, ofrece un excelente sistema de rendición de cuentas de los representantes políticos ante el electorado, al mismo tiempo que incentiva la conciliación de diferentes posturas, al promover el voto cruzado entre candidatos de distintos partidos. Sin embargo, los resultados que se obtienen son menos proporcionales y los votos malgastados mayores que los de los sistemas electorales por listas, y el sistema en sí es complicado de usar, comprender y administrar, obligando incluso a cambiar el procedimiento de escrutinio y trasladar las urnas a centros de recuento, para someter a las papeletas a numerosos recuentos. En conjunto, el sistema electoral presenta innumerables paradojas, algunas de ellas, como lo no monotonicidad, considerablemente contra-intuitiva, así como posibilidades de manipulación del voto a través del diseño de distritos y de la gestión del voto partidaria que reducen o anulan algunas de sus presuntas ventajas, como la posibilidad de saltar las líneas partidarias. Finalmente, el proceso de eliminación de candidatos tiene un sesgo caótico que hace que cualquier resultado pueda darse y que, por ejemplo, el candidato preferido de mayor consenso puede no resultar elegido. En comparación con el sistema electoral para nuestro Congreso de los Diputados, el STV resolvería sus problemas de rendición de cuentas de los representantes y ofrecería incentivos a la conciliación, de los que nuestro sistema electoral carece, pero empeoraría la gobernabilidad del Congreso de los Diputados resultante, así como la fortaleza de los partidos y, lo peor de todo, la representatividad de la cámara resultante, lo que ahondaría aún más en el problema de legitimidad de nuestra clase política.

En resumen, considero al STV un avance positivo para sustituir a los sistemas mayoritarios, pero creo que los sistemas proporcionales por listas abiertas o flexibles mejoran tanto sus procedimientos como sus resultados, y que se puede diseñar un sistema proporcional con preferencias personales sobre los candidatos que incorpore la mayor parte de las ventajas del STV sin gran parte de sus numerosos defectos.

### 9.5. El original sistema de representación proporcional personalizada (RPP) alemán

El sistema electoral de representación proporcional personalizada (RPP) de Alemania ha sido elogiado y propuesto en algún momento como alternativa al aplicado para el Congreso de los Diputados por partidos políticos como el PSOE (en tiempos de Rubalcaba), Podemos y Ciudadanos. El PP también lo ha sugerido para la Comunidad Autónoma de Madrid, y se ha analizado desde diversos ámbitos para Cataluña. La combinación del voto personalizado con una elevada proporcionalidad son los principales argumentos en su defensa por quienes lo apoyan, que consideran que reúne lo mejor de los dos mundos electorales: la excelente representatividad geográfica y rendición de cuentas de los representantes de los sistemas mayoritarios, y la representatividad y legitimidad de los sistemas proporcionales. Los sistemas de representación proporcional personalizada (RPP), se utilizan en Alemania, Nueva Zelanda, Bolivia,

Venezuela y Hungría. Una proporción del parlamento (casi la mitad de los casos de Alemania, Bolivia y Venezuela) es elegida por métodos mayoritarios, generalmente en distritos uninominales; mientras el resto es constituido por listas de representación proporcional. Italia tuvo en vigor un sistema de RPP entre 1994 y 2001, abandonándolo en 2005. Albania tenía un sistema similar, pero con distritos plurinominales y una lista nacional compensatoria, pero abandonó el sistema en 2009.

¿Cómo funciona? Actualmente, el parlamento alemán (*Bundestag*) tiene 656 escaños, sin incluir los posibles escaños complementarios que se pueden utilizar para garantizar el principio de proporcionalidad. Cada votante tiene dos votos. El primero es un voto personal mediante el cual el elector elige al candidato de su preferencia en uno de los 328 distritos unipersonales en que se divide el país para fines electorales. El ganador en cada distrito será el candidato/partido con más votos. El segundo es un voto de partido, que el elector le da a una lista de partido al nivel federal. A los candidatos se les permite competir simultáneamente en un distrito uninominal y en una lista del partido. En cada distrito unipersonal gana el candidato que obtiene la mayoría simple de los votos. Sin embargo, es el segundo voto el que determina cuántos representantes de cada partido serán enviados al *Bundestag*. El sistema electoral alemán elige la mitad de los escaños en distritos uninominales y la otra mitad en listas cerradas y bloqueadas de partidos políticos, pero de tal forma que al total de escaños que le corresponden a cada partido de acuerdo con el cálculo proporcional se le restan los que haya ganado en los distritos uninominales y, al final, se le asignan los escaños proporcionales necesarios conforme al orden de las listas. Si tras esta compensación algún partido aún gana menos escaños de los que le corresponde se activa el mecanismo de asignación de escaños compensatorios, por el cual el número total de escaños en el *Bundestag* se incrementa temporalmente para asegurar la proporcionalidad.[128]

El sistema alemán no es, como en ocasiones se supone, un sistema mixto, sino uno de representación proporcional. Sólo difiere de la representación proporcional pura en que el umbral del 5% de votos

---

[128] RED DE CONOCIMIENTOS ELECTORALES ACE. *Sistemas electorales: representación proporcional personalizada*. *www.aceproject.org*.

requeridos para obtener escaños proporcionales excluye a los partidos muy pequeños de obtener representación parlamentaria.

**Ventajas**

La representatividad del sistema electoral es muy alta, ya que se llega incluso a incrementar el número de representantes para garantizarla. Una de las virtudes más importantes del sistema electoral alemán es que no produce contradicciones o discordancias entre los votos de los partidos y el número de escaños que reciben. En Alemania, es muy difícil que un partido reciba más votos que otro y consiga menos escaños. Pero no es ni mucho menos perfecta, pues lo único que garantiza es que la representación (en escaños) de un partido en términos porcentuales no sea inferior a su porcentaje de votos, pero, cuando un partido obtiene más distritos uninominales que lo que le correspondería de forma proporcional, el partido se "queda" dichos escaños suplementarios o "excedentes". Así que, en la práctica, los partidos mayoritarios suelen obtener un porcentaje de representantes superior al de votos. Por ejemplo, en las últimas elecciones, la coalición CDU-CSU de Merkel obtuvo el 41,5% de los votos y recibió el 49,4% de los escaños.

El sistema electoral alemán fortalece a los partidos políticos. Por un lado, la necesidad de alcanzar un mínimo del 5% de los votos para acceder a los puestos que se reparten por lista disuade de fragmentar los partidos políticos al arriesgarse a quedar fuera del reparto los nuevos partidos. Por otro lado, la existencia de una lista cerrada nacional en la que se "refugian" los candidatos derrotados en sus distritos electorales, y los afines a la dirección de los partidos, hace que los candidatos se guarden mucho de oponerse a la cúpula de sus partidos. Finalmente, dado que en las elecciones para los distritos se elige un solo representante y, por lo tanto, cada partido presenta un solo candidato evita que varios candidatos de un mismo partido compitan en público por el favor del electorado, lo que minimiza roces y discrepancias en el interior de los partidos.

**Desventajas**

Un problema achacable al sistema electoral alemán, pero no directamente al de representación proporcional personalizada (RPP) es la falta de legitimidad inducida por el alto porcentaje de votos (5%) que es preciso para obtener representación parlamentaria. En las últimas elecciones en Alemania, dos partidos, FDP y AfD, obtuvieron un 4,8% y un 4,7% de los votos y, al no alcanzar el mínimo del 5%, no lograron representación parlamentaria alguna. Por este motivo, casi siete millones de votos (15,8% del total) se quedaron fuera del *Bundestag*. En Alemania, un partido podría recibir el 5% de los votos y otro un voto menos; con lo cual el primero recibiría más de 30 escaños, mientras que el segundo no obtendría ninguno. Es este elemento del mínimo del 5% el mayor problema de legitimidad que periódicamente se critica al sistema electoral alemán.

Por otro lado el voto estratégico es habitual bajo este sistema. Ocurre así fundamentalmente porque el elector puede votar a un candidato de su distrito que no pertenece al partido al que da su segundo voto. El sistema de doble voto permite a los electores dividir sus votos estratégicamente entre socios reales o potenciales de una coalición. De este modo, algunos votantes de partidos pequeños dan su voto de distrito al candidato de otro partido más grande con ideología cercana, para evitar que gane el escaño otro partido grande con ideología más distante, pues en la práctica únicamente los dos partidos mayoritarios (CDU y SPD) tienen posibilidades de alcanzar representantes en los distritos, al ser un voto mayoritario. De igual forma, los seguidores de partidos grandes pueden "prestar" sus segundos votos a un partido minoritario dentro de la coalición, a fin de asegurar que supere el umbral legal del 5%. Así, los electores utilizan la división de votos de manera estratégica para apoyar al socio de la coalición de "su" partido o, por lo menos, para indicar su preferencia dentro de la coalición. En este sentido, las coaliciones post-electorales no se realizan en oscuros pactos en la trastienda, sino que suelen venir dadas por las preferencias de los electores en su segundo voto. Sin embargo, queda a voluntad de los dirigentes políticos el cumplir o no con la voluntad de coalición expresada por los electores con sus dos votos, y así por ejemplo en 1966-1969, 2005-2009 y 2013-2017, la Unión Demócrata Cristiana (CDU) y el Partido Socialdemócrata (SPD) han gobernado en coalición, cuando sus electorados no votaron esa posibilidad.

El sistema de RPP no facilita un gobierno estable y eficiente. Las mayorías absolutas no se producen prácticamente nunca, aunque la arraigada tradición pactista en Alemania hacer que lograr gobiernos de coalición no sea en absoluto tan complicado como en otros países. Incluso los dos partidos mayoritarios han gobernado juntos en tres ocasiones.

El sistema resulta confuso para los electores, presentando <u>problemas en cuanto a la facilidad de uso, comprensión y administración</u>. Los electores no siempre comprenden que el voto para el representante local es menos importante que el otro para determinar la distribución global de escaños en la legislatura, y también les resulta confuso que el número de escaños del Parlamento varíe de una elección a otra no se sabe muy bien por qué.

En cuanto a la <u>representatividad geográfica</u>, quienes apoyan este sistema suelen defender que los representantes elegidos en los distritos tienen un gran componente de representación local, pero la realidad es que la mayor parte de ellos suelen estar incluidos también en las listas cerradas nacionales, de modo que si no resultan elegidos por el distrito, lo hacen por la lista nacional, así que el incentivo para desarrollar una campaña personal y para tener en cuenta las especificidades locales es reducido. Si en España se adoptase el sistema electoral alemán, 175 diputados serían elegidos en distritos uninominales de unos 265.000 habitantes cada uno, por lo que esa gran proximidad entre representante y elector tampoco existiría.

Por otra parte, a lo largo de una legislatura se producen cambios de población que provocarían para la siguiente elección una redefinición de los distritos uninominales, lo cual no es inmune a la manipulación, pues es susceptible de incorporar el *gerrymandering*, un problema que actualmente no tenemos en nuestro sistema electoral con nuestras inmutables provincias, pero que tarde o temprano aparece en los sistemas de distritos uninominales. ¿Cómo reorganizamos las circunscripciones? Y lo que es más importante ¿Quién? En los países mayoritarios suelen tener comisiones independientes que se encargan de estas cosas pero, pero en España uno no puede hacer más que temer un seguro *gerrymandering* (como el que diseñó el PP para las autonómicas en Murcia y tanto el PSOE como el PP hicieron en Castilla La Mancha). Además, es muy complicado crear *ex novo* distritos uninominales reducidos desde otros mayores.

El voto personal para los candidatos en los distritos uninominales busca asegurar una relación estrecha entre los votantes y sus representantes, de tal modo que refuerce la <u>rendición de cuentas de los representantes</u> ante el electorado. En la práctica, sin embargo, la presunta ventaja de estos distritos no debe ser sobrestimada. Las elecciones en los distritos uninominales se basan en preferencias por los partidos y no en la personalidad de los candidatos. La expectativa inicial de que la RPP garantizara una estrecha relación entre los votantes y sus representantes sólo se ha materializado parcialmente, a pesar de los esfuerzos de los representantes por establecer fuertes vínculos con sus distritos. La evidencia más reciente[129] para Alemania concluye que en realidad este sistema no personaliza el mandato y que la mayoría de los diputados siguen orientados hacia sus partidos. Primero, porque como ocurre en todos los sistemas con distritos uninominales, existe una gran cantidad de distritos seguros que nunca cambian de manos por motivos socio-económicos. Cuando un candidato compite por uno de ellos, tiene menos incentivos para ser receptivo al votante del distrito. Y segundo, porque la mayoría de las veces los diputados que compiten en los uninominales van también en la lista proporcional, siendo "repescados" en caso de perder, luego llevarte bien con los dirigentes del partido es buena idea. Además, hay un problema adicional. En un sistema de listas desbloqueadas puedes marcar candidatos en la lista de cualquier partido, de modo que la "personalización" no es condicional a sus resultados electorales. Sin embargo, en el sistema alemán la personalización opera a través de los uninominales, luego solo afecta a los partidos que ganan en ellos. Es decir, a los dos mayoritarios, la CDU/CSU y el SPD. El resto de partidos no ganan en distritos unipersonales, de modo que para ellos solo pesa la lista cerrada, única vía por la que consiguen representación, así que los representantes de los partidos pequeños no rinden cuentas ante el electorado. En España esto significaría que todos los representantes de los partidos excepto algunos de PP, PSOE, CDC y PNV seguirían estando exentos de rendir cuentas ante el electorado.

Por otro lado, en el RPP vuelven a hacer acto de presencia las paradojas "habituales": 1) la **no independencia de alternativas**

---

[129] MANOW, Philip. *Mixed Rules, Different Roles? An Analysis of the Typical Pathways into the Bundestag and of MPs' Parliamentary Behaviour.* The Journal of Legislative Studies, Ed Routledge, 2013.

**irrelevantes**, pues en los distritos el voto a partidos menores puede evitar que resulte elegido un candidato mayoritario e incluso 2) que no resulte elegido el **ganador de Condorcet**, aquel candidato que derrotaría a todos los demás si se enfrentara uno a uno con ellos; 3) sufre de un **elevado voto estratégico**, pues entre un 20 y un 30% de los alemanes reconoce votar por otro candidato que no es su preferido en los distritos uninominales, dado que votar por su candidato favorito es "tirar" el voto; y, 4), finalmente, puede haber presiones para alterar o sesgar el proceso de demarcación electoral a través de una manipulación deliberada de los límites de los distritos (*gerrymandering*) o de una distribución desigual de los electores (*malapportionment*). En Alemania el *malapportionment* es limitado dado que la ley obliga a que no exista más de un 15% de diferencias entre la población de los distritos uninominales, pero el *gerrymandering* sigue siendo posible.

Con todo, mi mayor escollo a la hora de introducir esté método electoral en España lo constituyen las muy graves anomalías de votación estratégica que este sistema permite. No se trata de los inconvenientes señalados de que los simpatizantes de partidos minoritarios se ven incentivados al voto útil en el voto por distrito, pues el voto a su opción preferida resultaría malgastado, sino que este sistema permite verdaderos fraudes a la representación proporcional, dirigiendo el voto de los electores con elementos de **gestión del voto**. La proporcionalidad se puede manipular, tal y como indica Bochsler[130], que demuestra un agujero en el sistema electoral de las elecciones celebradas bajo este sistema en Albania, Italia, Lesotho y Venezuela. Como Simón[131] describe, "la primera vía es el recurso al voto dividido de manera masiva y pilotada. Un partido mayoritario puede dar instrucciones a sus electores para que voten a un partido "amigo" en la lista proporcional." El objetivo es que todos los escaños de la lista proporcional los saque su socio menor mientras que los mandatos uninominales que no se llenan en la lista, vayan para ellos. "El resultado es una coalición inflada por la manipulación estratégica del

---

[130] BOCHSLER, Daniel. *A quasi-proportional electoral system 'only for honest men'? The hidden potential for manipulating mixed compensatory electoral systems.* International Political Science Review, 2012.

[131] SIMON, Pablo. *Cómo manipular el sistema electoral alemán en dos cómodos pasos.* Blog Politikon, 2013.

sistema tal como pasó en Albania en 2005." Igualmente, en Nueva Zelandia en 1996, en el distrito de Wellington Central, algunos estrategas del Partido Nacional llamaron a sus electores a no votar por el candidato de su partido porque habían calculado que, bajo el sistema de RPP, esto no le significaría un escaño adicional en la legislatura sino el simple reemplazo de uno de los representantes que serían elegidos de su lista de partido. Por lo tanto, para el Partido Nacional era preferible la elección de un candidato de otro partido, que hubiera manifestado simpatía con sus ideas e ideología, que el hecho que los votos se hubieran "desperdiciado" en apoyo de su propio candidato. La segunda vía, como exploraron en Italia y siguen utilizando en Venezuela, "es crear un "partido clon", es decir, presentar a tu partido con otro nombre en el otro nivel. Esto permite que formalmente figuren como partidos separados, luego los escaños de los uninominales no se compensan con la lista proporcional."[132] Con ello se logra sobre-representar a los manipuladores. En Venezuela, el Movimiento por la 5ª República compitió en los distritos uninominales con un partido fantasma, la Unidad de Vencedores Electorales (UVE). Gracias a esta estrategia, y como la UVE ganó el 85,5% de los votos en los distritos, no se dedujeron de los escaños del porcentaje correspondiente para el Movimiento. De nuevo, con resultados inflados para el partido mayoritario. Hasta en las elecciones de 2007 en Lesoto tenían la misma lógica, con partidos gemelos de ambos partidos mayoritarios compitiendo en diferentes niveles.

El caso español guarda cierto parecido con el italiano. Entre 1948 y 1992 Italia tuvo un sistema muy proporcional bajo distritos plurinominales como los nuestros. El resultado fueron cámaras muy fragmentadas y gabinetes de vida muy corta. Son los tiempos de la Primera República, las coaliciones de cinco o más partidos y la corrupción. En 1993 el sistema atravesaba una profunda crisis provocada por la multiplicación de escándalos políticos y crisis gubernamentales que reducían la confianza ciudadana. Así que se introdujo un sistema mixto, donde un 75% de los diputados se elegían en distritos uninominales y un 25% en listas proporcionales, con dos votos para el Congreso al estilo alemán. Bajo este sistema se produjeron las elecciones de 1994, 1996 y 2001, pero se trató de

---

[132] SIMON, Pablo. *Op. cit.*

una reforma fracasada. No redujo significativamente la fragmentación del sistema de partidos, sino que generó amplias alianzas para competir en los distritos uninominales; y creó una intensa polarización. Además, se manipuló el sistema con la estrategia de clonar los partidos, que competían en los distritos uninominales como una alianza (El Olivo de izquierdas, Casa de las Libertades de derechas, y otras coaliciones regionales), mientras que se presentaban a las listas proporcionales cada uno por su lado, por lo que se aplicaba la compensación de la desproporcionalidad de los distritos uninominales. Eso permitió obtener una amplia mayoría absoluta a la coalición de derechas, pese a no tener la mayoría absoluta de los votos. En 2005 se volvió a reformar el sistema electoral implantando un sistema proporcional con listas cerradas, umbrales legales y premio a la coalición mayoritaria que le otorga automáticamente la mayoría absoluta.

La lección de estos ejemplos de manipulación es que este sistema solo funciona como se pretende si los mismos partidos se presentan a los distritos y a las listas nacionales, y aun así siempre que no se organice desde los partidos un voto estratégico masivo. Bochsler acaba asumiendo que este sistema solo funciona para "hombres honestos", como parece ser el caso de Alemania. De modo que de implantar este sistema en España, la duda sería ¿a quién nos pareceríamos? ¿A los honestos alemanes? ¿O a los pícaros italianos, albaneses y venezolanos? Creo que ni para el lector ni para mí cabe duda alguna de la respuesta. Incluso en Alemania la votación estratégica es frecuente, pero cuando se generaliza acaba confundiendo a los electores, y provoca insatisfacción porque a la postre el votante no vota por su candidato preferido sino por quien piensa que podría acabar pactando con él en las alianzas postelectorales. En casos extremos, si la mayoría de los electores votase estratégicamente, los resultados finales acabarían siendo muy diferentes de los realmente deseados, e incluso los partidos menos preferidos podrían acabar ganando las elecciones cuando no es ese el deseo de la mayoría. Un desastre, vamos.

**Conclusiones**

Presentado por algunos como "el mejor de los sistemas posibles", el sistema de representación proporcional personalizada presenta problemas en cuanto a la facilidad de uso, comprensión y administración del mismo y, especialmente, por la posibilidad de manipulación de la proporcionalidad del sistema a través de procedimientos de gestión del voto y de creación de partidos gemelos que destruyen completamente las supuestas ventajas del sistema. Solo en países donde los electores se comporten como "hombres honestos" (como Alemania) su funcionamiento cumple las expectativas. Adicionalmente, la supuesta rendición de cuentas de al menos la mitad de los representantes (los elegidos por distritos), no se produce en la práctica, mientras que la otra mitad es elegida en listas cerradas (como en España) y responde ante el partido y no ante los electores.

Por estos motivos, no solo no lo considero un sistema adecuado para España, sino que creo que generaría aún mayores problemas de falta de representatividad y deslegitimación de nuestra clase política si se dedicaran, como estoy seguro que harían, a manipular el voto para romper la proporcionalidad del sistema y los partidos mayoritarios se vieran beneficiados con ello. Me parece muy mala idea que algunos de nuestros partidos (PSOE, Podemos y Ciudadanos) lo propugnen. Espero que lo analicen con más cuidado y lo descarten.

### 9.6.    El sistema paralelo japonés

Los sistemas de voto paralelo o sistemas paralelos son sistemas de votación mixtos en los que los votantes participan en dos elecciones concurrentes que utilizan sistemas electorales diferentes y en los que una elección a menudo no tiene ninguna influencia directa sobre los resultados de la otra. Normalmente utilizan tanto componentes de representación proporcional como de mayoritarios aunque, a diferencia de los sistemas de sistema de representación proporcional personalizada alemán, el componente proporcional no compensa ninguna desproporcionalidad de los distritos mayoritarios.

Cada elector puede recibir una sola papeleta, en la que puede emitir su voto tanto para un candidato como para su partido, tal y como ocurre en Corea del Sur, o dos papeletas distintas, una para votar por el escaño de mayoría y otra para los escaños de representación proporcional, como sucede por ejemplo en Japón, Rusia, Lituania y Tailandia. Se usa en 21 países en el mundo, fundamentalmente asiáticos y de Europa del Este. En Japón se eligen 300 diputados de los 480 totales en distritos de un solo miembro por votación mayoritaria, y 180 de forma proporcional en lista cerrada en once distritos que eligen que eligen entre 6 y 29 escaños cada uno.

En un sistema paralelo no opera ningún mecanismo de compensación para asegurar que el número total de escaños obtenidos por cada partido se ajuste a la proporción de votos que haya recibido. Por ello se cataloga este sistema como semi-proporcional, ya que sus resultados suelen estar a mitad de camino entre los mayoritarios y los proporcionales. La superioridad numérica de los escaños uninominales sobre los de representación proporcional le otorga ventajas a los partidos más grandes, que pueden obtener más fácilmente escaños de mayoría simple. Los partidos pequeños suelen obtener alguna representación a través de la lista proporcional, pero menos de la que les correspondería de acuerdo con su porcentaje de votos.

**Ventajas**

El sistema electoral japonés <u>fortalece a los partidos políticos</u>. Dado que en las elecciones para los distritos se elige un solo representante y, por lo tanto, cada partido presenta un solo candidato evita que varios candidatos de un mismo partido compitan en público por el favor del electorado, lo que minimiza roces y discrepancias en el interior de los partidos.

En el voto paralelo es más factible que en el sistema de RPP la formación de <u>un gobierno estable y eficiente</u>, ya que la parte proporcional no suele compensar del todo las desproporciones en el voto de los distritos, lo que suele conducir a mayorías absolutas de un solo partido. Así, en las últimas elecciones de 2014, el Partido Liberal Democrático (LDP) obtuvo 291 de los 475 diputados (el 61,3% de los escaños) con el 48,1% del voto en los distritos y el 33,1% del voto en la lista proporcional.

En cuanto a la <u>representatividad geográfica</u>, quienes apoyan este sistema suelen defender que los representantes elegidos en los distritos tienen un gran componente de representación local, al menos para la parte de los diputados que se elige en los distritos.

El voto personal para los candidatos en los distritos uninominales busca asegurar una relación estrecha entre los votantes y sus representantes, de tal modo que refuerce la rendición de cuentas de los representantes ante el electorado. Las leyes electorales de Japón les permiten a los contendientes presentar "candidaturas duales", es decir, presentar candidatos que figuran tanto en una lista de representación proporcional como en un distrito uninominal y seleccionar a los que han obtenido más votos en el distrito uninominal, pero no han resultado ganadores en el distrito. Es decir, en la lista proporcional se elige primero a "los mejores perdedores", de modo que se refuerza esta rendición de cuentas. La formación de gobiernos de un solo partido facilita igualmente la rendición de cuentas del gobierno, ya que un mal gobierno es sustituido por otro por la teoría del péndulo.

**Desventajas**

En términos del grado de representatividad, la proporcionalidad de los sistemas paralelos usualmente arroja resultados que se ubican en un punto medio entre los sistemas mayoritarios puros y los de representación proporcional. Dependiendo del número de escaños que se repartan proporcionalmente, esa falta de representatividad será mayor o menor, y ocasionalmente podrían presentar resultados proporcionales, pero habitualmente solo presentarán un pálido reflejo de la proporcionalidad estricta. Es un sistema inconsistente, pues solo ofrece la posibilidad de que el reparto de escaños entre los partidos sea justo, sin ninguna garantía de ello. Los sistemas paralelos no aseguran ningún tipo de proporcionalidad global y algunos partidos pueden verse privados de representación a pesar de haber captado un buen número de votos. Por ello su legitimidad es menor que los sistemas proporcionales, y tampoco le ayuda que los ganadores en los distritos puedan obtener su escaño sin la mayoría absoluta de los votos.

Igual que en el RPP alemán, el voto estratégico es habitual bajo este sistema, ya que el elector puede votar a un candidato de su distrito que no pertenece al partido al que da su segundo voto. Los motivos son los mismos que en Alemania.

Los sistemas paralelos también pueden ser un tanto complejos y crear confusión entre los electores acerca de su naturaleza y operación, presentando problemas en cuanto a la facilidad de uso, comprensión y administración.

Por otro lado, igual que en el RPP vuelven a hacer acto de presencia las paradojas "habituales": 1) la **no independencia de alternativas irrelevantes**, pues en los distritos el voto a partidos menores puede evitar que resulte elegido un candidato mayoritario e incluso 2) que no resulte elegido el **ganador de Condorcet**, aquel candidato que derrotaría a todos los demás si se enfrentara uno a uno con ellos; 3) sufre de un **elevado voto estratégico**, pues los votantes de los partidos pequeños cambian su voto en los distritos para no "tirarlo"; y, 4), finalmente, puede haber presiones para alterar o sesgar el proceso de demarcación electoral a través de una manipulación deliberada de los límites de los distritos (*gerrymandering*) o de una distribución desigual de los electores (*malapportionment*). Sin embargo, a diferencia de lo que ocurre en el RPP alemán, no es posible la **gestión del voto** creando partidos gemelos, ya que los resultados de los distritos no se compensan con los resultados de las listas proporcionales.

### Conclusiones

Se puede ver como una solución de compromiso entre los sistemas mayoritarios y los proporcionales. Presenta una mayor proporcionalidad, pero sigue favoreciendo gobiernos estables y eficientes de un solo partido. Tiene una buena representatividad geográfica, así como una excelente rendición de cuentas de los representantes y los gobiernos, pero su legitimidad y representatividad es cuestionable, y sufre de numerosas paradojas como *gerrymandering*, voto estratégico y que no resulte ganador el mejor de los candidatos, sino uno que se beneficie del reparto del voto entre varios rivales, ya que no es independiente

### 9.7.    Holanda y el sistema proporcional puro

El holandés representa el sistema proporcional puro por excelencia, con resultados de casi perfecta proporcionalidad. La cámara baja holandesa está compuesta por 150 miembros elegidos por un sistema proporcional desde 1917. En Países Bajos existen 19 distritos electorales en los cuales los partidos presentan sus listas de candidatos, pero que solo afectan a la elección de representantes, ya que los escaños de la asamblea se distribuyen en un distrito único a nivel nacional. Para saber cuántos escaños corresponde a cada partido se divide el número total de votos válidos entre los 150 escaños del congreso, lo que da una cuota de aproximadamente un 0,67% para obtener representante. Una vez realizado el cálculo de esta cuota se pasa al reparto de los escaños entre los diferentes partidos. Es posible que tras este reparto queden diputados sin asignar porque a los partidos no cubran con sus cuotas todos los escaños de modo que, de darse el caso, se aplica la fórmula D´Hondt para repartir estos escaños sobrantes. El resultado final de este proceso es un sistema de proporcionalidad casi pura, y más en ausencia de una barrera nacional.

Este sistema afecta al reparto de los escaños pero no nos dice quienes se sientan en el congreso. Los votantes disponen de una lista desbloqueada en cada distrito en la cual pueden marcar su preferencia por un solo candidato de la misma. A la hora de decidir quiénes serán diputados, entran primero aquellos diputados que tienen más de ¼ parte de la cuota en su distrito. En el caso de que, como sucede habitualmente, queden escaños sin asignar tras repartir los que superan el ¼ de cuota, se asignan los puestos según el orden de la lista. Dado que se exige un 25% de los votos del partido para que un candidato se salte el orden de las listas, lo habitual es que este hecho no se produzca, y los representantes resulten elegidos según el orden establecido por los partidos.

**Ventajas.**

Las ventajas (y las desventajas) del sistema electoral holandés son las propias de un sistema proporcional puro. Así, la representatividad de los elegidos es muy elevada, dada la casi absoluta equivalencia entre el porcentaje de votos de los partidos y el porcentaje de representantes elegidos en cada uno. La media del Índice Gallagher de desproporción en las últimas cuatro elecciones es de 0,97, uno de los más reducidos del mundo. El énfasis del sistema electoral holandés se centra en la representación del pluralismo de partidos e ideologías políticas, en lugar de la representación geográfica o la personalidad de los candidatos. Esto conduce a una justa representación de los partidos.

La legitimidad de la cámara elegida es muy elevada, dado que el voto inútil o malgastado es muy reducido y el voto sincero constituye la mejor estrategia para los electores. El reducido límite mínimo de votos para optar al reparto proporcional de puestos, limita el porcentaje de voto malgastado al mínimo, pues en la práctica la representación parlamentaria está asegurada con un 0,6% de los votos. En las últimas elecciones de 2012, apenas el 1% de los votos se desperdiciaron. Esto conduce a que los electores no se vean obligados a utilizar el **voto útil o estratégico**, una paradoja ausente del sistema electoral holandés. Así pues, los electores votan en su lugar honestamente de acuerdo con su afinidad política, lo que no produce el efecto de desmotivación de los votantes y de una baja participación electoral, que habitualmente ronda el 75%.

El sistema electoral es fácil de usar, comprender y administrar, como corresponde a un sistema electoral por listas. La única complicación es la posibilidad de elegir a uno de los candidatos de la lista, pero en la práctica los electores suelen elegir al primero de la lista.

El sistema electoral puro reduce hasta la casi eliminación la paradoja de la **no independencia de alternativas irrelevantes,** puesto que apenas existen de hecho alternativas irrelevantes, dado que cualquier partido con una 0,6% de los votos obtiene representación en la cámara legislativa holandesa. Finalmente, este sistema está libre por completo de presiones para alterar o sesgar el proceso de demarcación electoral. Dado que solo hay un distrito electoral, no es posible la manipulación del mismo.

**Desventajas.**

Como corresponde a un sistema proporcional puro, en Holanda es complicado formar un gobierno estable y eficiente. Desde 1917 ningún partido ha logrado nunca mayoría absoluta, y ni siquiera se ha acercado. Los gobiernos de coalición de dos o tres partidos son la norma. El partido vencedor raramente cuenta con más de una tercera parte de los escaños, y con frecuencia bastantes menos. La formación de nuevos gobiernos es un proceso lento y doloroso. En 1977 se alcanzó su record de tiempo sin gobierno, 208 días, casi siete meses. La búsqueda del consenso es un deber en la práctica, pues sin él es imposible formar y mantener en pie un gobierno, pero la mayor parte de las negociaciones se toman en reuniones informales y círculos reducidos, lo que ha conllevado a la aparición de críticas debido a la falta de transparencia hacia la opinión pública.

Esta dificultad para formar gobiernos estables acaba concediendo un **poder excesivo a los pequeños partidos**, cuya participación resulta inexcusable para forjar alianzas, lo que les permite imponer costosas condiciones para su apoyo. En Israel, que hasta hace poco[133] era otro ejemplo de sistema proporcional puro, pequeños partidos ultrarreligiosos han obtenido respaldo a algunas de sus propuestas más radicales y menos populares, bajo la amenaza de romper el gobierno de coalición. Así pues, puede ser que un pequeño partido, y no la voluntad de los votantes, acabe decidiendo el rumbo del país tras unas elecciones. El problema se agrava cuando pequeños partidos apoyan al segundo partido más votado, y no al ganador de las elecciones, con las consabidas acusaciones de arbitrariedad y falta de juego limpio democrático, al excluir al partido más popular del gobierno. Estadísticamente, este evento ocurre entre un 10% y un 15% de las veces en los países con sistema proporcional.

La representatividad geográfica es nula. El distrito es nacional, así que los potenciales partidos regionales tienen muy complicado obtener representación a menos que su región tenga población suficiente, por lo que es posible que algunas regiones no obtengan representación alguna para defender sus intereses específicos. Adicionalmente, puesto que es muy complicado que un candidato logre el 25% de los votos del partido en su región, necesario para modificar el orden de las listas, en la práctica resultan elegidos los candidatos mejor "colocados" en las listas, de acuerdo con los votos obtenidos a nivel nacional, así que no existe ningún incentivo a desarrollar una campaña con contenido local.

La rendición de cuentas de los representantes es baja. El sistema electoral no incentiva una relación y contacto estrechos entre representantes y ciudadanos. La posibilidad de excluir a un representante indeseado es muy reducida, pues únicamente se le puede relegar apenas uno o dos puestos en la lista, y eso con grandes dificultades, de modo que

---

[133] Pero que durante los últimos años ha incrementado el porcentaje mínimo ed votos para obtener representación parlamentaria desde el 1% que regía hasta 1988, al 1,5% que se estableció entre 1989 y 2003, al 2% entre 2004 y 2013, y al 3,25% vigente como mínimo desde 2014. Actualmente se debate incluso incrementarlo hasta el 5%.

los electores no tienen medios reales para castigar a sus cargos públicos por lo que consideren una mala gestión. Desde el año 1960 se ha propuesto en numerosas ocasiones reformar el sistema electoral para reforzar la conexión entre representantes y representados, pero en ninguna de ellas se ha llegado a materializar. La rendición de cuentas de los gobiernos también es baja. Si se gobierna siempre en coalición de dos, tres o más partidos, ¿quién es el culpable de una política mal diseñada? Los electores lo tienen complicado para asignar culpas, y aunque fueran capaces de hacerlo ¿cómo castigar al culpable? Aunque se reduzca su número de votos, el "culpable" puede acabar gobernando igualmente ya que la formación de los gobiernos depende de largas negociaciones post-electorales.

Tampoco presenta incentivos para la conciliación y resistencia al extremismo. Para los partidos radicales y extremistas es muy sencillo obtener representación en el Parlamento holandés, y de hecho la suelen obtener partidos de corte xenófobo, radical y/o antisistema, con el problema de que su notoriedad al formar parte del Parlamento les otorga mayores posibilidades de ir creciendo paulatinamente. El ejemplo paradigmático de las facilidades que un sistema proporcional puro ofrece a los extremismos es el auge del partido Nazi en Alemania durante los años 20 y 30 del siglo pasado. En las elecciones holandesas de 2012, el PVV de extrema derecha obtuvo el 10% de los votos y los escaños en la cámara, y fue el tercer partido más votado; el SP de extrema izquierda, anticapitalista y antiimperialista, obtuvo el 9,7% de los votos y el 10% de los escaños, y fue el cuarto partido más votado; D66, un partido democrático radical sin alineación política, obtuvo el 8% de los votos y de los escaños, y fue la sexta fuerza política más votada; y otros tres partidos más representaban intereses muy diversos, un partido era radical ecologista, otro defensor de los animales y uno defensor de los pensionistas. En total, seis de los diez partidos con representación política en la cámara holandesa son radicales, extremistas o representan intereses muy específicos de la sociedad.

Finalmente, tampoco fortalece a los partidos políticos pues el éxito electoral de las escisiones es relativamente sencillo, con lo que éstas son frecuentes, lo que incentiva la fragmentación del mapa político.

El sistema electoral holandés se ha intentado modificar en varias ocasiones, pero nunca se ha logrado debido a la querencia por un sistema estrictamente proporcional, que promociona que las minorías estén representadas, aunque ello signifique la presencia de fuerzas radicales en el Parlamento. En la práctica los intentos de reforma electoral se estrellan contra la disyuntiva que supone que reforzar el vínculo entre representantes y electores deba hacerse a costa de reducir la proporcionalidad, y eso es algo para lo que la sociedad holandesa no parece estar preparada.

**Conclusiones.**

Holanda tiene un sistema electoral con distrito único de gran proporcionalidad, lo que proporciona una gran representatividad y legitimidad a su clase política, y reduce o elimina buena parte de las paradojas que afligen a otros sistemas electorales, como la no independencia de candidaturas irrelevantes, el voto estratégico y el *gerrymandering*. Pero su régimen electoral dificulta sobremanera la formación de un gobierno estable y eficiente, lo que obliga a gobiernos de coalición que pueden tardar meses en formarse, y tampoco favorece la rendición de cuentas de los representantes, ni la fortaleza de los partidos políticos, ni ofrece incentivos a la conciliación y resistencia al extremismo, sino todo lo contrario, como muestra el gran número (mayoritario) de partidos extremistas o radicales en la legislatura holandesa.

En resumen, introduce una representatividad casi perfecta a costa de prácticamente todos los demás criterios para diseñar un buen sistema electoral. Considero que en España, además, la formación de un gobierno estable sería misión casi imposible, y el radicalismo y cainismo ya presente en nuestra vida política se incrementaría aún más, con lo que derivaríamos hacia una "italianización" de la política que introduciría una gran dosis de inestabilidad e incertidumbre política. Creo que hay mejores formas de mejorar la representatividad, como veremos más adelante, sin generar todas las desventajas asociadas a un sistema proporcional puro como el holandés.

## 9.8.    El sistema multinivel de Dinamarca y Suecia

El déficit de representatividad que surge cuando hay muchas circunscripciones se puede resolver guardando parte de los escaños del Parlamento para compensar los desequilibrios producidos. Este procedimiento no solo se aplica en algunos de los países europeos más avanzados (los nórdicos), sino también en algunos países iberoamericanos con democracias relativamente recientes que han sabido imitar a democracias más avanzadas[134]. Los escaños compensatorios los pueden recibir los partidos en las mismas circunscripciones que recibieron los primeros o en una lista nacional.

El Parlamento de Dinamarca está formado por 179 diputados, de los cuales 139 se eligen en circunscripciones electorales con un sistema muy similar al español, salvo que los diputados obtenidos en cada circunscripción no son los que decide el partido, sino los electores a través de listas abiertas por las que la decisión final de a qué candidatos otorgar el voto corresponde al elector. El gran poder que otorga al elector motiva que entre un 50% y un 70% de ellos haga uso del voto preferencial por un candidato u otro, cuando hacerlo o no es potestativo.

La diferencia sustancial con nuestro sistema electoral radica en que, en Dinamarca reconocen que las circunscripciones pequeñas perjudican a los partidos minoritarios, que pueden recoger muchos votos dispersos por todo el país, pero no logran suficientes votos para resultar elegidos en circunscripciones electorales pequeñas. Como los sistemas electorales con muchos distritos suelen provocar desajustes importantes entre los votos y los escaños totales recibidos por los partidos políticos, los daneses corrigen tales desequilibrios mediante el reparto de escaños "compensatorios". Crean un sistema de compensación, mediante el que se elige a los cuarenta diputados restantes (un 23% del total), al que pueden acceder los partidos políticos que logren al menos el 2% de los votos totales o un diputado en alguna circunscripción. Esto permite acceder al parlamento tanto a partidos nacionales como regionales minoritarios, pero de cierta relevancia.

---

[134] RAMÍREZ, Victoriano y LÓPEZ, Adolfo, *Sistemas electorales basados en la representación proporcional*, eXtoikos, Madrid, 2012.

Estos escaños compensatorios se reparten de la siguiente forma. Primero, se toma toda Dinamarca como una sola circunscripción y se divide el total de votos por los conseguidos por cada partido, calculando el número de diputados que obtendría cada partido con derecho a entrar en este segundo reparto en proporción directa al porcentaje de votos obtenido. Segundo, los partidos que han obtenido menos diputados en la elección por distritos de los resultantes de este cálculo en circunscripción única, reciben un número de diputados igual a la diferencia de cada fuerza hasta que se llega a los cuarenta que se otorgan en esta ronda. Así pues, la distribución de escaños en el nivel 2 (estatal) determina el resultado electoral como si se tratase de un distrito único, solo que una parte de los escaños se elige en el nivel 1 (provincias). Los escaños reservados para el nivel 2 compensan a las candidaturas que, en el nivel 1, no hubiesen obtenido los escaños que les corresponderían atendiendo a un reparto de distrito único. Por tanto, la fórmula empleada en el nivel 2 es la que determina el resultado global.

Con este sistema se mantiene la representatividad regional que otorga la elección por distritos, mientras se logra una excelente representatividad y legitimidad global, como muestra que la media del índice Gallagher de desproporción en las cuatro últimas elecciones al parlamento danés sea 1,2, lo que lo convierte en uno de los de representación más justa del mundo, solo por detrás del holandés.

**Ventajas.**

La primera ventaja del uso de los escaños compensatorios es que es más justo para los partidos, tanto si se mantiene el método de asignación de escaños a las circunscripciones como si se cambia por otro más proporcional. Permite una representatividad general perfecta (si se eliminan los mínimos para acceder a los escaños compensatorios) mientras se mantiene la representatividad geográfica.

La legitimidad de un sistema electoral de este tipo es excelente, pues el voto no útil es muy reducido y depende del mínimo que se exija para acceder a los escaños compensatorios. Por este motivo la participación electoral en los países nórdicos es elevada y se fomenta el voto sincero.

La rendición de cuentas de los representantes depende en exclusiva del sistema elegido de listas abiertas. En Dinamarca, la elección de representantes depende exclusivamente del número de votos personales recibidos por cada candidato, ignorando para este fin los votos al partido pero que no muestran preferencia alguna por un candidato en concreto.. Los sistemas electorales con compensación de escaños son igual de sencillos de usar para el elector que los sistemas previos. Los votantes depositan su voto como en el sistema anterior: votan en su distrito por una lista de candidatos de su partido preferido y cada distrito elige un número predeterminado de representantes de acuerdo con su población. El proceso que hay que seguir es sencillo de comprender, y el coste de la administración del sistema sigue siendo reducido.

Estos sistemas electorales resuelven las paradojas electorales más frecuentes, logrando, por un lado, la **independencia de alternativas irrelevantes**, dado que pocas alternativas serán irrelevantes si se introducen escaños compensatorios; la casi total **ausencia de voto estratégico**, puesto que no existe el voto útil ni las coaliciones de partidos se ven beneficiadas por el sistema electoral; así como el *gerrymandering*, ya que la configuración de los distritos importa poco puesto que el reparto final de representantes dependerá del porcentaje de votos recibidos y no de la configuración de los distritos electorales.

**Desventajas.**

El principal inconveniente del método de escaños compensatorios es la dificultad de comprensión del mecanismo de reparto de esos escaños entre las provincias o regiones. La mayor parte de los candidatos ganadores en cada distrito son naturales, esto es, los partidos más votados obtienen más representantes en cada distrito, pero ocasionalmente, un partido con menos votos en un distrito obtiene más representantes que otro con más votos en el mismo distrito. Esto es así, porque se prima la proporcionalidad global sobre la del distrito, ya que al partido menos votado, que no ha logrado representantes en otros distritos pese a recibir votos en ellos, se le compensa en el distrito donde recibe más votos con algún representante extra que asegure una justa representatividad en el total. Este es el precio a pagar para garantizar la equidad en el reparto a los partidos y a los distritos.

Al lograr una representatividad y proporcionalidad tan elevadas, no se facilita la formación de un gobierno estable y eficiente. En los países nórdicos, los gobiernos de coalición son la norma pero incluso los gobiernos minoritarios tienen una duración envidiable, dado que la política no es tan cainita como en nuestro país. Por el mismo motivo, el sistema no otorga incentivos para la conciliación y resistencia al extremismo, pues partidos políticos más radicales acceden a representación parlamentaria. Igualmente, dado que las escisiones partidarias tienen mayores perspectivas de éxito que en otros sistemas, tampoco se fortalecen los partidos políticos, que sufren frecuentes tensiones internas.

**Conclusiones.**

Los sistemas multinivel otorgan una excelente representatividad, tanto global como regional, y legitimidad de la clase política, así como una buena rendición de cuentas de los representantes si se añaden las listas flexibles o abiertas, y son fáciles de usar, comprender y administrar. Asimismo, resuelven las paradojas electorales más frecuentes, tanto la independencia de alternativas irrelevantes, como el voto estratégico y el *gerrymandering*. Así pues, solucionan los principales problemas de nuestro actual sistema electoral, de modo que los considero la mejor base para modificarlo.

Aun así, sin mayores modificaciones estos sistemas no facilitan la formación de un gobierno estable y eficiente, ni otorgan incentivos para la conciliación y resistencia al extremismo, ni fortalecen a los partidos políticos. En países donde la política se desarrolla dentro de una cauces razonables y racionales, como los nórdicos, estos problemas no resultan graves ni insolubles, pero me temo que en el nuestro no sería así, sino que la polémica y la confrontación partidaria se elevaría aún más de tono, de modo que en mi propuesta de sistema electoral para el Congreso, realizaré algunas aportaciones que permitan reducir estos elementos negativos, mientras se mantienen los positivos.

# PARTE TERCERA: MI PROPUESTA DE REFORMA

## 10. CONSERVAR LO BUENO, REFORMAR LO MALO

Como hemos visto, el diseño del sistema electoral para el Congreso de los Diputados es bueno en lo que respecta a la representación geográfica, gobernabilidad, facilidad de uso, y fortalecimiento de los partidos, pero malo en cuanto a representatividad, legitimidad, rendición de cuentas de los representantes e incentivos a la conciliación.

No es el nuestro el peor de los sistemas, pero presenta serios problemas de legitimidad y representatividad para los que hay recorrido de mejora. Los problemas más graves pueden sintetizarse en dos: la escasa proporción entre los votos por los partidos nacionales minoritarios y sus escaños obtenidos, y la inexistente relación entre los representantes elegidos y sus electores. El primero genera que, a diferencia de lo que ocurre en el resto de Europa y del mundo, cuando no existe una mayoría absoluta en España los partidos mayoritarios deben apoyarse en los partidos nacionalistas o directamente independentistas para gobernar, dada la inexistencia de partidos nacionales "bisagra" de relevancia. La infrarrepresentación de los partidos minoritarios nacionales, así pues, ha provocado una influencia desmedida (en el sentido de superior a su representatividad real, no porque sea ilegítima) de los partidos nacionalistas en la política nacional, y todo ello ha conducido a una crisis de legitimidad y representatividad de nuestra clase política. El segundo problema genera que se gobierne de espaldas al ciudadano y que éste no se sienta representado. En España, la mala rendición de cuentas de los representantes ha generado una desconexión entre representantes y ciudadanos, así como un enorme poder de las cúpulas de los partidos.

Son estos dos problemas los que deben ser resueltos a corto plazo, porque la sensación de desconexión entre el ciudadano y sus representantes es real, creciente y pone en peligro el actual régimen constitucional. Si éste no responde a las demandas ciudadanas, siguiendo nuestra inagotable tradición de reinventar en lugar de reformar, acabará por explotar y nada asegura que lo que resulte de esa explosión sea mejor de lo que tenemos. Así pues, la prioridad en el diseño de un nuevo sistema electoral debe estar centrada en mejorar la rendición de cuentas de los representantes, así como en incrementar la representatividad de los partidos minoritarios nacionales. Todo ello con el menor menoscabo posible de la gobernabilidad, la rendición de cuentas del Gobierno, la representación geográfica, facilidad de uso y el fortalecimiento de los partidos. Aún más, esa gobernabilidad que funcionó tan bien hasta 2015, no parece estar garantizada con el sistema electoral actual si se mantiene la división del voto entre cuatro partidos nacionales, tal y como ha sucedido en 2015 y 2016. Así que la propuesta de reforma debe considerar también esta nueva situación y garantizar la gobernabilidad incluso en estas circunstancias, siempre que ello no afecte ni a la representatividad ni a la legitimidad de los resultados.

Ese cambio de sistema electoral habría que hacerlo de la manera menos disruptiva posible. La experiencia de otros países indica que el éxito de un sistema electoral reformado suele depender de su parecido con el previo, al menos en lo que respecta al elector[135], ya que los ciudadanos están acostumbrados a un estilo de votación y les cuesta mucho cambiar a otro muy diferente. Las reformas electorales duraderas suelen modificar apenas aspectos puntuales del sistema electoral, pero no su totalidad, pues las reformas en profundidad tienden a revertirse rápidamente en cuanto demuestran sus propias ineficiencias. Una potente inercia conservadora protege a los sistemas electorales de las propuestas de cambio demasiado innovadoras. Esta resistencia al cambio ha provocado que la mayor parte de las reformas electorales exitosas (las que perviven en el tiempo), hayan sido menores, es decir, las que suponen modificaciones en elementos no fundamentales como los umbrales mínimos necesarios para obtener escaño o los sistemas de personalización en la elección de candidatos, o, como mucho, en solo uno de los tres elementos prioritarios de cualquier sistema electoral: 1) la presentación de los candidatos (nominal o por lista), 2) la circunscripción o distrito electoral, 3) y la fórmula electoral/matemática o conversión de los votos a cargos. Cambios mayores que afecten a todos o la mayoría de los elementos fundamentales no suelen tener éxito, salvo en situaciones prerrevolucionarias o de cambio de régimen.

---

[135] Aunque no en el proceso de agregación de preferencias individuales que ocurre "tras las urnas" a la hora de asignar los escaños en función de los votos.

Esta tendencia parecería haberse quebrado un tanto en la década de los años noventa a causa de los recientes cambios producidos en los sistemas electorales de Japón, Italia y Nueva Zelanda; pero se deben, en realidad, a sendas constelaciones particulares de circunstancias excepcionales que, por ello mismo, son difícilmente repetibles en otros países[136]. Tampoco hay que desdeñar la propia resistencia al cambio de los ciudadanos o electores que, una vez se habitúan a un sistema que conocen y comprenden, se resisten a cambios que supongan una modificación en sus hábitos de votación, especialmente si éstos son radicales.

El nuevo sistema electoral debe suponer, primero, una reducción del bipartidismo que nos ha traído hasta aquí, facilitando la posibilidad de que surjan y se consoliden partidos minoritarios de ámbito nacional que puedan ser alternativas a los partidos nacionalistas para la formación de nuevos gobiernos o coaliciones; y, segundo, hacer partícipe, por un lado, al afiliado en la selección de candidatos a cargos públicos y, por otro lado, al elector en la selección de sus representantes políticos a través de un sistema que les permite expresar sus preferencias individuales. ¿Es posible lograr todos esos objetivos con un cambio menor? De alguna manera ello limitaría el alcance de la reforma electoral, pues si se desea que sea un cambio exitoso, elimina la posibilidad de implementar un sistema completamente nuevo. Sin embargo, esta realidad no debe motivar una reducción en la ambición del objetivo final a alcanzar, ya que una sucesión de pequeñas reformas puede generar grandes cambios a la postre.

Parece todo un "sodoku", pero mi propuesta, basada en el informe GIME'08 liderado por Ramírez[137], aunque con algunas modificaciones respecto al mismo, cumple con todos los requisitos. Consiste en una modificación mayor, como es el cambio de la circunscripción o distrito electoral, incluyendo dos niveles más de reparto, uno de escaños compensatorios para lograr una mayor proporcionalidad, y otro de prima a

---

[136] DUNLEAVY, Patrick y HELEN Margetts, *Understanding the dynamics of electoral reform*, International Political Science Review, Montreal (Canada), 1995, y NORRIS, Pippa, *Introduction: the politics of electoral reform*, International Political Science Review, Montreal (Canada), 1995.

[137] RAMÍREZ, Victoriano y otros - GRUPO DE INVESTIGACIÓN EN MÉTODOS ELECTORALES, *Propuesta de modificación del sistema electoral*, Universidad de Granada, Granada, 2008.

la mayoría para mantener la actual gobernabilidad del sistema; así como un cambio no fundamental, pero relevante, con la introducción de sistemas de personalización en la elección de candidatos, hasta ahora inexistente, añadiendo flexibilidad en las listas de partido. Mi propuesta se acompaña de modificaciones menores en otros aspectos más técnicos pero importantes, como el reparto de escaños por provincia o el umbral mínimo para obtener representación, que son casi "invisibles" para el elector y que no representan mayores dificultades para ponerse en marcha. Procederé a continuación a describir cada uno de ellos.

## 10.1.    El número de escaños y su reparto provincial

En nuestro actual sistema electoral para el Congreso se eligen 350 diputados y la circunscripción electoral es la provincia. Lo primero, por lo tanto, es repartir los 350 diputados entre las distintas provincias. ¿Cuántos corresponden a cada una? Lo lógico sería repartirlos proporcionalmente a su población, pero no se hace así. Antes de adjudicar los escaños según la población, se asignan dos diputados "de regalo" para cada provincia, más uno para Ceuta y otro para Melilla. Esto significa que 102 diputados se reparten entre las circunscripciones a partes iguales por motivos territoriales y no de forma proporcional a su población. De esta forma, quedan pendientes de adjudicar 248 diputados que sí se reparten equitativamente según la población. Una vez hecho esto, Madrid, por ejemplo, obtiene 36 diputados (2 fijos más 34 por su población), y Soria 2 (2 fijos y ninguno por su población). La consecuencia de este procedimiento es que las provincias menos pobladas salen beneficiadas, mientras las mayores quedan infrarrepresentadas. Esto perjudica a la proporcionalidad de nuestro sistema electoral. Hay una diferencia muy clara entre el número de diputados que debería tener cada provincia si atendiéramos a su población, y el que realmente tiene. Madrid eligió 36 diputados en las elecciones generales de 2016, cuando debería haber elegido 48 de haberse realizado una distribución de escaños estrictamente proporcional. Con Barcelona sucedió algo parecido, al elegir únicamente 31 cuando le hubieran correspondido 41. Valencia eligió 15 en lugar de 19; Sevilla, Alicante, Málaga, Murcia, Vizcaya, la Coruña y Santa Cruz de Tenerife eligieron también menos escaños de los que les corresponderían de haberse realizado un reparto proporcional. Por el contrario, la mayor parte del resto de provincias eligieron más diputados de lo "justo".

Una vez emitidos los votos, se recuentan y los diputados son repartidos proporcionalmente entre todos los partidos que superen el 3% de votos válidos en esa circunscripción. Y ese reparto sí que se hace de acuerdo con el método D'Hondt que, pese a la mala fama que le procede, sí que es un método de reparto proporcional, aunque no el más proporcional. El problema es que tenemos demasiadas provincias con pocos diputados en cada una, pero ese hecho mi propuesta lo corrige con la segunda fase de reparto, la de representatividad. Por último, nuestra ley fija un umbral mínimo del 3% para que una lista pueda ser tenida en cuenta en el reparto de escaños en una provincia. Este es un límite más bien decorativo: en Huesca haría falta alrededor de un 20% de votos para aspirar a algo. En Zaragoza, alrededor de un 10%. En Valencia, un 5 o 6%. Solo en Madrid y Barcelona un partido con menos de un 3% de los votos puede perder algún diputado por culpa de este umbral.

Los verdaderos agraciados por el sistema son los partidos grandes de nivel nacional (más del 20% de votos), mientras que los dañados son los partidos pequeños que se presenten en toda España y obtienen menos del 15% de votos. Salen ganando también quienes tienen más peso en las provincias despobladas. En cuanto a los partidos autonómicos, sus resultados son mucho más proporcionados. En general, el sistema les favorece si son primeros partidos en sus provincias, y les perjudica si son terceros o cuartos. Pero, en todo caso, las desviaciones que presentan son minúsculas en comparación con las de los partidos nacionales, que es donde reside realmente el problema. A pesar de lo que se suele decir, el sistema electoral español no prima a los partidos nacionalistas.

El informe GIME'08 propone un Congreso de los Diputados en el que se elijan 420 representantes, lo que obligaría a la modificación del artículo 68 de la Constitución, que establece que el tamaño del Congreso estará comprendido entre 300 y 400 Diputados. Sin embargo, para mejorar la representatividad del Congreso no es estrictamente necesario el incremento en el número de representantes, e iría además en contra del deseo mayoritario de la población, que considera, con razón, que tenemos ya demasiados políticos. Adicionalmente, de los pocos análisis científicos realizados para determinar el tamaño ideal que debería tener una asamblea, sobresale la norma de la raíz cúbica[138], que dice que el número de representantes políticos de una asamblea parlamentaria debería ser aproximadamente igual a la raíz cúbica de la población que representan. En España esto supondría un parlamento de unos 360 miembros, así que nuestro Parlamento, con 350 representantes, no difiere en demasía de ese número. Otro estudio[139], calcula en 414 el óptimo de representantes a nivel nacional en España, pero considerando tanto el Congreso como el Senado. Dado que para el Senado ya he propuesto en otra obra[140] su reducción hasta unos 70 senadores, de nuevo parece que un Congreso con 350 diputados está muy cerca del óptimo. Si acaso, para evitar empates en las votaciones, propondría incrementarlo en uno hasta los 351, lo que no precisa modificar la Constitución sino de la ley electoral. En cualquier caso, para facilitar las comparaciones en el resto del documento seguiré trabajando con un número de 350 representantes para nuestro Congreso de los Diputados.

Al diseñar un nuevo sistema electoral se debe respetar, siempre que sea posible, las tradiciones y costumbres de cada país. Algunos autores proponen suprimir las circunscripciones, o, por decirlo con mayor precisión, asignar los escaños en una única circunscripción de carácter nacional. Sin embargo, un sistema de esta naturaleza tendría otras importantes desventajas. En primer lugar, incrementaría la distancia entre los representados y los representantes, y no digamos si se desea que los electores escojan a uno o varios de los candidatos entre una lista única de nada menos que 350 candidatos. En segundo lugar, la estricta proporcionalidad de la elección en circunscripción única habría dificultado notablemente la formación de mayorías gubernamentales estables. En otros países –como Suecia o Dinamarca, por ejemplo- existe una circunscripción

---

[138] TAAGEPERA, Rein, and SOBERG SHUGART, Matthew, *Seats and votes: The effects and determinants of electoral systems*, Yale University Press, New Haven (USA), 1989.

[139] AURIOL, E., y GARY-BOBO, R. J. *On the optimal number of representatives*. PUBLIC CHOICE, 153(3-4), 2012.

[140] LEON ALONSO, José Alberto, *Una reforma territorial para España*, Ed. CreateSpace Independent Publishing Platform, 2015.

nacional como complementaria a las circunscripciones territoriales. Se trata de un mecanismo de igualación, tendente a corregir las desviaciones en la proporcionalidad que resultan de la elección en circunscripción múltiple. En tal sentido, las circunscripciones que aquí se proponen siguen siendo las mismas, es decir, las 50 provincias y las ciudades autónomas de Ceuta y Melilla. El tamaño de las provincias en España, en superficie y población, parece adecuado para mantener una distancia razonable entre los representados y los representantes, pues un tamaño menor nos conduciría a un reparto más mayoritario y uno mayor a una lejanía física entre elegidos y electores. Si acaso, la población de las circunscripciones de Madrid (6,5 millones de habitantes) y Barcelona (5,5 millones de habitantes) parece excesiva si se desea introducir elementos de personalización en la elección concreta de los diputados, ya que resulta ilusorio pensar que los electores van a conocer y ser capaces de distinguir entre los méritos de ni siquiera la mitad de los candidatos de una lista partidaria de más de treinta candidatos. Así pues, de modificar la restricción constitucional que determina que la circunscripción electoral es la provincia, aconsejaría hacerlo para mantener como norma general la provincia como circunscripción excepto cuando la población de una provincia superase un máximo a determinar, que podría establecerse en 20 diputados.

El método propuesto consiste en tres etapas, la primera de las cuales asigna a las circunscripciones provinciales 280 escaños de los 350 totales. Para este reparto, propongo cambiar el método de restos mayores[141] que se utiliza en la actualidad, y que da lugar a múltiples paradojas. Para que no sea necesario modificar la Constitución Española[142], mantengo la exigencia

---

[141] El reparto de escaños por provincia utiliza, según el artículo 162 de la Ley Orgánica 5/1985, de 19 de junio, del Régimen Electoral General, el método de la cuota Hare, a saber, a cada provincia le corresponde un mínimo inicial de dos Diputados (uno para Ceuta y otro para Melilla), y los 248 Diputados restantes se distribuyen entre las provincias en proporción a su población, conforme al siguiente procedimiento: a) Se obtiene una cuota de reparto resultante de dividir por 248 la cifra total de la población de derecho de las provincias peninsulares e insulares. b) Se adjudican a cada provincia tantos Diputados como resulten, en números enteros, de dividir la población de derecho provincial por la cuota de reparto. c) Los Diputados restantes se distribuyen asignando uno a cada una de las provincias cuyo cociente, obtenido conforme al apartado anterior, tenga una fracción decimal mayor.
[142] Artículo 68 C.E.: 1. El Congreso se compone de un mínimo de 300 y un máximo de 400 Diputados, elegidos por sufragio universal, libre, igual, directo y secreto, en

de un número inicial de escaños repartidos por provincias, aunque reduzco ese número a uno, en lugar de los dos actuales, que mantiene el informe GIME'08. De esa forma reduzco de 102 a 52 el número de escaños que se reparten de forma igual entre las provincias. Para el resto de escaños, propongo un criterio de reparto proporcional utilizando el sistema D'Hondt. Dado que el reparto fijo de 52 escaños por provincias favorece a las provincias de menor población y el sistema D'Hondt es, dentro de los sistema de reparto proporcionales, el que más favorece a las grandes poblaciones, el resultado final estará bastante equilibrado. En la práctica esto equivale al sistema Adams[143]. De no obligar la Constitución a asignar un mínimo de escaños a cada provincia, el método de reparto más justo sería otro[144], el método Webster o Sainte-Laguë, pero no sería constitucional y el método Adams corrige la mayor parte (las dos terceras partes) de la actual desproporción en el reparto inicial de escaños. Así las provincias grandes ganarían 24 escaños (pasando de 128 a 152), mientras que las medianas perderían 3 y las pequeñas 21 escaños (pasando de 103 a 82). Aún restan once escaños (nueve menos a las grandes y dos menos a las medianas) mal repartidos, pero es la tercera parte de los treinta y tres escaños incorrectamente repartidos de la actualidad.

|  | Cuota | Ahora | Adams | Webster |
|---|---|---|---|---|
| Grandes | 161 | 128 | 152 | 161 |
| Medianas | 118 | 119 | 116 | 117 |
| Pequeñas | 71 | 103 | 82 | 72 |
|  | 350 | 350 | 350 | 350 |

los términos que establezca la ley. 2. La circunscripción electoral es la provincia. Las poblaciones de Ceuta y Melilla estarán representadas cada una de ellas por un Diputado. La ley distribuirá el número total de Diputados, asignando una representación mínima inicial a cada circunscripción y distribuyendo los demás en proporción a la población. 3. La elección se verificará en cada circunscripción atendiendo a criterios de representación proporcional.

[143] Es como el método d'Hondt, que no garantiza que todas tenga un escaño como mínimo, pero incluye el cero entre los divisores. Al hacerlo la primera división es siempre infinito, con independencia de la población de la circunscripción y se asignarán escaños uno a uno a todas las circunscripciones. Y después el método sigue igual.

[144] Método Webster o Sainte-Laguë, que divide la población entre 1, 3, 5, etc.

Esta propuesta de reparto de escaños por provincias daría lugar a una asignación de escaños que, para las elecciones de 2016, sería la siguiente:

| Provincia | Actual | Propuesta | Provincia | Actual | Propuesta |
|---|---|---|---|---|---|
| Madrid | 36 | 36+9 | S/C Tenerife | 7 | 6+1 |
| Barcelona | 31 | 31+8 | Zaragoza | 7 | 6+1 |
| Valencia | 16 | 14+4 | Pontevedra | 7 | 6+1 |
| Sevilla | 12 | 11+3 | Granada | 7 | 6+1 |
| Alicante | 12 | 11+2 | Tarragona | 6 | 5+1 |
| Málaga | 11 | 9+3 | Córdoba | 6 | 5+1 |
| Murcia | 10 | 9+2 | Gerona | 6 | 5+1 |
| Cádiz | 9 | 7+2 | Guipúzcoa | 6 | 4+1 |
| Vizcaya | 8 | 7+2 | Almería | 6 | 4+1 |
| Coruña, La | 8 | 7+1 | Toledo | 6 | 4+1 |
| Baleares | 8 | 7+1 | Badajoz | 6 | 4+1 |
| Palmas, Las | 8 | 6+2 | Jaén | 5 | 4+1 |
| Asturias | 8 | 6+2 | Navarra | 5 | 4+1 |

| Provincia | Actual | Propuesta | Provincia | Actual | Propuesta |
|---|---|---|---|---|---|
| Cantabria | 5 | 4+1 | Álava | 4 | 2+1 |
| Castellón | 5 | 4+1 | Rioja, La | 4 | 2+1 |
| Valladolid | 5 | 3+1 | Guadalajara | 3 | 2+0 |
| Ciudad Real | 5 | 3+1 | Huesca | 3 | 2+0 |
| Huelva | 5 | 3+1 | Cuenca | 3 | 2+0 |
| León | 4 | 3+1 | Zamora | 3 | 2+0 |
| Lérida | 4 | 3+1 | Palencia | 3 | 1+1 |
| Cáceres | 4 | 3+0 | Ávila | 3 | 1+1 |
| Albacete | 4 | 3+0 | Segovia | 3 | 1+1 |
| Burgos | 4 | 2+1 | Teruel | 3 | 1+0 |
| Lugo | 4 | 2+1 | Soria | 2 | 1+0 |
| Salamanca | 4 | 2+1 | Ceuta | 1 | 1+0 |
| Orense | 4 | 2+1 | Melilla | 1 | 1+0 |
| | | | Nacional | 350 | 280+70 |

En la columna "Propuesta", el primer número indica el número de diputados elegidos en la primera fase de representación provincial, mientras que el segundo número indica la cantidad de representantes de esa provincia que serían asignados en las fases segunda y tercera, que están relacionadas con el voto nacional obtenido, y no con el voto provincial, tal y como se verá en los próximos puntos. La cantidad total de diputados seleccionados en cada provincia sería la suma de ambos números. Todas las provincias elegirán del mismo modo que ahora 280 de los 350 diputados del Congreso. Esos 280 escaños se reparten de tal forma que cada provincia reciba un escaño inicial, tal y como exige la Constitución, y los otros 228 de forma proporcional a su población de acuerdo con la fórmula D'Hondt. Este número de escaños se repartiría entre las distintas fuerzas políticas de la misma manera que ahora, asegurando la representatividad provincial y que el sistema electoral sigue siendo reconocible para los electores. Los otros 70 escaños que restan para alcanzar los 350 escaños totales, se repartirán entre las provincias por el mismo método D'Hondt para garantizar que se cumple con el mandato constitucional de que la representación electoral descansa en la provincia, pero los partidos que se benefician de estos escaños se obtienen de las dos restantes etapas del método de reparto, según se describe después. El Consejo de Estado aclaró en 2009[145] que esta fórmula de asignación de escaños a las provincias sería plenamente constitucional.

Con la nueva propuesta de reparto las provincias más pobladas ganan representación parlamentaria y las menos pobladas la pierden. Así, Soria, con 91.006 habitantes, elegiría los mismos diputados (uno) que Ceuta y Melilla, con 85.584 y 84.263 habitantes, respectivamente, en lugar del doble (dos por uno).[146] Hasta cuatro provincias más (Palencia, Ávila, Segovia y Teruel) elegirían únicamente un diputado. Por el contrario, en Madrid se elegirían 45 diputados, 36 directamente por los votos de la provincia y 9 por los votos nacionales. Ocho provincias ganarían escaños,

---

[145] COMISIÓN DE ESTUDIOS DEL CONDEJO DE ESTADO. *Informe del Consejo de Estado sobre las propuestas de modificación del régimen electoral general.* Consejo de Estado, 2009.

[146] Esta reforma evitaría la paradoja, que se producirá ciertamente en unos pocos años de no mediar modificación alguna del sistema electoral, de que la provincia de Soria acabe eligiendo más diputados que Ceuta y Melilla cuando su población acabará siendo inferior a la de estas ciudades, de seguir los patrones demográficos actuales. No en vano cuando se diseñó el sistema electoral español (1977), Soria tenía una población de 104.000 habitantes, mientras que Ceuta y Melilla estaban habitadas por 67.077 y 60.191 personas, respectivamente. Esa diferencia se ha venido cerrando paulatinamente con el tiempo, hasta el punto de que en cinco o diez años dejará de existir.

veinticuatro los perderían y el resto (dieciocho provincias, Ceuta y Melilla), se quedarían igual. Aunque parezca un asunto meramente técnico, lo cierto es que este reparto de escaños por provincias es mucho más proporcional que el actual y permite comenzar a corregir ya en la fase de representatividad geográfica provincial parte de la desproporción del sistema, ya que los partidos nacionales minoritarios tendrán más facilidad para obtener representación en las ocho provincias más pobladas, de las que todas ganan representación. Además, el nuevo reparto corrige casi totalmente los sesgos pro conservador y pro partido tradicional del actual sistema.

## 10.2. Fase 1ª: Representación geográfica

Las regiones que presentan idiosincrasias políticas propias, con partidos políticos diferenciados, han estado siempre bien representados en el Congreso de los Diputados. Esta característica no debe perderse con la reforma electoral que se propone, pues generaría críticas entre los partidos regionales o nacionalistas y no se trata con esta propuesta de menoscabar su adecuada representatividad y perder esta cualidad de nuestro sistema electoral, sino de conservarla. Para ello, en esta primera fase se asignan 280 diputados de forma proporcional a los votos provinciales de cada fuerza política. Para este reparto se usaría el método d'Hondt, que ha sido ampliamente usado para repartos a partidos políticos en las democracias de diferentes países[147], y tiene varias propiedades interesantes. En primer lugar, garantiza a cada partido su cuota inferior de escaños. Es decir, si a un partido le corresponden exactamente 3,60 escaños (en proporción a sus votos), el método d'Hondt le garantiza la parte entera de ese número, tres escaños. Por tanto, un partido nunca llega a perder un escaño en un reparto con este método. En segundo lugar, d'Hondt castiga la escisión de partidos y premia las coaliciones. Esto significa que si un partido se fragmenta en dos, entonces, a igualdad del total de votos, la suma de los escaños obtenidos por los dos partidos resultantes nunca será mayor que los obtenidos por el partido primitivo.

---

[147] Austria, Bélgica, Bulgaria, Croacia, Eslovenia, España, Finlandia, Francia, Gales, Grecia, Irlanda del Norte, los Países Bajos, Polonia, Portugal, la República Checa, Suiza, Argentina, Chile, Colombia, Ecuador, Guatemala, Paraguay, República Dominicana, Uruguay, Venezuela, Israel, Japón y Turquía.

Así pues, esta fase conserva la **representación geográfica** de nuestro sistema electoral, ya que el 80% de los escaños totales se repartirán de acuerdo con ella con el mismo procedimiento que en la actualidad.

### 10.3.  Fase 2ª: Escaños compensatorios para la proporcionalidad

La ciencia política comparada parece haber llegado a un cierto consenso[148] con respecto a la proporcionalidad en cuatro aspectos fundamentales que comparto. En primer lugar, parece aceptada la equiparación entre proporcionalidad e igualdad (y, si se quiere, justicia[149]) en el sistema electoral. En este sentido, los sistemas proporcionales son las fórmulas institucionales que mejor encarnarían la consecución de ese objetivo de igualdad en el ejercicio del voto. En segundo lugar, y como correlato de lo anterior, la desproporcionalidad suele juzgarse como algo negativo[150]. Si no fuera porque suele venir acompañada de una excesiva fragmentación del sistema de partidos y de una apreciable inestabilidad gubernamental, se haría francamente difícil razonar en contra de un sistema electoral que arrojara una exacta correspondencia entre los porcentajes de escaños y de votos conseguidos por un partido. Un tercer elemento de consenso es el que alcanza a los factores normalmente señalados como principales responsables de la falta de proporcionalidad de algunos sistemas electorales: por ejemplo, la utilización de fórmulas mayoritarias, la baja magnitud de las circunscripciones, la configuración de Parlamentos reducidos o la desviación en el prorrateo. El concurso de las tres últimas en mayor o menor medida, y éste es el cuarto consenso, convierte a España en uno de los países del mundo que, utilizando una fórmula en principio proporcional, presenta una peor correspondencia entre los porcentajes de votos y escaños obtenidos por las distintas fuerzas políticas.

---

[148] MONTERO, José Ramón y RIERA, Pedro, *El sistema electoral español: cuestiones de desproporcionalidad y de reforma*, Anuario de la Facultad de Derecho de la Universidad Autónoma de Madrid, Madrid, 2009.
[149] Por ejemplo, LIJPHART, Arend, *Sistemas electorales y sistemas de partido*, Centro de Estudios Constitucionales, Madrid, 1995, sostiene que la proporcionalidad es "sinónimo de justicia electoral".
[150] LIJPHART, Arend, *Sistemas electorales y sistemas de partido*, Centro de Estudios Constitucionales, Madrid, 1995.

Para corregirlo, nada mejor que aplicar la misma solución que se ha elegido en otros países y que proporciona una buena representatividad. Del repaso realizado por la casuística de los distintos sistemas electorales en los países democráticos de nuestro entorno, los escaños de compensación elegidos en Dinamarca, Suecia y Noruega son un ejemplo perfectamente aplicable al sistema electoral español de un procedimiento que permite representar los intereses locales mientras se asegura la proporcionalidad e igualdad del sistema, garantizando la justicia y legitimidad del resultado. Eso lo realizan estos países combinando las circunscripciones en un área geográfica reducida con un sistema de escaños compensatorios nacionales para compensar las desviaciones en la proporcionalidad. Así, un porcentaje de los escaños se reparte proporcionalmente a nivel nacional (considerando el total estatal de votos) para evitar que partidos con significativo apoyo nacional pero porcentaje insuficiente en los distritos se queden sin representación. En el sistema noruego, cada distrito tiene un escaño de compensación[151]. En Suecia el número de escaños de compensación es fijo (39 de los 349 escaños, un 11% del total) y su asignación a diferentes distritos es variable. Igual ocurre en Dinamarca, donde 40 de los 179 escaños (un 22% del total) se reservan para su asignación nacional.

Para España, mi propuesta es reservar 50 escaños, es decir un 14,3% del total, para garantizar la proporcionalidad del sistema. Así pues, los partidos que alcancen la barrera o umbral mínimo de votos necesarios (ver más adelante), participarán en esta segunda fase de reparto o asignación de escaños. En ella se calculará un reparto proporcional de 330 escaños (280+50) a los partidos en función de sus votos totales, pero garantizando a cada partido un número mínimo de escaños igual al obtenido en la fase provincial. Para este reparto proporcional utilizaría igualmente el método D'Hondt. Como veremos en las simulaciones, ese número de escaños es suficiente para garantizar que todos los partidos que alcanzan el umbral mínimo logran un número de escaños proporcional a los votos obtenidos. Así pues, esta fase garantiza una altísima proporcionalidad entre escaños y votos. De este modo, a diferencia de lo que ocurre actualmente, la reforma propuesta **garantiza la representatividad y legitimidad** de los resultados

---

[151] Que en España equivaldría a 52 escaños de compensación.

obtenidos, eliminando así dos de los grandes problemas de nuestro sistema electoral.

## 10.4. Fase 3ª: Prima al partido mayoritario para gobernar

La segunda fase resuelve el problema de la escasa proporción entre los votos por los partidos nacionales minoritarios y sus escaños obtenidos. Pero cuanto mayor sea la proporcionalidad, menor será la capacidad de gobernabilidad del país. Y en unas elecciones hay algo más en juego que la mera composición de una Cámara legislativa. Está en juego la composición de un Gobierno que, en nuestro sistema político actual, tiene unos poderes que prevalecen sobre los del Parlamento. En nuestro régimen de representación indirecta, en el que elegimos parlamentarios que a su vez eligen a un Presidente del Gobierno, las elecciones al Congreso son en realidad y principalmente elecciones a la Presidencia del Gobierno. Pocos electores conocen el nombre de los diputados nacionales o autonómicos que votan en su circunscripción[152], pero sí el del candidato a la Presidencia del Gobierno. Así que nuestro sistema electoral tiene mucho de elección presidencial y menos de lo que la teoría dice sobre elección de legisladores.

Todo sistema electoral pretende, con mayor o menor intensidad, alcanzar dos objetivos principales: lograr que el Parlamento sea un reflejo lo más fiel posible de la distribución de preferencias políticas en el cuerpo electoral, y facilitar la conformación de Gobiernos estables. Estos dos propósitos no siempre resultan fácilmente compatibles. La distinción entre sistemas mayoritarios y proporcionales obedece precisamente a la prioridad conferida al primero o al segundo de ellos. Resulta evidente que, hasta hace poco, el sistema electoral español ha tenido un notable grado de éxito en alcanzar la gobernabilidad del país, pues ha deparado una duración media de los Gobiernos similar con la alemana y muy superior a la italiana[153]. En cambio, los resultados del sistema electoral español resultan menos satisfactorios en relación con el primero de los objetivos, pues la composición del Congreso de los Diputados no ha reflejado con plena

---

[152] La mayoría ni siquiera recuerda el nombre de quién encabeza la lista, no digamos ya el que resulta elegido en la cuarta o sexta posición.
[153] NÚÑEZ-RUFINO, Rubén, *A vueltas con el sistema electoral*, El País, Madrid, 2008.

fidelidad la correlación de fuerzas políticas existente en el cuerpo electoral, sino que se han producido distorsiones. Ahora bien, podríamos convenir que el mejor sistema electoral es aquel que logra el mayor grado de equilibrio posible en la consecución de ambos objetivos, que ofrecen en todo caso un parámetro desde el que evaluar su idoneidad. Así que la gobernabilidad es una cualidad que no debería perderse al incrementar la representatividad. Que ésta disminuyera no resultaría tan preocupante en países (como Alemania, Dinamarca, Suecia, Holanda y, en general, el norte de Europa) donde otros factores, como la lealtad constitucional, una cultura política de consenso y el sentido de Estado prevalecen sobre la rivalidad política, pero estos factores no parecen ser los predominantes en el juego político en España, donde el enfrentamiento entre los distintos bandos es feroz e irreconciliable. En España no ha existido, ni existe, una cultura del consenso. Basta hacer un repaso a la historia del constitucionalismo español, que salvo el breve periodo de la Transición y el consenso en torno a la Constitución del 78, que hoy parece resquebrajado, es el reflejo de la pugna entre dos visiones, conservadora y progresista, por imponer su ideología. Los partidos han impulsado consignas simplistas, un discurso de buenos y malos, de pronunciado antagonismo, que proyecta una falsa pero radical enemistad. Como resultado, cada formación política mantiene una gran masa de votantes fieles, con independencia de su gestión o programa, contribuyendo a debilitar el mecanismo electoral como un control último del poder. Durante años, la victoria de un partido no se debía tanto al traspaso de votos como a la elevada abstención de los seguidores del adversario[154].

El sistema electoral debe estar en consonancia con la cultura política y los valores sociales de cada nación. En los países donde los ciudadanos están satisfechos con su sistema mayoritario existe lo que Parsons llamó "una polarización limitada de la sociedad"[155], en la cual existe un equilibrio social entre consenso y rivalidad, y donde el sentido de Estado supera las rivalidades políticas e ideológicas. Esa polarización limitada existe en

---

[154] BLANCO, Juan M., *EL PSOE acaba recogiendo lo sembrado*, Voz Pópuli, Madrid, 2016.
[155] ALMOND, G.A. y VERBA, S., *La cultura cívica*, Ed. Euramérica, Madrid, 1970.

Estados Unidos[156] y el Reino Unido, así como en numerosos países del norte de Europa, pero no en los países del sur de Europa y, en concreto, en España, donde los partidos políticos sufren de una antipatía visceral a su principal rival político, que aparece casi como un enemigo de la democracia y/o el Estado. En Estados Unidos y el Reino Unido no existe una fragmentación de la sociedad en grupos políticos ideológicamente antagónicos y cerrados, mientras que en España las relaciones entre los partidos y entre sus militantes es cuasi-cainita, donde nada que haga el partido rival es bueno, donde pactar la más mínima medida con él es poco menos que una traición, y donde no se atiende a las razones del otro, sino que se las descalifica sin más como propias de ignorantes, fascistas o radicales. Así pues, al nuevo sistema electoral habrá que exigirle no solo que facilite la elección de un legislativo plural, sino también que siga permitiendo la formación de un Gobierno con respaldo popular que pueda dirigir de una manera efectiva la política nacional y desarrollar su programa de gobierno. Un sistema electoral estrictamente proporcional conllevaría un sistema de partidos más fragmentado que haría más difícil la formación de gobiernos estables y duraderos y la atribución de responsabilidades. Desde esta perspectiva no resulta repudiable introducir elementos correctores de una estricta proporcionalidad y un elevado fraccionamiento de la cámara legislativa, que permita facilitar la formación de un gobierno estable durante la legislatura. De otro modo podríamos caer en un desgobierno inestable a la italiana, sociedad con las que compartimos más rasgos culturales y de comportamiento que con las del norte de Europa. Cosa distinta es que esto se haga bien o mal.

De forma directa o indirecta todos los sistemas electorales introducen algún tipo de incentivo para la gobernabilidad. Con los sistemas mayoritarios muy pocos partidos consiguen representación y, normalmente, sólo dos de ellos consiguen un número importante de diputados. Muchos sistemas de representación proporcional tienen gran número de circunscripciones pequeñas (en ellas los resultados se aproximan a los de un sistema mayoritario) y circunscripciones medianas (en las que sólo dos o tres partidos obtienen representación). España y la

---

[156] Aunque la reciente feroz confrontación electoral entre Trump y Clinton parece ponerlo en duda.

mayoría de los países sudamericanos son ejemplos de ello. Algunos países con circunscripciones grandes introducen una prima explícita para la gobernabilidad. De este modo, se favorece que los partidos más votados sean quienes formen gobierno. Por ejemplo, en el parlamento griego, con 300 escaños, 40 son automáticamente asignados al partido más votado, y el resto se reparten proporcionalmente en circunscripciones (con un sistema similar al español). Así, basta con que el partido vencedor obtenga 111 escaños de los 260 restantes para tener mayoría absoluta en la cámara. En el complejo sistema electoral italiano, se garantiza que el vencedor obtenga el 55% de los escaños, y el resto del parlamento se reparte proporcionalmente entre los restantes partidos. En Francia, las primas a la mayoría se usan en las elecciones municipales (al partido más votado tiene el 50% más uno de los concejales) y regionales (25% de representantes al partido más votado). Este tipo de mecanismos reducen el poder real de los partidos minoritarios, al otorgar prácticamente siempre la mayoría absoluta al partido más votado (con lo cual las coaliciones de gobierno son innecesarias). Sin embargo, a mi juicio estas primas cuando se otorgan de forma burda corren el riesgo de debilitar la legitimidad del gobierno que facilitan. Si con un solo voto de diferencia se otorga un número importante de escaños o se garantiza al vencedor la mayoría absoluta de los escaños, diferencias nimias pueden decantar el gobierno de un lado o de otro, deslegitimando al gobierno resultante, ya que el perdedor no se considerará tal. Por ello, creo que el diseño debe ser más fino.

De esta forma, mi propuesta de reforma electoral incluye una prima de como máximo 25 escaños al partido mayoritario en número de votos, pero cuya asignación dependerá en la práctica de la diferencia de votos entre los partidos más votados. La prima consiste en un escaño por cada 0,2 puntos porcentuales de diferencia en votos entre el primer y el segundo partido, hasta el reparto total de los 25 escaños de esta fase. Si restasen escaños por repartir una vez se hubiera cubierto la diferencia entre el primer y el segundo partido, se procederá a continuar con el reparto, pero utilizando como referencia al tercer partido más votado, participando el primer y segundo partido del reparto hasta cubrir la diferencia o finalizar con el reparto de escaños de esta fase. Así, si entre el primer y el segundo partido hay una diferencia en votos de cinco puntos porcentuales o más, el partido más votado se llevará todos los escaños de esta fase, facilitándole la formación de gobierno al partido claramente ganador de las elecciones. Pero si la diferencia entre los dos o tres partidos más votados es reducida, estos 25 escaños podrían repartirse entre estos partidos de forma equitativa.

*Ejemplo: Imaginemos que tres partidos reciben el 30% (PP), el 27,5% (PSOE) y el 25% (Podemos) de los votos. La diferencia entre el PP y el PSOE es de 2,5 p.p., de modo que el PP recibe 13 de los escaños como prima a la mayoría. Posteriormente se comparan con el tercer partido (Podemos), que está a 2,5 p.p. del PSOE, y reciben un escaño cada uno hasta completar el reparto de los 25 escaños, esto es, seis escaños cada uno, lo que compensa 1,2 p.p. de la diferencia con Podemos, hasta que finaliza el reparto de los 25 escaños de esta fase.*

Así pues, el reparto de escaños en esta fase es independiente del realizado durante las dos fases anteriores, y depende exclusivamente de la diferencia de votos entre los principales partidos. Si esta diferencia es suficiente como para considerarla una victoria clara de uno de los partidos (más de 5 p.p. de diferencia), el total de la prima de gobernabilidad se asigna por completo al partido más votado, con el objeto de facilitar la gobernabilidad.

El sistema de reparto de esta fase tiene un límite. Si con este reparto un partido alcanzase la mayoría absoluta (176 escaños) antes de asignar la totalidad de los 25 escaños, el resto de escaños se distribuiría como en la segunda fase (proporcionalidad), teniendo en cuenta todos los escaños asignados hasta ese momento y hasta completar los 350 escaños totales. Una vez alcanzado el escaño 176 por el partido vencedor, la gobernabilidad está asegurada por lo que no tiene sentido otorgarle una prima mayor; de ahí que en tal caso se continúe repartiendo los escaños de acuerdo con el procedimiento de la segunda fase, la de representatividad, en proporción a los votos totales y a los escaños ya repartidos en las distintas fases, de modo que los últimos escaños se destinarían a aumentar la proporcionalidad. Eso sí, para evitar la formación de coaliciones electorales realizadas con el único propósito de ganar esta prima de escaños, y que se disolverían tras las elecciones, el reparto de esta prima se desharía en el momento en que la coalición se rompiese.

Ramírez[157] en su informe GIME'08 otorga 40 escaños en esta fase repartiendo los escaños de acuerdo con el cuadrado de los votos obtenidos, para así favorecer a los partidos más votados. Repartiría 420 escaños de acuerdo con el cuadrado de los votos obtenidos, pero respetando los repartos realizados en las fases 1ª y 2ª. De esta forma, la distribución de escaños entre los partidos de las dos primeras fases se tendría en cuenta para el reparto en el reparto de la prima a la mayoría. Pero bajo su propuesta, si al partido más votado le favoreciera el reparto inicial, en la fase 3ª, diseñada para favorecer la gobernabilidad, el segundo partido más votado salía beneficiado. Eso a la postre no le valdría para gobernar, pero perjudicaría las opciones de gobierno del partido más votado. Por ello, mi propuesta desliga totalmente la distribución de escaños de esta tercera fase del reparto más o menos proporcionado de las dos fases anteriores. Si lo que se pretende con la prima a la mayoría es favorecer la formación de gobierno del partido más votado, lo que procede es favorecer al partido más votado siempre que se victoria haya tenido un margen considerado suficiente, independientemente de los escaños que cada partido haya recibido en las fases de reparto anteriores.

En la propuesta de reforma, 25 escaños son suficientes para garantizar la gobernabilidad, y de hecho la mejoraría incluso en varios de los procesos electorales, en especial los de 2015 y 2016. Esta tercera fase tiene el objetivo de conservar la capacidad de nuestro sistema electoral de **facilitar un gobierno estable y eficiente**, sin que se pierda esta fortaleza (y, de hecho, mejore), con la reforma propuesta. Del mismo modo, con la propuesta formulada, de ser necesario un gobierno de coalición reducirá el número de partidos que debe integrarlo, mejorando **la rendición de cuentas de los gobiernos**. Como veremos en las simulaciones, el sistema electoral propuesto habría producido las mismas mayorías absolutas que las generadas con el sistema anterior. Igualmente, los mismos partidos habrían obtenido las mayorías relativas en las mismas elecciones que las celebradas históricamente, aunque con una cuantía de escaños diferente, pero la formación de gobiernos dependería de un número de partidos igual

---

[157] RAMÍREZ, Victoriano y otros, *op. cit.*

o menor que en la realidad, facilitando en todo caso la formación de coaliciones de gobierno factibles.

## 10.5. Barrera o umbral mínimo

Pensemos por un momento que los 350 diputados del Congreso español se eligieran proporcionalmente según los votos obtenidos en todo el estado (lo que reclaman algunos en la actualidad bajo el erróneo eslogan de "una persona, un voto"). Esto supondría que obtener aproximadamente una $350^a$ parte de los votos totales (un insignificante 0,28%) valdría para garantizarse un escaño. También supondría que un partido necesitaría superar el 50% de los votos para obtener mayoría absoluta. En la práctica, habría múltiples partidos con casi nulo apoyo real en la sociedad pero cuyos escasos escaños podrían condicionar las políticas de la mayoría. Habríamos alcanzado la célebre "sopa de letras" de múltiples partidos políticos pequeños que recordaba la situación de la Segunda República y que condujo a la formación de amplios frentes políticos atomizados internamente y unidos únicamente por el enfrentamiento feroz con el rival. También existen motivos prácticos para imponer barreras o umbrales mínimos para alcanzar representación en los parlamentos nacionales. Un partido con apenas el 0,3% de los votos alcanzaría a tener un representante en un sistema proporcional puro en España, pero ese diputado tendría enormes dificultades para hacer oír su voz en el Parlamento nacional, y muchas más para estar presente en la multitud de comisiones, plenos y actividades que se desarrollan en el Parlamento. De nada sirve tener multitud de partidos políticos representados con uno o dos miembros que no pueden asistir ni intervenir en todas las comisiones y actividades parlamentarias. El Parlamento no sería operativo.

Para evitar estos hechos, en muchos países existe una barrera electoral, es decir, un umbral mínimo requerido legalmente, que es necesario superar para participar en la asignación de escaños. La existente en España (un 3% de los votos de cada circunscripción) es una barrera de muy escasa relevancia, pues las candidaturas que no obtengan el 3% de los votos no obtienen escaños en casi ningún caso, dado el escaso número de representantes a elegir, salvo en las dos circunscripciones de mayor tamaño

(Madrid y Barcelona), y aun en éstas es extremadamente difícil con la fórmula electoral utilizada.

En algunos casos, se establecen umbrales demasiado altos con la clara intención de dificultar la representación de minorías o la aparición de nuevos partidos alternativos a la mayoría establecida. Por ejemplo, en Turquía un partido debe obtener el 10% de votos en todo el territorio nacional para entrar en el parlamento. De este modo, los kurdos, poco más del 10% de la población, solo una vez han estado representados en Ankara por sus propios partidos políticos. En Rusia el umbral es del 7%, lo que en las últimas elecciones dejó fuera de la Duma al partido liberal Yábloko, con más de dos millones de votos. En Alemania, con un umbral del 5%, en 2005 el partido liberal FDP se quedó fuera del Bundestag con 2,2 millones de votos (el 4,7%). Semejantes umbrales en España harían desaparecer a todos los partidos del Congreso salvo PP y PSOE en la mayoría de los procesos electorales[158]. En el otro extremo, Holanda, con un parlamento de 150 miembros, tiene un umbral de 1/150 de los votos totales (el 0,67%). Los umbrales mínimos varían ampliamente, pero, en general, en Europa los mayoritarios oscilan entre el 4% y el 5%. La Asamblea Parlamentaria del Consejo de Europa en 2007 indicó que en "democracias bien establecidas" el umbral mínimo no debería superar el 3%. La Comisión Europea[159] apuntó que umbrales entre un 3% y un 5% serían probablemente aceptables, siempre que existiesen medidas para salvaguardar a las minorías nacionales.

El informe GIME'08 propone eliminar todos los umbrales mínimos, pero no comparto esa postura. De hacerlo así, nuestro Parlamento tendría entre 15 y 25 partidos, muchos de ellos con un reducido número de miembros (entre uno y tres), lo que devendría en un Parlamento poco práctico y operativo. Adicionalmente, se potenciarían las escisiones internas de los partidos, lo que debilitaría a nuestros partidos con continuas rupturas, y posibilitaría la entrada en el Parlamento de partidos extremistas,

---

[158] Aunque en la actualidad tendríamos cuatro, PP, PSOE, Podemos y Ciudadanos, la existencia de cuatro partidos por encima del 10% de los votos solo se ha producido en dos de las trece convocatorias electorales (2015 y 2016), y nada garantiza que se vaya a perpetuar.

[159] VENICE COMMISION, *Report thresholds and other features of electoral systems which bar parties from access to Parlament*, Comisión Europea, Venecia, 2010

y perjudicaría el objetivo de establecer incentivos para la conciliación y evitar el extremismo. En el lado contrario, otros autores proponen incrementar los umbrales mínimos para dejar fuera del Parlamento a un buen número de partidos nacionalistas minoritarios, pero en mi opinión no sería democrático manipular a conciencia el sistema electoral para perjudicar específicamente a los partidos nacionalistas haciéndoles perder escaños por debajo de sus porcentajes nacionales, además de que probablemente encontrarían la manera de sortear estos mínimos coaligándose entre ellos.

Creo que es posible encontrar un término medio que garantice una altísima representatividad, pero que no conduzca a un Parlamento inoperativo y a unos partidos políticos débiles y en constante riesgo de ruptura. Este punto medio que propongo es, por un lado, eliminar el actual umbral mínimo del 3% de los votos para alcanzar representación, ya que es una barrera que, en la práctica solo afecta a las provincias de Madrid y Barcelona y que, de hecho, solo se ha aplicado una vez en Madrid en las trece elecciones celebradas hasta la fecha; y, por otro lado, que en la fase segunda de representatividad solo accedan al reparto de escaños los partidos que, o bien hayan obtenido algún escaño en la fase primera, es decir, tengan al menos cierta representatividad local, o alcancen la cifra del 2% del total de votos (o un 3% para coaliciones electorales para evitar las alianzas de múltiples pequeños partidos con el solo objeto de acceder al reparto en esta fase), lo que implica cierta representatividad nacional y, en el caso de entrar en el Parlamento, la absoluta seguridad de hacerlo con entre 5 y 7 diputados, es decir, un grupo parlamentario que pueda desempeñar su papel y resultar influyente. El primer umbral protege a los partidos regionales o nacionalistas minoritarios o establecidos en regiones poco pobladas, y el segundo a los partidos nacionales minoritarios.

Con estas barreras, como veremos en las simulaciones, los partidos políticos representados en nuestro parlamento se mantendrían en números similares a los históricos y los partidos políticos representados tendrían una proporcionalidad muy superior a la actual. En la práctica, casi todos los partidos políticos que obtuviesen representación alcanzarían un mínimo de cuatro o cinco diputados, lo que además permitiría una mayor operatividad de sus representantes. Igualmente, se protegería la cohesión interna de los partidos y no entrarían en el parlamento partidos políticos extremistas con escasa implantación nacional o provincial. En cualquier caso, estos umbrales podrían elevarse hasta el 3% de los votos totales a nivel nacional o un mínimo de tres escaños de representación provincial, por ejemplo, si se observara que el umbral propuesto fomenta las escisiones internas, debilitando a los partidos políticos o fragmenta de forma excesiva el Congreso resultante. En mis simulaciones no se observa esa fragmentación, sino que el número de partidos parlamentarios se reduce ligeramente al perder representación algunos partidos regionales minoritarios, y esa barrera del 2% evita igualmente la irrupción de multitud de pequeños partidos de corte radical o personalista, cuyo porcentaje de votos ha rondado históricamente como máximo el 1%.

En conclusión, la introducción de estas barreras favorece la **gobernabilidad**, al reducir el número de partidos presente en el Parlamento, mejorando su operatividad, e introduce cierta **resistencia al extremismo** al evitar que partidos de esa índole logren representación parlamentaria con un porcentaje bajo de votos. Igualmente, introduce un elemento que **fortalece a los partidos políticos**, puesto que la no existencia de barreras incentivaría las escisiones internas dada la facilidad para obtener representación parlamentaria.

### 10.6.  Reparto de los escaños de la 2ª y 3ª fase entre los partidos

El reparto por provincias de los escaños obtenidos por los partidos en la fase 2ª (representatividad) y 3ª (prima al partido mayoritario) se haría de la siguiente forma. Los 70 escaños a asignar de estas dos fases se distribuirían entre las provincias utilizando para ello, una vez más, el método D'Hondt, comenzando a partir de los escaños obtenidos en la fase 1ª (representación provincial). El resultado de estas operaciones es una serie de cocientes y los 70 escaños compensatorios se irán asignando uno a uno al cociente mayor, pero siempre respetando el límite máximo establecido por provincia y partido político. Cuando un partido recibe un nuevo escaño, su número de votos en esa provincia se divide de nuevo por el siguiente divisor con el que seguirá participando en el reparto. Cuando un partido ha obtenido el número de escaños compensatorios que se le han asignado en toda España, no participa más en los repartos que siguen.

Cuando una provincia ha obtenido el número de escaños compensatorios que se le han asignado, se elimina de los repartos subsiguientes. En la tabla siguiente se muestra un reparto simplificado entre dos provincias:

Las provincias de Zaragoza y Pontevedra eligen seis diputados cada

| Provincias | ZARAGOZA (6+1) | | | PONTEVEDRA (6+1) | | |
|---|---|---|---|---|---|---|
| Partidos | A | B | C | A | B | C |
| Votos | 100.000 | 160.000 | 125.000 | 200.000 | 120.000 | 160.000 |
| 1 | x | x | x | x | x | x |
| 2 | **50.000** | x | x | x | **60.000** | x |
| 3 | 33.333 | x | 41.667 | x | 40.000 | 53.333 |
| 4 | 25.000 | 40.000 | 31.250 | 50.000 | 30.000 | 40.000 |
| 5 | 20.000 | 32.000 | 25.000 | 40.000 | 24.000 | 32.000 |

una en la primera fase (representación provincial) y un diputado más cada una como escaño compensatorio. Los diputados elegidos en la primera fase vienen marcados con una X. La asignación del escaño compensatorio en cada provincia se realizaría a aquel partido con derecho a recibirlo con un mayor cociente (el partido A en Zaragoza y el B en Pontevedra). Este reparto se realiza en todas las provincias comenzando por el cociente mayor y siguiendo con el inmediatamente inferior. En el momento en el que un partido haya recibido todos los escaños compensatorios a los que tiene derecho, dejaría de formar parte del reparto. De igual modo que las provincias que ya han asignado sus escaños compensatorios dejarían de considerarse para una nueva asignación. En el ejemplo, Zaragoza y Pontevedra, habiendo asignado sus siete diputados (6+1), quedan fuera de nuevos repartos. El proceso continúa hasta que todos los escaños compensatorios sean asignados a los partidos y provincias que les corresponda.

El último paso será encontrar a los candidatos que resultarán elegidos en cada provincia de acuerdo con el reparto establecido, lo que se hará en el siguiente apartado.

## 10.7. Listas desbloqueadas para la rendición de cuentas

Hasta ahora, la reforma del sistema electoral propuesta mantiene los elementos positivos del sistema electoral actual de una **buena representación geográfica, facilidad de uso, comprensión y administración**, mientras que se logra igualmente una **buena**

**representatividad, legitimidad**, y mejora incluso la **gobernabilidad.** Esta mejora se logra a cambio de un **cierto debilitamiento de los partidos políticos**, pero que puede verse incluso como un hecho positivo dado el excesivo poder y control que las cúpulas de los mismos ejercía sobre los candidatos y representantes. Para evitar que este debilitamiento conduzca a constantes escisiones internas, se establecen unos mínimos (un 2% de los votos totales o haber obtenido un escaño de representación provincial) para optar al reparto de los escaños complementarios. Falta mejorar la **rendición de cuentas de los representantes**, para lo que ya había propuesto el desbloqueo de las listas en el capítulo dedicado a los candidatos. Dado que la flexibilidad de las listas se trató con amplitud en el cuarto capítulo del libro, sintetizaré a continuación mi propuesta de reforma del sistema electoral para que la descripción del proceso de voto ciudadano esté completa.

Mi propuesta es establecer de forma voluntaria y no obligatoria, una opción de voto aprobatorio, que permite apoyar o no a uno, varios o todos los candidatos dentro de una lista partidista, de tal modo que la lista sea flexible, esto es, que siga el orden establecido por el partido a menos que un candidato reciba un 5% o más de votos preferenciales. El votante seguiría eligiendo la papeleta del partido al que deseara votar con la única diferencia de que ahora podría además expresar su preferencia por uno de los candidatos allí nominados. Si no lo hiciera, su voto continuaría computando como un voto más para el partido a la hora del reparto de escaños, pero no tendría relevancia a la hora de designar al representante elegido, y se mantendría así la **facilidad de uso, comprensión y administración** del actual sistema electoral, que es un valor a conservar. La lista flexible polariza la competición entre los candidatos menos que la abierta, **no divide a los partidos**, y no aumenta la volatilidad de los resultados en los que unos pocos votos cambien por completo la elección concreta de los representantes. Establezco un mínimo del 5% de votos preferenciales para saltarse el orden de la lista, ya que, por debajo de este porcentaje quedarían candidatos cuasi desconocidos que únicamente han alcanzado a pequeños grupos de interés, de modo que en su caso prevalecería el orden inicial de la lista, cuyo electorado es probable que tenga un conocimiento más profundo de sus virtudes y defectos. Así, el orden de la lista electoral tendría importancia para los candidatos menos conocidos, mientras que los más conocidos serían elegidos de acuerdo con la voluntad de los ciudadanos.

Cuando, de acuerdo con el criterio de reparto, a un partido político le correspondieran uno o varios representantes en un distrito, los representantes elegidos serían aquellos que obtuvieran un mayor número de votos personales en ese distrito hasta un máximo del número de representantes asignados para cada partido, siempre que hayan recibido al menos un 5% de votos preferenciales. De esta forma, una vez asignados los escaños de cada circunscripción a cada partido, la elección de candidatos (al menos, de los más conocidos) dentro de cada partido se realizará de acuerdo con los votos preferenciales recibidos por cada uno de ellos. En cuanto a la administración del sistema, obliga únicamente a contar, además de los votos recibidos por cada partido, los votos personales obtenidos por cada candidato en las papeletas partidarias, lo que, si bien retarda algo más el recuento, no resulta complicado de realizar y los resultados se seguirían conociendo la noche electoral. Cada colegio electoral contaría primero los votos de cada partido, de modo que los resultados de los partidos políticos se conocerían a la misma velocidad que ahora, y posteriormente pasarían a contar los votos personales emitidos.

Con las listas flexibles propuestas se introduce un mecanismo de control por parte de los votantes de los representantes elegidos en cada distrito electoral. Serían pues los candidatos más votados los elegidos para representar a los ciudadanos, y no resultarían elegidos como hasta ahora de acuerdo con el orden preestablecido en la lista de partido. Este sistema traspasa el poder desde los partidos hacia los votantes, lo que hará que los representantes se vean incentivados a cultivar una relación y contacto estrecho con los ciudadanos de su circunscripción, a los cuales deberá pedirles el voto personal. Este hecho estimula la **rendición de cuentas de los representantes**, pues el electorado tendrá la capacidad de verificar efectivamente a quienes, una vez elegidos, traicionan las promesas que hicieron durante la campaña o demuestran incompetencia en el cargo.

## 11. SIMULACIÓN DE RESULTADOS HISTÓRICOS

No solo es interesante sino conveniente realizar una simulación de los resultados electorales de las trece elecciones generales realizadas hasta la fecha en España bajo la propuesta de reforma. De esta forma puede observarse en casos reales el impacto de la reforma electoral planteada. Naturalmente, este ejercicio parte del supuesto de que los electores y los partidos políticos se comportarían de igual forma en cada una de las citas electorales, lo que es un supuesto con algunos visos de irrealidad. Dado que la propuesta de nuevo sistema electoral no incentiva como el actual el voto útil, es probable que al menos una parte de los electores modificara su voto y apostara por su partido preferido en lugar de por el partido menos malo. Este cambio de conducta es más probable en las provincias pequeñas y medianas, que en las grandes. Igualmente, es probable que los partidos regionales y nacionalistas hubieran decidido presentar candidaturas en otras provincias de España fuera de su región de origen, puesto que cada voto recogido en cualquier provincia podría suponer un escaño adicional en el reparto de la segunda fase, que se encarga de corregir la falta de proporcionalidad de la fase de reparto provincial anterior.

Aun así, la simulación de resultados nos permite comprobar cómo hubiera quedado nuestro Parlamento si el voto se hubiese ejercido de la misma manera, y así comprobar con datos reales si los actuales defectos de nuestro sistema electoral se corrigen o no con la reforma propuesta. Por todo ello, considero que resulta un ejercicio conveniente en el que analizaremos con el detalle necesario todos y cada uno de los procesos electorales celebrados con el fin de extraer conclusiones valiosas sobre las modificaciones propuestas a nuestro sistema electoral para el Congreso de los Diputados. Con este fin, analizaré las distintas elecciones generales celebradas en España en orden cronológico.

### 11.1. Las legislaturas de Suárez: Elecciones de 1977 y 1979

En **1977 se celebraron las primeras elecciones generales** libres desde la restauración democrática en España. Adolfo Suárez se alzó como vencedor de las mismas, al frente de un conglomerado de formaciones de centro, en el que se agrupaban los aperturistas del franquismo con algunos elementos moderados de la antigua oposición democrática, aglutinadas en torno a su persona, bajo las siglas UCD (Unión de Centro Democrático). Las Cortes salidas de aquellas elecciones, convertidas en constituyentes, aprobaron la Constitución, que el pueblo español refrendaba el 6 de diciembre de 1978.

El número de votos a candidaturas fue de casi 18,3 millones. La UCD obtuvo el 34,5% de los votos y el 47,1% de los escaños (165 de 350). El segundo partido más votado fue el PSOE de Felipe González con el 29,2% de los votos y el 33,7% de los escaños (118). Por detrás quedó el PCE con un 9,4% de los votos y el 5,7% de los escaños (20) y la Alianza Popular de Manuel Fraga con el 8,2% de los votos y el 4,6% de los escaños (16). El germen de CiU, el PDPC (Pacto Democrático por Cataluña), y el PNV se constituyeron como las principales fuerzas nacionalistas, con 11 y 8 escaños, respectivamente. Como se observa, ya en estas primeras elecciones se produce la anomalía electoral de que estos dos partidos obtienen más escaños que un partido nacional minoritario, como el Partido Socialista Popular (PSP) de Tierno Galván, que logra apenas seis diputados (un 45% y un 25% menos que nacionalistas catalanes y vascos, respectivamente) con un 59% y un 176% más de los votos que éstos. En estas primeras elecciones, doce fuerzas políticas lograron representación parlamentaria, cinco de ellas con menos de los cinco diputados que les permitía disponer de grupo propio en una interpretación "generosa" del reglamento del Congreso. Los votos malgastados ascendieron al 18,7%, casi uno de cada cinco, el mayor de todas las elecciones democráticas, y el índice Gallagher de desproporción a 10,4, el segundo mayor.

Con la reforma propuesta, en el reparto provincial de la primera fase, nueve partidos políticos obtendrían representación parlamentaria, así que estarían habilitados para participar en las dos fases siguientes, y no habría ningún partido que hubiese alcanzado el dos por ciento de los votos en toda España que no hubiera obtenido representación provincial alguna. En esta primera fase, UCD logra 129 escaños y el PSOE 91. EE, CAIC y CIC, que lograron un escaño en las elecciones reales, no obtendrían escaño con la reforma propuesta, al tratarse de partidos minoritarios incluso en su región y obtener pocos votos (entre 29.834 y 61.417).

## ELECCIONES GENERALES 1977

| PARTIDO | Votos | Dip. | Prov | Rep | May | Total | % votos | % esc. |
|---|---|---|---|---|---|---|---|---|
| UCD | 6.309.517 | 165 | 129 | | 25 | 154 | 34,5% | 44,0% |
| PSOE-PSC | 5.338.107 | 118 | 91 | 10 | | 101 | 29,2% | 28,9% |
| PCE-PSUC | 1.711.906 | 20 | 21 | 11 | | 32 | 9,4% | 9,1% |
| AP | 1.471.527 | 16 | 12 | 16 | | 28 | 8,1% | 8,0% |
| PSP-US | 816.754 | 6 | 5 | 10 | | 15 | 4,5% | 4,3% |
| PDPC | 514.647 | 11 | 9 | | | 9 | 2,8% | 2,6% |
| PNV | 296.193 | 8 | 6 | | | 6 | 1,6% | 1,7% |
| FDC-EDC | 215.841 | | | | | | 1,2% | |
| UDC-IDCC | 172.791 | 2 | 1 | 2 | | 3 | 0,9% | 0,9% |
| EC-FED | 143.954 | 1 | 1 | 1 | | 2 | 0,8% | 0,6% |
| FDI | 122.608 | | | | | | 0,7% | |
| ASDCI | 101.916 | | | | | | 0,6% | |
| AET | 77.575 | | | | | | 0,4% | |
| EE | 61.417 | 1 | | | | | 0,3% | 0,0% |
| CAIC | 37.183 | 1 | | | | | 0,2% | |
| ESB | 36.002 | | | | | | 0,2% | |
| INDEP-CIC | 29.834 | 1 | | | | | 0,2% | |
| RESTO | 820.313 | | | | | | 4,5% | |
| | 18.278.085 | 350 | 275 | 50 | 25 | 350 | | |

En la tabla se muestran los votos logrados por cada partido político, ordenados de acuerdo con los votos obtenidos. En la segunda fase únicamente participarán los partidos con representación provincial. Los partidos regionales minoritarios antes mencionados quedan fuera de esta fase de reparto al perder su representación provincial[160]. Tampoco accede al Parlamento el Equipo de la Democracia Cristiana (FDC-EDC), una agrupación de partidos democristianos españoles que militaba en la oposición a la dictadura franquista, y que lideraba Joaquín Ruiz-Giménez, con el 1,2% de los votos, ya que no logra el umbral mínimo del 2% de los votos a escala nacional. Este partido se disolvió tras las elecciones y sus miembros pasaron a la Unión de Centro Democrático o a Alianza Popular.

---

[160] Como consecuencia de la reducción de escaños a repartir en las provincias, de 350 a 280, así como también por la redistribución de escaños entre regiones, que elimina la sobrerrepresentación del País Vasco.

Como se observa, el umbral del 2% evita una fragmentación excesiva del Parlamento. De no existir ese límite, el FDC-EDC habría logrado cuatro escaños en esta segunda fase, insuficientes para lograr grupo propio, y estos escaños los habrían perdido partidos mayores como PSOE, PCE y AP. Aunque no es el caso del FDC-EDC, un grupo moderado de centro derecha, en muchas ocasiones los partidos excluidos representan a corrientes más radicales o extremas, como es el Frente Democrático de Izquierdas, una coalición de partidos maoístas y marxistas leninistas, que logró el 0,7% de los votos y habría obtenido dos escaños de acceder a esta fase de reparto. También ese umbral mínimo deja sin representación parlamentaria a partidos escindidos como la Alianza Socialista Democrática (ASDCI), una coalición de partidos escindidos del PSOE y otros partidos de izquierda. Así pues, a costa de dejar fuera del Congreso a pequeños partidos, el umbral se muestra efectivo para combatir una excesiva fragmentación parlamentaria, las escisiones de partidos, a los partidos radicales, así como fortalecer a los partidos con una mayor relevancia parlamentaria. La existencia de la barrera mínima asegura un Parlamento funcional a costa de excluir a pequeños grupos escasamente representativos. Una barrera reducida de un 2% del voto nacional siempre que no se logre representación provincial, parece pues bastante razonable. De otra forma el Parlamento pasaría a contar con catorce partidos, la mitad de ellos en el grupo mixto con menos de cinco diputados.

El reparto en esta segunda fase beneficia a los partidos que han resultado infrarrepresentados en la primera fase de reparto provincial. UCD, enormemente beneficiada por su condición de partido más votado y por la concentración de su sufragio en las provincias más despobladas, no recibe ningún escaño en esta fase, ya que los 129 escaños recibidos en la primera le otorgan un cociente (n° de votos/escaños+1) superior al del resto de partidos. El partido más beneficiado es AP, que recibe 16 de los 50 escaños, pues no en vano era el más perjudicado en el reparto inicial. Igualmente beneficiados resultan el PCE (11 escaños en esta fase), el PSOE (10 escaños) y el PSP-US (10 escaños), todos ellos partidos de escala nacional. Pero también dos partidos regionales, como UDC y EC-FED, se ven compensados por haber logrado en la primera fase un porcentaje de escaños menor que el de votos.

Como resultado final de esta segunda fase, desaparece la habitual anomalía de nuestro actual sistema electoral en el que una fuerza parlamentaria cuenta con menos diputados que otra habiendo recibido más votos que ella. Así, el Partido Socialista Popular-Unidad Socialista (PSP-US), que obtuvo en 1977 la mitad de los escaños (6) que el PDPC (11) con un 59% más de los votos, e incluso menos escaños que el PNV (8) con casi el triple de los votos, obtiene bajo el sistema electoral reformado 15 escaños (nueve más que en 1977), lo que supone el 4,3% de los escaños totales con el 4,5% de los votos. Las fuerzas nacionalistas de Cataluña (PDPC) y País Vasco (PNV) pierden la sobrerrepresentación de dos y un escaño la que se beneficiaron en estas elecciones, y reciben también estrictamente los escaños que les corresponden. Ese reparto proporcional se extiende al resto de fuerzas parlamentarias. Todas las fuerzas políticas con representación en el Parlamento reciben aproximadamente el mismo porcentaje de escaños que de votos. La excepción es la UCD, que en la tercera fase, de prima a la mayoría, recibirá 25 escaños que la sobre-ponderará para facilitarle el gobierno.

En la tercera fase, de prima al partido mayoritario, los escaños se reparten de acuerdo con la diferencia en votos entre el primer y el segundo partidos más votados, a razón de un escaño para al partido más votado por cada 0,2% de diferencia en porcentaje de votos. Dado que la UCD obtiene 5,3 puntos porcentuales más de votos a candidaturas que el PSOE, la totalidad de los 25 escaños de prima para la mayoría irán a parar a la UCD, con lo que acaba teniendo 154 escaños, a 22 de la mayoría absoluta.

La simulación del escenario resultante de haberse aplicado la reforma propuesta arrojaría los siguientes resultados. El ganador de las elecciones continuaría siendo UCD, aunque con once diputados menos (154). Aun así, su prima sigue siendo considerable, pues recibe 9,5 puntos porcentuales más de escaños que de votos, dado que UCD gana el último escaño en el reparto provincial de la mayoría de las provincias. Realmente, la reforma propuesta lo que hace es reducir la exagerada prima que recibió UCD en estas elecciones (44 escaños de más y 12,6 puntos porcentuales de exceso) hasta una cifra más razonable. Como veremos, este hecho no hubiera dificultado la gobernabilidad, al incrementar el peso de otros partidos nacionales minoritarios con los que lograr acuerdos.

Los partidos minoritarios nacionales, como el PCE, AP y PSP, reciben más escaños (doce, doce y nueve, respectivamente) con la reforma planteada, con un reparto proporcional casi perfecto. El PSOE, como segundo partido, resulta perjudicado al perder 17 escaños respecto a los resultados reales, obteniendo 101 diputados en lugar de los 118 de las elecciones de 1977, pero recibe su cuota proporcional de escaños. Lo que sucede es que el sistema electoral actual favorece a los dos partidos mayoritarios (UCD y PSOE), mientras que bajo la reforma propuesta el único primado es el más votado (UCD). Esto es así porque primar, como hace nuestro actual sistema electoral, al segundo partido más votado es un "derroche", ya que, como veremos, no le sirve en ningún caso para tener opciones de gobierno, pero, en cambio, los escaños extra que recibe perjudican a los partidos nacionales minoritarios que no obtienen una representación ajustada a sus votos. Con todo, la reforma propuesta no castiga injustamente ni desproporcionadamente al segundo partido más votado, sino que le asigna el número de escaños que le correspondería proporcionalmente (29,2% de los votos y 28,9% de los escaños). Simplemente, elimina la prima electoral que recibe en la actualidad.

Las elecciones de 1977 eran elecciones constituyentes, para elaborar una Constitución, y no se celebró votación de investidura pues era el Rey quien elegía el Gobierno. Con los resultados de la reforma planteada, el pacto más factible de gobierno sería el de UCD-AP, que sumaría 182 escaños y permitiría gobernar con garantías. El nacionalismo catalán y vasco hubiera perdido el peso que tuvo, pues un pacto UCD-PDPC-PNV no alcanzaría la mayoría absoluta y se quedaría con 169 escaños.

Tras la reforma, nueve partidos políticos obtendrían representación parlamentaria, tres menos que en el escenario real, aunque el número efectivo de partidos habría pasado de 2,9 a 3,4, como consecuencia del mayor peso político de los partidos nacionales minoritarios. Los votos malgastados se reducirían del 18,7% al 7,9%, el índice Gallagher pasaría de 10,4 a 6,8, y la desproporción según el Índice Loosemore-Hanby (LH) se reduciría del 18,3% al 9,6%.

Los resultados de las **elecciones de 1979** dieron la victoria a Unión de Centro Democrático con mayoría simple, 168 escaños, seguido del

Partido Socialista Obrero Español con 121 escaños. Adolfo Suárez revalidó el cargo de Presidente del Gobierno y bajo este mandato se inició el desarrollo autonómico en España, con la aprobación de los Estatutos de Cataluña, País Vasco, Galicia, Andalucía, Asturias, Cantabria, Comunidad Valenciana, Murcia, La Rioja, Aragón, Castilla-La Mancha, Canarias y Navarra; así como la primera ley de financiación autonómica y la concesión de facultades tributarias al Gobierno vasco en 1980.

El periodo entre 1979 y 1982 fue muy inestable en todos los sentidos. UCD gobernó en minoría y fracturándose por tensiones internas entre sus distintas corrientes, aunque contó con el apoyo de CiU, PNV y PSA para numerosas votaciones, interesados como estaban en la aprobación y desarrollo de su autogobierno, aunque conforme iban viendo cumplidas sus expectativas ese apoyo se volvió más complicado. También recibió el apoyo o la abstención frecuente de Coalición Democrática (CD), como el voto favorable en investidura de 1979, y las abstenciones para los distintos presupuestos, así como en la moción de censura contra Suárez de 1981, interrumpida por el intento de golpe de estado de Tejero. En cualquier caso, los apoyos variaban de medida en medida y debían ser negociados hasta el final con victorias parlamentarias por escaso número de votos. Como resultado de ello y de las fracturas internas de la propia UCD, la legislatura estuvo plagada de incertidumbre e inestabilidad.

UCD se vio enormemente beneficiada por un sistema electoral diseñado de acuerdo con sus intereses, donde el voto rural y las pequeñas circunscripciones le daban un peso muy superior al de sus votos. Así, con el 35,1% de los votos logró el 48% de los diputados en el Congreso. Los perjudicados fueron, como de costumbre, los partidos minoritarios nacionales como el PCE de Carrillo, la Coalición Democrática (CD) de Fraga, e incluso la Unión Nacional (UN) de Blas Piñar (ultraderecha). El porcentaje de voto malgastado o inútil fue de un 17,8%, ya que los partidos políticos no se habían consolidado y se producían numerosas escisiones que el sistema electoral penalizaba. Igualmente, el Índice Gallagher de desproporción alcanzó en estas elecciones el mayor valor de todas las convocatorias electorales, un 10,6.

## ELECCIONES GENERALES 1979

| PARTIDO | Votos | Dip. | Prov | Rep | May | Total | % votos | % esc. |
|---|---|---|---|---|---|---|---|---|
| UCD | 6.291.341 | **168** | 129 | | 24 | **153** | 35,1% | 43,7% |
| PSOE-PSC | 5.476.969 | **121** | 98 | 9 | 1 | **108** | 30,5% | 30,9% |
| PCE-PSUC | 1.939.733 | **23** | 23 | 14 | | **37** | 10,8% | 10,6% |
| CD-UPN | 1.098.885 | **10** | 6 | 15 | | **21** | 6,1% | 6,0% |
| CIU | 483.353 | **8** | 7 | 2 | | **9** | 2,7% | 2,6% |
| UN | 379.460 | **1** | 1 | 6 | | **7** | 2,1% | 2,0% |
| PSA-PA | 325.842 | **5** | 3 | 3 | | **6** | 1,8% | 1,7% |
| PNV | 275.292 | **7** | 6 | | | **6** | 1,5% | 1,7% |
| PTE | 192.798 | | | | | | 1,1% | |
| HB | 172.110 | **3** | 2 | 1 | | **3** | 1,0% | 0,9% |
| PSOE-H | 133.869 | | | | | | 0,7% | |
| ORT | 127.517 | | | | | | 0,7% | |
| ERFN | 123.452 | **1** | | | | | 0,7% | 0,0% |
| EE | 85.677 | **1** | | | | | 0,5% | 0,0% |
| MC-OIC | 84.856 | | | | | | 0,5% | |
| BNPG | 60.889 | | | | | | 0,3% | |
| C-UPC | 58.953 | **1** | | | | | 0,3% | 0,0% |
| BEAN | 56.582 | | | | | | 0,3% | |
| PG-POG-PSG | 55.555 | | | | | | 0,3% | |
| IR | 55.384 | | | | | | 0,3% | |
| PCARL | 50.552 | | | | | | 0,3% | |
| PAR | 38.042 | **1** | | | | | 0,2% | 0,0% |
| RESTO | 366.537 | | | | | | 2,0% | |
| | **17.933.648** | **350** | **275** | **50** | **25** | **350** | | |

Con la propuesta alternativa, en la primera fase cuatro partido menos obtienen representación parlamentaria, todos ellos partidos regionales minoritarios que lograrían a lo sumo uno o dos escaños en un reparto estrictamente proporcional y cuya presencia en el Congreso sería testimonial, al carecer de influencia real en la toma de decisiones. Eso reduce el número de fuerzas parlamentarias de trece a nueve.

Como en el caso anterior, la segunda fase de representatividad corrige las anomalías en el reparto de escaños a los partidos nacionales minoritarios. Así, AP recibe 15 de los 50 escaños en esta fase, el PCE 14, el PSOE 9, Unidad Nacional (UN) 6, y los partidos regionales PSA, CiU y

HB 3,2 y 1 escaños, respectivamente. Ningún partido que no obtiene representación en la fase primera logra el mínimo del 2% de los votos para acceder a esta fase. Pero si no existiera ese umbral nada menos que veinte partidos políticos obtendrían representación en el Parlamento, doce de ellos con menos de cinco diputados. El umbral del 2% sigue mostrándose útil para lograr un Parlamento operativo y funcional.

En la tercera fase, dado que UCD aventaja a la segunda fuerza (PSOE) en 4,6 puntos porcentuales (p.p.) en votos, no recibiría los 25 escaños de gobernabilidad, sino 24. Esos 4,6 p.p. asignarían 23 escaños de partida a UCD, para posteriormente ir otorgando un escaño alternativamente a cada uno de ellos hasta que el reparto finaliza o hasta que cancelen la diferencia con la tercera fuerza (PCE). Dado que el PCE está a una distancia sideral en porcentaje de votos de los dos primeros partidos, lo que sucede es que tras asignar los dos escaños que restarían para completar los 25 de esta fase uno a PSOE y otro a UCD, el reparto se da por concluido con 24 escaños para UCD de prima y 1 al PSOE.

Como resultado final, UCD perdería 15 escaños, pues sería la principal perjudicada de la reducción de escaños otorgados por provincias, ya que en 1979 ganó el último escaño en las dos terceras partes de las provincias. De nuevo la sobrerrepresentación que lo otorgó el sistema electoral vigente, y que alcanzó el máximo histórico en las elecciones de 1979 (45 escaños) se reduce hasta una prima de treinta escaños. El PSOE pierde trece escaños en comparación con los resultados de 1979. Los principales beneficiados serían el PCE, que ganaría 14 escaños hasta totalizar 37; CD, que sumaría once escaños más hasta alcanzar los 21; y UN, que pasaría de uno a siete. CiU gana un escaño, igual que el Partido Socialista Andaluz (PSA), mientras que el PNV pierde uno por la tradicional sobre-ponderación de las provincias vascas en el reparto de escaños de la legislación vigente.

Respecto a la gobernabilidad, Suárez fue investido Presidente con el voto a favor de UCD, CD, PSA-PA, PAR, así como la abstención de CiU, lo que sumaba 183 votos a favor, 149 en contra, 8 abstenciones y 10 ausencias. Con el mismo comportamiento de las distintas fuerzas políticas, sumaría 180 votos a favor y 148 en contra. La diferencia es que, con este escenario, UCD se vería obligada a gobernar con un apoyo más claro de CD, coalición de la Alianza Democrática de Fraga con los escindidos de UCD, Acción Ciudadana Liberal de Areilza, y Partido Democrático Progresista de Osorio. Con todos ellos sumaría 174 escaños, a los que debería sumar los de algún partido regional, aunque el PSA-PA era proclive a ello. Es probable que esta situación hubiera conducido a un acuerdo de coalición con CP, dado su mayor poder con la reforma propuesta, lo que sería una experiencia que nunca se ha producido en esta etapa democrática, que hubiera otorgado una mayor estabilidad al Gobierno. La coalición alternativa PSOE-PCE sumaría apenas 145 escaños, apenas uno más que en la realidad, y no habría estado en condiciones de lograr apoyos suficientes para gobernar.

El porcentaje de voto inútil se reduciría sustancialmente en este escenario alternativo, del 17,8% al 7,3%; el Índice Gallagher caería del 10,6 al 6,3; la desproporción según el Índice Loosemore-Hanby (LH) se reduciría del 17,6% al 9,1%. Por último, el número efectivo de partidos aumentaría de 2,8 a 3,3, lo que significa que en lugar de tender al régimen de bipartidismo imperfecto de dos partidos y medio en el que luego se estabilizaría nuestro sistema de partidos, se mantendría en alrededor de tres partidos y medio, con un mayor pluralismo de la cámara dada la importancia ganada por los partidos nacionales minoritarios (PCE y CP). Estaríamos ante un régimen de multipartidismo moderado, asumible y plural, en lugar de multipartidismo bipolar.

### 11.2. Los gobiernos de González: Elecciones de 1982, 1986, 1989 y 1993

El PSOE de Felipe González gobernó en España de forma ininterrumpida entre 1982 y 1996, ganando cuatro elecciones generales (1982, 1986, 1989 y 1993) de forma consecutiva. Las dos primeras con mayoría absoluta, la tercera con justo la mitad de los diputados (175 de los 350 totales) y la cuarta con mayoría relativa.

El primero de los gobiernos de Felipe González se produjo tras su **arrolladora victoria en el año 1982**, elecciones en las que el PSOE logró el mayor porcentaje de votos que ningún partido político ha logrado en nuestra trayectoria democrática, con un 48,3% de los votos y 202 escaños, un 57,8% del total. Alianza Popular logró 107 escaños, un 28,6% del total, con un 26,5% de los votos y CiU fue la tercera fuerza política en escaños y la quinta en votos (3,7%). Unión de Centro Democrático (UCD), el tercer partido en votos (6,5%) logra apenas el 3,1% de los escaños, mientras que el Partido Comunista de España (PCE) es la cuarta fuerza en votos (4,0%) y la sexta en escaños. Diez partidos lograron representación parlamentaria en estas elecciones, con un 14,2% de votos inútiles y un Índice Gallagher de desproporción del 8,3.

## ELECCIONES GENERALES 1982

| PARTIDO | Votos | Dip. | Prov | Rep | May | Total | % votos | % esc. |
|---------|-------|------|------|-----|-----|-------|---------|--------|
| PSOE-PSC | 10.127.392 | 202 | 161 | 6 | 12 | 179 | 48,3% | 51,1% |
| AP-PDP | 5.543.107 | 107 | 84 | 7 | 7 | 98 | 26,5% | 28,0% |
| UCD | 1.354.858 | 11 | 6 | 16 | 2 | 24 | 6,5% | 6,9% |
| PCE-PSUC | 844.976 | 4 | 3 | 10 | 1 | 14 | 4,0% | 4,0% |
| CIU | 772.726 | 12 | 11 | 1 | 1 | 13 | 3,7% | 3,7% |
| CDS | 600.842 | 2 | 2 | 7 | 1 | 10 | 2,9% | 2,9% |
| EAJ-PNV | 395.656 | 8 | 5 | 1 | 1 | 7 | 1,9% | 2,0% |
| HB | 210.601 | 2 | 2 | 1 | | 3 | 1,0% | 0,9% |
| ERC | 138.116 | 1 | 1 | 1 | | 2 | 0,7% | 0,6% |
| FN | 108.746 | | | | | | 0,5% | |
| PST | 103.133 | | | | | | 0,5% | |
| EE | 100.326 | 1 | | | | | 0,5% | |
| PSA-PA | 84.474 | | | | | | 0,4% | |
| RESTO | 566.647 | | | | | | 2,7% | |
| | 20.951.600 | 350 | 275 | 50 | 25 | 350 | | |

En la simulación de resultados con la reforma propuesta el PSOE sigue obteniendo la mayoría absoluta con 179 representantes. De ellos, 161 representantes se logran en el reparto provincial; 6 en el de representatividad; y en la tercera fase de reparto mayoritario, en la que tendría en principio que recibir la totalidad de los 25 escaños disponibles, dado lo holgado de su victoria (19,8 p.p.) recibe en primera instancia únicamente los 9 escaños que necesitaría para alcanzar la mayoría absoluta (176). De esta forma, los otros 16 escaños estarían disponibles para su reparto proporcional de acuerdo con lo establecido para la 2ª fase, aunque partiendo de los diputados ya asignados. En ese reparto, el PSOE recibe tres escaños más, con lo que su total ascendería a 179 escaños.

Únicamente nueve partidos logran representación parlamentaria, al perder EE su escaño. UCD obtendría 13 escaños más de los logrados realmente, hasta un total de 24, lo que supone un 6,9% de los escaños con el 6,5% de los votos. El PCE logra once escaños más hasta un total de 14, el 4,3% de los escaños con el 4,0% de los votos. CiU obtiene un escaño más pero pasa a ser quinta fuerza política por las ganancias obtenidas por UCD y PCE. El CDS se convierte en sexto partido por número de escaños, el mismo puesto que tiene en número de votos, y gana ocho escaños, pasando de 2 a 10. El PNV pierde un escaño, y HB y ERC ganan uno cada uno. De los nueve partidos con representación parlamentaria, apenas dos (HB y ERC) pertenecerían al grupo mixto con 3 y 2 diputados, respectivamente. De nuevo, el orden de los partidos por número de diputados coincidiría con el orden por número de votos, así como las diferencias relativas entre los partidos por escaños y votos. Todos los partidos con representación parlamentaria obtendrían un número de escaños igual o superior a su porcentaje de votos. Como se observa, el reparto de escaños de representatividad de la segunda fase, aunque proporcional, beneficia a los partidos mayores (PSOE, AP, UCD), que acaban logrando un porcentaje de escaños superior al de votos. Ello se debe al reparto D'Hondt de esta 2ª fase que, intencionadamente, busca concentrar el reparto de escaños entre los partidos con mayores opciones de influir y participar en la vida parlamentaria, en un intento más de tener un Parlamento funcional y operativo.

El número de partidos con representación parlamentaria con la reforma electoral propuesta se reduciría de diez a nueve, pero de no existir la barrera electoral del 2% se incrementaría por el contrario a trece. Igualmente, ese límite penaliza el éxito electoral de las escisiones de los partidos, así como a partidos de corte extremista, que no obtienen representación parlamentaria, como sería el caso de Fuerza Nueva, de corte ultraderechista, el Partido Socialista de los Trabajadores (PST) de ideología trotskista, el Partido de los Comunistas de Cataluña (PCC), pro-soviético y escisión del PSUC, así como un partido populista como el Partido Socialista Andaluz, liderado por Pedro Pacheco.

El porcentaje de votos inútiles se reduciría del 14,2% al 6,5%, un 54% inferior. Y el Índice Gallagher de desproporción del 8,3 al 3,0, un 64% inferior y uno de los menores índices de desproporción de los sistemas proporcionales. La desproporción según el Índice LH se reduciría del 13,9% al 4,9%. Es decir, menos del 5% de los escaños se reparten de forma no proporcionada. Por último, el número efectivo de partidos aumentaría de 2,3 a 2,9, lo que significa que estaríamos ante un régimen de multipartidismo bipolar, motivado por la victoria incontestable del PSOE por mayoría absoluta, en lugar de un sistema bipartidista, que es en lo que se convirtió el régimen de partidos español entre 1982 y 1989.

Las **elecciones de 1986** las ganó el PSOE con una mayoría absoluta de 184 diputados, obteniendo el 52,6% de los escaños con el 43,4% de los votos. Alianza Popular (AP), la predecesora del PP, obtuvo la segunda plaza tanto en votos (25,6%) como en escaños (105, el 30% del total). En cuanto al resto de fuerzas políticas en estas elecciones se produce el "extraño" caso de que los partidos políticos con representación parlamentaria se ordenan de la misma manera tanto por número de votos como por número de escaños, tal y como debería ser siempre. Eso sí, el CDS obtiene apenas un 6% de escaños más que CiU (19 vs 18), cuando sus votos superan al partido catalán en un 84%, mientras que IU obtiene un 17% más de escaños que el PNV (7 vs 6) cuando sus votos triplican los del partido nacionalista vasco. Los partidos nacionales minoritarios siguen siendo los grandes perdedores de este sistema. En estas elecciones doce partidos políticos obtuvieron representación parlamentaria, cinco de ellos adscritos al grupo mixto. El porcentaje de votos desperdiciados fue del 14,1% y el Índice Gallagher de desproporción del 7,5.

En el escenario alternativo, el PSOE sigue obteniendo mayoría absoluta, pero con 176 escaños, ocho menos que en el escenario real. Para ello, obtiene 150 diputados en el reparto provincial, 6 en el reparto de representatividad, y 20 en la fase mayoritaria, lo que deja cinco escaños extra para repartir proporcionalmente. En la primera fase de reparto provincial, CG pierde su representación parlamentaria, ya que había logrado el último escaño en disputa en Orense, lo que lo deja fuera de las restantes fase de reparto, pues no logra el 2% del total nacional de votos (0,4%). Lo mismo sucede con otros partidos regionales minoritarios, que pierden su representación local. A EE le perjudica la reducción del número de escaños de las provincias vascas pequeñas, antes sobrerrepresentadas, y pierde sus dos escaños. Asimismo, AIC y UV pierden igualmente su escaño provincial. El número de partidos con representación parlamentaria se reduce de esta manera de doce a ocho. De no existir la barrera electoral del 2% se incrementaría por el contrario a dieciocho, doce de los cuales se adscribirían al grupo mixto, que se volvería masificado y poco operativo. Igualmente, ese límite penaliza el éxito electoral de las escisiones de los partidos, así como a partidos de corte extremista, que no obtienen representación parlamentaria. Así, el Partido Socialista de los Trabajadores (PST), de ideología comunista y corte trotskista; y el Partido de los Comunistas de Cataluña (PCC), prosoviético y escisión del PSUC, quedan fuera del Parlamento con el 0,4% y 0,3% de los votos.

## ELECCIONES GENERALES 1986

| PARTIDO | Votos | Dip. | Prov | Rep | May | Total | % votos | % esc. |
|---|---|---|---|---|---|---|---|---|
| PSOE-PSC | 8.901.718 | 184 | 150 | 6 | 20 | 176 | 44,3% | 50,3% |
| AP-PDP-PL | 5.247.677 | 105 | 82 | 12 | 3 | 97 | 26,1% | 27,7% |
| CDS | 1.838.799 | 19 | 13 | 19 | 2 | 34 | 9,2% | 9,7% |
| CIU | 1.014.258 | 18 | 16 | 1 | | 17 | 5,1% | 4,9% |
| IU-PSUC | 892.070 | 7 | 5 | 11 | | 16 | 4,4% | 4,6% |
| EAJ-PNV | 309.610 | 6 | 6 | | | 6 | 1,5% | 1,7% |
| HB | 215.282 | 5 | 2 | 1 | | 3 | 1,1% | 0,9% |
| MUC | 229.695 | | | | | | 1,1% | 0,0% |
| PRD | 194.538 | | | | | | 1,0% | |
| EE | 107.053 | 2 | | | | | 0,5% | 0,0% |
| PA | 94.008 | | | | | | 0,5% | |
| ERC | 84.628 | | | | | | 0,4% | 0,0% |
| CG | 79.972 | 1 | | | | | 0,4% | |
| PST | 77.914 | | | | | | 0,4% | |
| PAR | 73.004 | 1 | 1 | | | 1 | 0,4% | 0,3% |
| AIC | 65.664 | 1 | | | | | 0,3% | 0,0% |
| UV | 64.403 | 1 | | | | | 0,3% | 0,0% |
| PCC | 57.107 | | | | | | 0,3% | |
| RESTO | 534.333 | | | | | | 2,7% | |
| | 20.081.733 | 350 | 275 | 50 | 25 | 350 | | |

Tras la última fase de reparto, el PSOE permanece como ganador de las elecciones por mayoría absoluta, pero con ocho diputados menos lo que reduce la diferencia entre su porcentaje de escaños (50,3%) y el voto real (44,3%). El PP pierde ocho diputados, pero su porcentaje de escaños (27,7%) sigue siendo algo superior al de votos (26,1%). El CDS sería el gran vencedor con el cambio, ya que incrementa su número de diputados de 19 a 34, logrando el 9,7% de los escaños con el 9,2% de los votos, una distribución mucho más justa y acorde a la realidad de los votos. También IU se ve beneficiada, al sumar nueve diputados más, pasando de 7 a 16. PNV conserva los mismos representantes en un sistema electoral u otro, mientras que CiU y HB pierden uno y dos diputados, respectivamente. La Mesa para la Unidad de los Comunistas (MUC), de Santiago Carrillo, y el PRD de la operación reformista de Miquel Roca, siguen sin entrar en el Congreso al no lograr el mínimo del 2% de los votos o representación provincial. El orden de los partidos parlamentarios por número de votos seguiría coincidiendo con el orden por número de diputados, pero con un reparto de escaños mucho más acorde a los votos logrados. Así, IU con algo menos del triple de los votos del PNV logra casi el triple de escaños que el partido vasco, y el CDS ahora dobla el número de escaños de CiU, cuando antes con un 84% más de votos apenas lo superaba en un escaño.

Así pues, la reforma electoral propuesta permite un Parlamento con grupos minoritarios nacionales más fuertes, con una representación equivalente a la de sus votos y evita la fragmentación de los partidos políticos, fortaleciéndolos. Todo ello, mientras se garantiza la gobernabilidad y el partido mayoritario obtiene la prima suficiente para gobernar por mayoría absoluta, tal y como sucedió en la realidad. El número de votos inútiles se reduce del 14,1% al 6,8%, el Índice Gallagher de 7,5 a 4,6. La desproporción según el Índice Loosemore-Hanby (LH) se reduciría del 12,8% al 8,4%. Por último, el número efectivo de partidos aumentaría de 2,7 a 2,9. Como se observa, éste se estabiliza en torno a los tres partidos, al ganar relevancia e importancia los partidos nacionales minoritarios. Este hecho no dificulta la gobernabilidad, sino por el contrario, en todo caso hace que dependa de ellos en lugar de los partidos nacionalistas, tal y como sucede en toda Europa.

En **las elecciones de 1989** el PSOE se quedaría a un escaño de revalidar por tercera vez su mayoría absoluta, obteniendo 175 de los 350 diputados de la Cámara, aunque pudo gobernar sin problemas gracias a la no presencia de los diputados de Herri Batasuna (HB) durante toda la legislatura.

### ELECCIONES GENERALES 1989

| PARTIDO | Votos | Dip. | Prov | Rep | May | Total | % votos | % esc. |
|---------|-------|------|------|-----|-----|-------|---------|--------|
| PSOE-PSC | 8.115.568 | 175 | 133 | 6 | 25 | 164 | 39,9% | 46,9% |
| PP-UPN | 5.285.972 | 107 | 84 | 7 | | 91 | 26,0% | 26,0% |
| IU-IC | 1.858.588 | 17 | 13 | 19 | | 32 | 9,1% | 9,1% |
| CDS | 1.617.716 | 14 | 12 | 16 | | 28 | 7,9% | 8,0% |
| CIU | 1.032.243 | 18 | 18 | | | 18 | 5,1% | 5,1% |
| EAJ-PNV | 252.119 | 5 | 5 | | | 5 | 1,2% | 1,4% |
| RUIZ-MATEOS | 219.883 | | | | | | 1,1% | |
| HB | 217.278 | 4 | 3 | | | 3 | 1,1% | 0,9% |
| PA | 212.687 | 2 | 2 | 1 | | 3 | 1,0% | 0,9% |
| LV | 157.103 | | | | | | 0,8% | |
| UV | 144.924 | 2 | 2 | | | 2 | 0,7% | 0,6% |
| EA | 136.955 | 2 | 1 | 1 | | 2 | 0,7% | 0,6% |
| LVE | 136.335 | | | | | | 0,7% | |
| EE | 105.238 | 2 | 1 | | | 1 | 0,5% | 0,3% |
| PTE-UC | 86.257 | | | | | | 0,4% | |
| ERC | 84.756 | | | | | | 0,4% | 0,0% |
| PAR | 71.733 | 1 | | | | | 0,4% | |
| AIC | 64.767 | 1 | 1 | | | 1 | 0,3% | 0,3% |
| PCPE | 62.664 | | | | | | 0,3% | |
| RESTO | 489.101 | | | | | | 2,4% | |
| | 20.351.887 | 350 | 275 | 50 | 25 | 350 | | |

En el escenario alternativo, el PSOE obtendría once diputados menos (164), y el PP dieciséis menos. Por contra, IU lograría 32, quince más, y el CDS 28, el doble. Como se observa, la tradicional infrarrepresentación de los partidos nacionales minoritarios se corrige por completo. Pese a la amplia ventaja obtenida por el PSOE sobre el PP, el hecho de no alcanzar ni el 40% de los votos le impide acariciar la mayoría absoluta, como sucedió en el escenario real. Todos los partidos parlamentarios obtienen un número de escaños proporcional al de su número de votos, con la excepción del PSOE, que se beneficia de la prima mayoritaria, y el orden de los partidos por número de diputados coincide con el orden por número de votos, y, por ejemplo, dos fuerzas con casi igual número de votos (HB y PA, con 217.000 y 213.000 votos, respectivamente) reciben con el sistema alternativo el mismo número de diputados (tres) en lugar del doble una que otra (cuatro y dos, respectivamente). El CDS con un 60% de votos más que CiU lograría ahora un 56% más de escaños que al partido nacionalista, cuando en la realidad obtuvo un 22% de escaños menos. Y del mismo modo, IU con un 80% más de votos que CiU logra un 78% de escaños más que CiU, en lugar de un escaño menos.

Un partido (PAR) quedaría excluido del Parlamento al no obtener representación provincial ni el 2% del total de votos. Siete partidos más entrarían en la Cámara de no existir esta barrera, pasando de 12 a 19 partidos con representación parlamentaria, lo que dificultaría la operatividad del Parlamento y crearía un grupo mixto de trece partidos políticos. Entre los excluidos están el personal-populista de Ruiz Mateos y otros radicales como PTE (maoísta) y PCPE (marxista-leninista, una escisión del PCE), de modo que la barrera continúa actuando como límite al extremismo y las escisiones en los partidos, incentivando su necesario fortalecimiento, ya que castiga a fuerzas (PTE y PCPE) de ideología similar (aunque más extrema) que otra ya representada (como IU).

En el escenario alternativo, el PSOE podría gobernar con apoyos variables, dado que con la ausencia de HB necesitaría diez votos más para sacar adelante cualquier votación. Lo más estable sería alcanzar algún acuerdo estable con hasta tres posibles fuerzas políticas (IU, CDS o CiU), que garantizaría la gobernabilidad, igual que con el sistema electoral vigente. La representatividad, por el contrario, sería muy superior con la reforma planteada. De nuevo, los partidos nacionales minoritarios ganan peso en la Cámara, como corresponde a los votos obtenidos; los votos malgastados se reducen a menos de la mitad, al pasar de 15,7% a únicamente un 6,0% del total; y el Índice Gallagher de desproporción se reduciría de 9,1 a 5,1. La mayor parte de la desproporción (el 97%) se debe a la prima de gobernabilidad otorgada al PSOE y no a carencias de representación en el resto de partidos, así que puede asumirse como el necesario tributo para que el sistema electoral incentive la formación de un gobierno estable y eficiente, uno de los criterios positivos del sistema electoral actual y, como se observa, también del propuesto. La desproporción según el Índice LH se reduciría del 15,1% al 7,3%, así que el porcentaje de escaños asignados de forma no proporcional se reduce a menos de la mitad. Por último, el número efectivo de partidos aumentaría de 2,9 a 3,2, en unas elecciones en las que los partidos mayoritarios perdieron votos (66% del total, cuando en 1982 la suma de ambos partidos ascendió al 75% del total) y el bipartidismo se resintió.

El último gobierno de Felipe González se produjo tras **las elecciones de 1993**. En ellas, el PSOE logró 159 de los 350 escaños, un 45,4% del total, con el 39,1% de los votos. El PP obtuvo 141 (40,3%) con el 35,0% de los votos. Como es habitual, los dos partidos mayoritarios se ven favorecidos por el gran número y pequeño tamaño de las circunscripciones para lograr así un número de diputados sustancialmente mayor que su porcentaje de votos. Todo ello, como también es habitual, en perjuicio de los partidos nacionales minoritarios. En este caso, IU, pero también el CDS de Adolfo Suárez. El CDS se ve afectado en estas elecciones de un hecho que no se volverá a repetir en el resto de elecciones, y es que no logra diputado por Madrid al no alcanzar la barrera mínima del 3% de los votos en esa circunscripción, pues obtuvo únicamente el 2,97% de los votos por esa provincia. Se trata de una barrera que solo puede actuar en las circunscripciones de Madrid y Barcelona, a causa del elevado número de diputados a elegir, lo que explica que ni antes ni después de estas elecciones se haya vuelto a aplicar en la práctica. Precisamente como mi propuesta elimina esa barrera provincial, el escenario alternativo con la reforma propuesta atribuye al CDS un diputado por Madrid, lo que le permite acceder a otros cinco más en la tercera fase de reparto para alcanzar una adecuada proporcionalidad. Llama la atención que, con un total de seis diputados, bajo la reforma propuesta el CDS incluso formaría grupo parlamentario propio. Es decir, el sistema electoral vigente negó en 1993 representación parlamentaria a un partido político que logró suficientes votos como para formar incluso grupo propio. Es un ejemplo más de las paradojas del actual sistema electoral.

De 1993 a 1996 el PSOE gobernó con el apoyo parlamentario de los nacionalistas catalanes y vascos, descartando el pacto con Izquierda Unida, que era también factible matemáticamente. Fue la "legislatura de la crispación", con numerosos escándalos de corrupción que afectaron al Gobernador del Banco de España, al Director de la Guardia Civil y la aparición del caso GAL. Ante el cúmulo de escándalos CiU retiró el apoyo parlamentario al gobierno, por lo que éste quedó en minoría en las Cortes y tuvo que convocar elecciones generales para el 3 de marzo de 1996.

## ELECCIONES GENERALES 1993

| PARTIDO | Votos | Dip. | Prov | Rep | May | Total | % votos | % esc. |
|---|---|---|---|---|---|---|---|---|
| PSOE-PSC | 9.150.083 | 159 | 123 | 11 | 23 | 157 | 39,1% | 44,9% |
| PP-UPN | 8.201.463 | 141 | 109 | 11 | 2 | 122 | 35,0% | 34,9% |
| IU-IC | 2.179.117 | 18 | 15 | 17 | | 32 | 9,3% | 9,1% |
| CIU | 1.165.783 | 17 | 15 | 2 | | 17 | 5,0% | 4,9% |
| CDS | 414.740 | | 1 | 5 | | 6 | 1,8% | 1,7% |
| EAJ-PNV | 291.448 | 5 | 4 | | | 4 | 1,2% | 1,1% |
| CC | 207.077 | 4 | 2 | 1 | | 3 | 0,9% | 0,9% |
| HB | 206.876 | 2 | 2 | 1 | | 3 | 0,9% | 0,9% |
| ERC | 189.632 | 1 | 1 | 1 | | 2 | 0,8% | 0,6% |
| LV | 185.940 | | | | | | 0,8% | |
| PAR | 144.544 | 1 | 1 | 1 | | 2 | 0,6% | 0,6% |
| EA-EUE | 129.293 | 1 | 1 | | | 1 | 0,6% | 0,3% |
| BNG | 126.965 | | | | | | 0,5% | |
| UV | 112.341 | 1 | 1 | | | 1 | 0,5% | 0,3% |
| PA | 96.513 | | | | | | 0,4% | |
| PAP | 43.169 | | | | | | 0,2% | |
| UPV | 41.052 | | | | | | 0,2% | |
| RESTO | 517.149 | | | | | | 2,2% | |
| | 23.403.185 | 350 | 275 | 50 | 25 | 350 | | |

Como se repite en todos los escenarios analizados, el segundo partido más votado (en este caso, el PP), pierde la sobrerrepresentación de la que goza en el sistema electoral vigente, y, en cambio, obtiene exclusivamente el número de escaños que corresponde a su porcentaje de votos. De nuevo, la propuesta de reforma electoral mejora incluso la rendición de cuentas del Gobierno del sistema vigente, ya que los electores otorgan claramente su confianza al PSOE, que queda encargado de buscar los apoyos para gobernar y no depende de coaliciones múltiples entre otros partidos.

En el escenario alternativo si estas elecciones se hubieran disputado con el sistema electoral planteado en esta obra, el PSOE habría perdido dos diputados, pero sus opciones de pactos de gobierno se mantendrían. Por un lado, el pacto PSOE-IU sumaría 189 diputados, y el pacto PSOE-CiU-PNV sumaría 178 diputados. Sin embargo, el PNV podría ser sustituido por CDS, CC, ERC y PAR como socios factibles en esta disyuntiva. El resto de partidos parlamentarios obtendría de nuevo una representación parlamentaria acorde con su porcentaje de votos. Así, IU pasaría de 18 a 32 diputados y el CDS de cero a seis, convirtiéndose en la quinta fuerza política del Parlamento. Los partidos conservan el mismo orden por número de diputados que por el número de votos, y se repara el hecho de que la quinta fuerza política en número de votos no obtenga representación parlamentaria. El número de partidos representados en el Parlamento se incrementaría en uno (el CDS), mientras el porcentaje de votos inútiles se reduciría del 11,4% al 4,8%, un 58% menos. El Índice Gallagher de desproporción bajaría de 7,0 a 3,6, y la desproporción según el Índice LH se reduciría del 12,0% al 5,8%, así que el porcentaje de escaños asignados de forma no proporcional se reduce de nuevo por debajo de la mitad. Por último, el número efectivo de partidos aumentaría de 2,7 a 3,0.

### 11.3. Las legislaturas de Aznar: Elecciones de 1996 y 2000

Las elecciones de 1996 y 2000 fueron ganadas por el PP de Aznar. La primera con mayoría relativa y la distancia más corta respecto al segundo partido (PSOE) de nuestra democracia, y la segunda con mayoría absoluta.

Las **elecciones de 1996** fueron las más reñidas de las disputadas hasta la fecha. Menos de trescientos mil votos separaron a PP y PSOE, lo que suponía apenas el 1,2% de los votos (39,2% vs. 38,0%). Sin embargo, el sistema electoral vigente otorgó al PP 156 escaños (el 44,6% del total), mientras que el PSOE recibió 141 (el 40,3%). Es decir, una diferencia de 1,2 puntos porcentuales en votos se tradujo en 4,3 puntos porcentuales en escaños. El PP gobernó en aquella legislatura con el apoyo de CiU y PNV, cuyas CC.AA. recibieron a cambio nuevas transferencias competenciales. De hecho, el entonces líder del PNV, Xabier Arzalluz, afirmó "he conseguido más en 14 días con Aznar que en 13 años con Felipe González". Efectivamente, los socialistas rechazaron durante años unas peticiones que, a su juicio, hacían peligrar la cohesión social. Con Aznar, el PNV reforzó el concierto económico con la cesión de impuestos indirectos y transfirió las políticas activas de empleo. Bajo su mandato se llevó a cabo el mayor número de traspaso de competencias a la Generalidad. CiU logró la competencia de Tráfico y el desarrollo de la policía autonómica. Permitió que se aprobara la Ley de Normalización Lingüística que desterró el castellano de las escuelas e impidió que se recurriera al TC y que se aplicara la ley que obligaba a la enseñanza conjunta. Igualmente se realizaron nuevas transferencias y medidas fiscales (aumentó del 15% al 33% la cesión de la recaudación por IRPF, del 0% al 35% del IVA y del 0% al 40% de los impuestos especiales) al resto de CC.AA. para disfrazar las cesiones realizadas en un paquete general.

Con la reforma electoral que propongo, el resultado habría sido considerablemente diferente. El PP recibiría igualmente más escaños que el PSOE, pero solo obtendría una diferencia de nueve diputados respecto a éste en lugar de los quince de aquellas elecciones. IU obtendría 35 representantes, en lugar de los 21 logrados en el año 1996 y se convertiría en un partido fundamental para la gobernabilidad. Las alianzas posibles serían múltiples: 1) una improbable PP-PSOE por la profunda animadversión entre los electorados y los dirigentes de ambos partidos políticos, en lo que constituye una de las mayores anomalías del proceso democrática español, pues en otros lares este tipo de coaliciones entre los partidos mayoritarios no son ni mucho menos imposibles; 2) otra PSOE-IU y otro partido regional (CiU, PNV, CC o BNG), que les permitiría gobernar con 176 diputados o más, una alianza más improbable en aquellos momentos que ahora, puesto que a aquellos se les conoce como "los años de la pinza", en los que el PP de Aznar y la IU de Anguita estaban más unidos que ahora por la ambición de desalojar al PSOE del poder; 3) y una tercera entre PP-IU que sumaría 182 diputados, que en la actualidad parece imposible, pero que no lo era tanto en los años "de la pinza", como no resultó imposible en Extremadura entre 2011 y 2015, años en los que el PP gobernó la Comunidad con el apoyo externo de IU, unidos por el deseo de "sacar" al PSOE del poder tras treinta años de gobierno continuado.

## ELECCIONES GENERALES 1996

| PARTIDO | Votos | Dip. | Prov | Rep | May | Total | % votos | % esc. |
|---|---|---|---|---|---|---|---|---|
| PP-UPN | 9.716.006 | 156 | 120 | 12 | 15 | 147 | 39,2% | 42,0% |
| PSOE-PSC | 9.425.678 | 141 | 114 | 14 | 10 | 138 | 38,0% | 39,4% |
| IU-IC-EV | 2.639.774 | 21 | 16 | 19 | | 35 | 10,6% | 10,0% |
| CIU | 1.151.633 | 16 | 13 | 2 | | 15 | 4,6% | 4,3% |
| EAJ-PNV | 318.951 | 5 | 4 | | | 4 | 1,3% | 1,1% |
| CC | 220.418 | 4 | 2 | 1 | | 3 | 0,9% | 0,9% |
| BNG | 220.147 | 2 | 2 | 1 | | 3 | 0,9% | 0,9% |
| HB | 181.304 | 2 | 2 | | | 2 | 0,7% | 0,6% |
| ERC | 167.641 | 1 | 1 | 1 | | 2 | 0,7% | 0,6% |
| PA | 134.800 | | | | | | 0,5% | |
| EA | 115.861 | 1 | 1 | | | 1 | 0,5% | 0,3% |
| UV | 91.575 | 1 | | | | | 0,4% | |
| Otros | 419.143 | | | | | | 1,7% | |
| | 24.802.931 | 350 | 275 | 50 | 25 | 350 | | |

La coalición de "derechas" PP-CiU-PNV que gobernó de hecho entre 1996 y 2000 sumaría apenas 166 diputados y tendría complicado alcanzar los 176 necesarios incluso sumándole los 3 diputados de CC, así que los nacionalistas hubieran perdido buena parte de su poder en esta legislatura y esas cesiones competenciales probablemente no se hubieran producido.

Sería el único caso de los que estudiaremos en el que el Presidente del Gobierno podría habría cambiado (o no, de producirse la gran alianza PP-PSOE o la pinza entre PP-IU), pero la coalición PSOE-IU tendría un respaldo popular considerable, dado que entre ambos partidos alcanzarían el 48,6% de los votos, así que habría tenido mayor legitimidad que la coalición "en la sombra" que realmente gobernó, PP-CiU y PNV, que sumaban el 45,1% de los votos. Ese respaldo sería casi mayoritario en un gobierno PP-IU que habría estado respaldado por el 49,8% de los votos. En cualquier caso, los pactos hubieran sido entre partidos nacionales, quedando fuera de juego el habitual chantaje nacionalista de dar apoyo parlamentario a cambio de nuevas competencias para sus autonomías.

Como se observa, la corta victoria del PP y su amplia ventaja en el reparto provincial de escaños, le otorga solo 15 de los 25 escaños de gobernabilidad, permitiendo en la práctica que ambos partidos intenten lograr apoyos con otras fuerzas, pero los 35 diputados que obtendría IU (gracias a los 19 de representatividad) la convertirían en la llave del gobierno, a menos que se optara por la "gran coalición". Tanto el PP como el PSOE tendrían un porcentaje mayor de escaños que de votos para intentar gobernar, pero la diferencia entre ellos sería menor que la real, como corresponde a las elecciones más ajustadas de nuestra restauración democrática, lo que de hecho permitiría gobernar a cualquiera de las dos fuerzas políticas. Así pues, la prima a la mayoría en el caso de una victoria ajustada se reparte entre los partidos con posibilidades de formar gobierno. El resto de fuerzas obtendrían un número de representantes proporcional a sus votos, lo que beneficia especialmente a IU, que pasaría de 21 a 35 diputados. El orden en el número de diputados coincide con el orden y la proporción del número de votos, lo que no sucede con el sistema vigente.

El número de partidos que habrían obtenido representación parlamentaria sería uno menos, ya que UV perdería su escaño de representación provincial. En general, con la reforma propuesta quien más votos obtiene, recibe más escaños, ningún partido logra más escaños que otro que lo supera en votos y prácticamente todos (excepto los ganadores) reciben un número de escaños proporcional al de sus votos. De igual modo, se reduce el número de votos malgastados o inútiles del 7,6% al 3,2%, un 58% menos, y el Índice Gallagher de desproporción bajaría de 7,0 a 3,6, y la desproporción según el Índice LH se reduciría del 8,1% al 4,3%, así que el porcentaje de escaños asignados de forma no proporcional se reduce de nuevo a la mitad y ronda el 4%. Por último, el número efectivo de partidos aumentaría de 2,7 a 2,9.

En las **elecciones del año 2000,** el PP ganó las elecciones con 183 escaños (el 52,3% del total) y el 45,2% de los votos destinados a candidaturas. El PSOE logró 125 escaños (35,7%) y el 34,7% de los votos. CiU fue la tercera fuerza política en escaños, con 15, el 4,3% del total, pero la cuarta en votos (el mismo porcentaje, 4,3%), mientras que IU fue el cuarto partido en escaños, con 8, el 2,3% del total, pero el tercero en votos, con el 5,5% del total. El BNG también sacó más votos (1,3%) y menos escaños (3) que CC, con el 1,1% de los votos y 4 escaños. Doce partidos políticos entraron en el Parlamento, siete de ellos con menos de cinco escaños y cinco con un solo escaño.

## ELECCIONES GENERALES 2000

| PARTIDO | Votos | Dip. | Prov | Rep | May | Total | % votos | % esc. |
|---------|-------|------|------|-----|-----|-------|---------|--------|
| PP-UPN | 10.321.178 | 183 | 143 | 12 | 21 | 176 | 45,2% | 50,3% |
| PSOE | 7.918.752 | 125 | 100 | 19 | 3 | 122 | 34,7% | 34,9% |
| IU | 1.263.043 | 8 | 5 | 14 | | 19 | 5,5% | 5,4% |
| CIU | 970.421 | 15 | 12 | 2 | | 14 | 4,3% | 4,0% |
| EAJ-PNV | 353.953 | 7 | 5 | | | 5 | 1,6% | 1,4% |
| BNG | 306.268 | 3 | 2 | 2 | | 4 | 1,3% | 1,1% |
| CC | 248.261 | 4 | 4 | | | 4 | 1,1% | 1,1% |
| PA | 206.255 | 1 | | | | | 0,9% | 0,0% |
| ERC | 194.715 | 1 | 1 | 1 | 1 | 3 | 0,9% | 0,9% |
| IC-V | 119.290 | 1 | 1 | | | 1 | 0,5% | 0,3% |
| EA | 100.742 | 1 | 1 | | | 1 | 0,4% | 0,3% |
| CHA | 75.356 | 1 | 1 | | | 1 | 0,3% | 0,3% |
| GIL | 72.162 | | | | | | 0,3% | |
| LV | 70.906 | | | | | | 0,3% | |
| Otros | 593.165 | | | | | | 2,6% | |
| | 22.814.467 | 350 | 275 | 50 | 25 | 350 | | |

En el escenario alternativo, el PP habría obtenido igualmente la mayoría absoluta. La diferencia de 10,5 puntos porcentuales en votos respecto al PSOE le otorgaría la totalidad de los 25 escaños mayoritarios para la gobernabilidad, pero dado que únicamente hubiera necesitado 21, cuatro escaños adicionales se habrían repartido de acuerdo con el procedimiento de la fase representativa. Así pues, el PP habría obtenido 176 escaños, siete menos que en la realidad, que representan el 50,3% de los escaños con el 44,5% de los votos. EL PSOE habría logrado 122 diputados, tres menos que en la realidad, lo que supone el 34,9% de los escaños con el 34,7% de los votos, un ajuste casi perfecto. El resto de los partidos con representación parlamentaria habría obtenido un número de escaños proporcional a sus votos, de tal modo que su ordenamiento por número de votos o de escaños sería el mismo, a diferencia de lo que ocurrió con el sistema electoral vigente entonces. El principal beneficiado con el cambio habría sido de nuevo IU, que habría logrado 19 escaños, once más que los 8 logrados en el 2000. PNV habría obtenido dos escaños menos de los efectivamente logrados, pero sus resultados en escaños serían de esta manera más proporcionales a sus votos. Sin embargo, otros partidos regionales o nacionalistas se habrían visto beneficiados con el cambio. Así, el BNG pasaría de tres a cuatro escaños con el nuevo sistema electoral y ERC de uno a tres. El número de partidos parlamentarios se reduciría de doce a once, pero de éstos solo tres obtendrían un único escaño, cuando antes eran cinco, así que los partidos pequeños habrían logrado más diputados, en una representación más acorde con su porcentaje de votos, mientras que se habría corregido la permanente infrarrepresentación de IU. En general, como se observa en cada elección, con la reforma propuesta quien más votos obtiene, recibe más escaños y ningún partido logra más escaños que otro que lo supera en votos.

La barrera mínima nacional del 2% de los votos sigue cumpliendo su labor de impedir una excesiva fragmentación del Parlamento, que perjudique su funcionalidad, así como evitar la entrada en el mismo de partidos radicales, extremos o populistas. En estas elecciones, por ejemplo, sin su existencia seis partidos más habrían logrado un escaño, entre ellos, un partido personalista-populista (y corrupto) como el GIL. De igual modo, se reduce el número de votos malgastados o inútiles del 9,8% al 4,8%, menos de la mitad, el Índice Gallagher de desproporción bajaría de 7,0 a 3,6, y la desproporción según el Índice Loosemore-Hanby (LH) se reduciría del 8,6% al 5,3%, de nuevo alrededor de un 5% de los votos no asignados proporcionalmente. Por último, el número efectivo de partidos aumentaría de 2,5 a 2,6.

### 11.4.   Las legislaturas de Zapatero: Elecciones de 2004 y 2008

Las elecciones de 2004 y 2008 fueron ganadas por el PSOE, ambas con mayoría relativa. Las **elecciones de 2004** el PSOE las ganó con 164 escaños (el 46,9% del total) y el 43,3% de los votos, mientras que el PP obtuvo 148 escaños (42,3%) y el 38,3% de los votos. Los dos grandes partidos concentran el 82% del voto y el 89% de los escaños, volviendo a una etapa de bipartidismo, con un número efectivo de partidos parlamentarios de 2,5. Se repite la pauta de sobrerrepresentación de los dos partidos nacionales mayoritarios. A ambos partidos cada escaño le "cuesta" aproximadamente 66-67.000 votos. El PSOE gobernó en solitario apoyándose a distintos partidos para sacar adelante cada votación, lo que no le resultó complicado. Así, CiU apoyó el 78% de las leyes impulsadas por el Gobierno Zapatero, ERC el 86%, PNV el 74%, IU el 87% y CC 90%. Esta legislatura es la de la aprobación de nuevos Estatutos de Autonomía y, en particular, el de Cataluña, en el que se definía a Cataluña como una nación y se profundizaba en su autogobierno. El gran perjudicado del sistema electoral vigente sigue siendo IU, que obtiene 5 diputados (el 1,4% del total) con el 5,0% de los votos, la mitad de los diputados de CiU (10) con un 54% más de los votos. De los once partidos presentes en el parlamento, tres son nacionales y ocho nacionalistas.

Con la reforma propuesta, en el reparto provincial de la primera fase diez partidos políticos obtendrían representación parlamentaria (uno menos que en la realidad, pues EA no obtendría escaño), así que estarían habilitados para participar en las dos fases siguientes, y no habría ningún partido que hubiese alcanzado el dos por ciento de los votos en toda España que no hubiera obtenido representación provincial. En esta primera fase, de los setenta escaños que no se reparten en comparación con el sistema actual, el PSOE "pierde" 33 representantes; el PP, 35; PNV, dos; e IU, CiU, ERC y EA, uno. El PSOE obtiene 5 puntos porcentuales más de votos que el PP, de modo que en la tercera fase de gobernabilidad, recibirá los 25 escaños de esta fase.

En la segunda fase únicamente participarán los partidos con representación local (obtenida en la primera fase) o que hayan logrado un 2% de los votos en toda España. De no existir el límite del 2% nacional de los votos, PA y EA habrían logrado representación parlamentaria, uno más de los que lo lograron realmente. La segunda fase de representatividad tiene 50 escaños a repartir. Seis partidos cuya representación parlamentaria es menor que su representatividad en votos obtienen escaño en esta fase. El PP es el principal beneficiado, y recibe 18 escaños; el PSOE recibe 15; IU, 13; CiU, dos; y ERC y BNG reciben uno cada uno. El orden de los partidos con representación por número de escaños es igual al orden por número de votos. Así, IU tiene aproximadamente un 50% más de escaños que CiU con ese mismo porcentaje más de votos, acabando con la disfunción del reparto real de escaños.

## ELECCIONES GENERALES 2004

| PARTIDO | Votos | Dip. | Prov | Rep | May | Total | % votos | % esc. |
|---|---|---|---|---|---|---|---|---|
| PSOE-PSC | 11.026.163 | 164 | 131 | 15 | 25 | 171 | 43,3% | 48,9% |
| PP-UPN | 9.763.144 | 148 | 113 | 18 | | 131 | 38,3% | 37,4% |
| IU-ICV | 1.284.081 | 5 | 4 | 13 | | 17 | 5,0% | 4,9% |
| CiU | 835.471 | 10 | 9 | 2 | | 11 | 3,3% | 3,1% |
| ERC | 652.196 | 8 | 7 | 1 | | 8 | 2,6% | 2,3% |
| EAJ-PNV | 420.980 | 7 | 5 | | | 5 | 1,7% | 1,4% |
| CC | 235.221 | 3 | 3 | | | 3 | 0,9% | 0,9% |
| BNG | 208.688 | 2 | 1 | 1 | | 2 | 0,8% | 0,6% |
| PA | 181.868 | | | | | | 0,7% | |
| CHA | 94.252 | 1 | 1 | | | 1 | 0,4% | 0,3% |
| EA | 80.905 | 1 | | | | | 0,3% | |
| NA-BAI | 61.045 | 1 | 1 | | | 1 | 0,2% | 0,3% |
| OTROS | 639.490 | | | | | | 2,5% | |
| TOTAL | 25.483.504 | 350 | 275 | 50 | 25 | 350 | | |

El resultado final es que el PSOE mantiene la mayoría relativa e incluso gana siete escaños respecto al sistema electoral actual, al pasar de 164 a 171. El PP pierde 17 escaños y obtiene una representación (37,4% en lugar del 42,3% real) más acorde a su porcentaje en votos (38,3%), aunque tres escaños por debajo de la proporción exacta. El tercer partido político del Congreso pasaría a ser IU, con 17 diputados, y CiU pasaría al cuarto lugar, pero con un diputado más y una representación (3,1%) similar a su porcentaje de votos (3,3%). ERC obtendría el quinto lugar, manteniendo sus 8 escaños, y el PNV sería la sexta fuerza política y perdería dos escaños. El resto de los partidos políticos con representación vería ajustada casi exactamente su representación a su porcentaje de votos.

El PSOE podría continuar gobernando en solitario, aunque con la reforma propuesta le bastarían los votos de únicamente uno de los siguientes partidos, IU, CiU, ERC o PNV para sacar adelante sus propuestas, y no al menos dos partidos como le ocurrió en la realidad. De nuevo al tercer partido nacional ganaría influencia a costa de los partidos nacionalistas, aunque no porque éstos pierdan escaños (alguno de hecho los gana), sino porque los partidos nacionales minoritarios logran una representación acorde con su número de votos.

Con el sistema electoral propuesto, diez partidos obtienen representación parlamentaria, de los que solo cuatro logran menos de cinco escaños. El 3,5% de los votos no se ven representados (son inútiles), menos que el 8,7% del sistema electoral actual, y el Índice Gallagher de desproporción es de 4,1, menor que el 5,1 real. La desproporción según el Índice Loosemore-Hanby (LH) se reduciría del 8,0% al 5,7%, y el número efectivo de partidos aumentaría de 2,5 a 2,6.

En las **elecciones de 2008** el PSOE obtuvo 169 diputados (el 48,3% del total) con el 44,4% de los votos, logrando cuatro puntos porcentuales de votos más que el PP que, con el 40,4% de los votos, logró 154 escaños (el 44% del total). En estos comicios se profundiza en el bipartidismo, que alcanza el 85% de los votos a candidaturas y el 92% de los escaños del Congreso, y los partidos pequeños reducen drásticamente su representación. Como es tradicional en el sistema electoral actual, los dos partidos mayoritarios se ven beneficiados por un reparto de escaños muy superior a su porcentaje de votos. A ambos partidos cada escaño le "cuesta" aproximadamente 67.000 votos. El PSOE gobernó en solitario apoyándose a distintos partidos para sacar adelante cada votación, dado que únicamente necesitaba siete votos más para lograr la mayoría absoluta.

Por el contrario, los grandes perjudicados siguen siendo los partidos nacionales minoritarios. Así, IU obtiene apenas dos representantes (el 0,6% del total) con el 3,8% de los votos y, pese a ser el tercer partido político más votado, es el sexto en número de diputados. Igualmente UPyD logra apenas un diputado (0,3%) cuando obtiene el 1,2% de los votos. A UPyD su diputado le "cuesta" 306.000 votos. Por el contrario, el PNV logra seis escaños con los mismos votos de UPyD (306.000) y una media de 51.000 votos por diputado. Sin embargo, un partido nacionalista minoritario como Esquerra logra apenas tres diputados con casi los mismos votos (298.000) que el PNV. El BNG, otro partido nacionalista minoritario, también se ve perjudicado en el reparto y logra dos escaños (el 0,6% del total) con el 0,9% de los votos y un coste de 106.000 votos por escaño. Así que se demuestra una vez más que el sistema electoral no discrimina entre partidos nacionales y regionales, sino entre partidos mayoritarios y minoritarios, y según las regiones donde cada uno concentre sus votos, ya que las provincias vascas están sobrerrepresentada en el reparto inicial de escaños, mientras que la provincia de Barcelona está claramente infra-ponderada. Lo único que ocurre, es que el tamaño de la discriminación es muy superior entre los partidos nacionales que entre los regionales, ya que se multiplica por cincuenta provincias.

Con el sistema electoral en vigor, diez partidos obtienen representación parlamentaria, de los que seis logran menos de cinco escaños. Igualmente, el 8,2% de los votos no se ven representados, son inútiles, y el Índice Gallagher de desproporción es de 4,9. Se trata de una las elecciones con menor desproporción de la historia democrática española, al concentrar los ciudadanos sus votos en las dos principales fuerzas políticas (PSOE y PP).

## ELECCIONES GENERALES 2008

| PARTIDO | Votos | Dip. | Prov | Rep | May | Total | % votos | % esc. |
|---|---|---|---|---|---|---|---|---|
| PSOE-PSC | 11.289.335 | 169 | 134 | 16 | 22 | 172 | 44,4% | 49,1% |
| PP-UPN | 10.278.010 | 154 | 118 | 19 | 3 | 140 | 40,4% | 40,0% |
| IU-ICV | 969.946 | 2 | 2 | 10 | | 12 | 3,8% | 3,4% |
| CiU | 779.425 | 10 | 10 | | | 10 | 3,1% | 2,9% |
| EAJ-PNV | 306.128 | 6 | 4 | | | 4 | 1,2% | 1,1% |
| UPyD | 306.079 | 1 | 1 | 3 | | 4 | 1,2% | 1,1% |
| ESQUERRA | 298.139 | 3 | 2 | 1 | | 3 | 1,2% | 0,9% |
| BNG | 212.543 | 2 | 1 | 1 | | 2 | 0,8% | 0,6% |
| CC-PNC | 174.629 | 2 | 2 | | | 2 | 0,7% | 0,6% |
| CA | 68.679 | | | | | | 0,3% | |
| NA-BAI | 62.398 | 1 | 1 | | | 1 | 0,2% | 0,3% |
| OTROS | 703.373 | | | | | | 2,8% | |
| TOTAL | 25.448.684 | 350 | 275 | 50 | 25 | 350 | | |

Con la reforma propuesta, en el reparto provincial de la primera fase, los mismos diez partidos políticos obtendrían representación parlamentaria, así que estarían habilitados para participar en las dos fases siguientes, y no habría ningún partido que hubiese alcanzado el dos por ciento de los votos en toda España que no hubiera obtenido representación provincial alguna.

En esta primera fase, de los cincuenta escaños que no se reparten en comparación con el sistema actual, el PSOE "pierde" 35 representantes; el PP, 36; PNV, dos; y ERC y BNG, uno. En la segunda fase únicamente participarán los partidos con representación local (obtenida en la primera fase) o que hayan logrado un 2% de los votos en toda España. El reparto, utilizando, la regla D'Hondt, se produce entre seis partidos cuya representación parlamentaria es menor que su representatividad en votos. Los principales beneficiados de esta segunda fase son PP, PSOE e IU, con 19, 16 y 10 escaños cada uno. UPyD logra 3, y ERC y BNG "recuperan" el escaño perdido en la primera fase, ya que su porcentaje de votos excede el de escaños logrados en ella.

En la tercera fase, la mayoritaria, los escaños se reparten entre los principales partidos de acuerdo con la diferencia porcentual entre el primer y el segundo partido. Dado que ésta es de 4 p.p., y en esta fase se otorga un escaño como prima a la mayoría por cada 0,2 p.p. de diferencia, el PSOE obtiene inicialmente 20 escaños. Una vez compensada esa diferencia, los otros cinco escaños de esta fase se reparten de forma alternativa entre PSOE y PP. El primer escaño de esos cinco lo recibiría el PP puesto que la diferencia porcentual de voto es de 3,97 p.p., de modo que una vez restados los 4 p.p. del reparto inicial de 20 escaños, quedaría por encima del PSOE. De esta manera, el PP recibiría tres escaños de los cinco que restan, y el PSOE, dos. Así, en esta fase los escaños recaen en los partidos mayoritarios, de modo que estén capacitados para formar gobierno. El reparto de esta fase sigue favoreciendo al partido más votado, pero no recibe la totalidad de los escaños, dado que su victoria no fue apabullante.

El resultado final es que el PSOE mantiene la mayoría relativa, e incluso gana 3 escaños respecto al sistema electoral actual, como corresponde a un partido que ha logrado el 44,4% de los votos. El sistema propuesto no solo prima ser el partido más votado, sino el porcentaje del voto total obtenido, y otorga más escaños a mayor número de votos, independientemente de la diferencia con el segundo partido más votado.

Sin embargo, lo incontestable de la victoria tiene su importancia, ya que de haber obtenido una diferencia de más de cinco p.p., habría logrado los 25 escaños de la fase mayoritaria y el número de escaños del PSOE habría ascendido a 175, una mayoría "casi" absoluta. El PP pierde 14 escaños y obtiene una representación (40% en lugar del 44% real) más acorde a su porcentaje en votos (40,4%). El tercer partido político del Congreso pasaría a ser IU, con 12 diputados, diez más que en el resultado real, y CiU pasaría al cuarto lugar, con igual número de diputados y una representación (2,9%) que calca su porcentaje de votos (3,1%). PNV obtendría el cuarto lugar, pero perdiendo dos diputados, una representación (1,1%) más acorde con sus votos (1,2%); UPyD lograría 3 representantes más, los mismos que el PNV con casi sus mismos votos, aunque de nuevo proporcionales (1,1%) a su porcentaje de voto (1,2%). El resto de los partidos políticos con representación vería igualmente ajustado casi exactamente su representación a su porcentaje de votos. El orden según el número de diputados de los partidos con representación parlamentaria es idéntico al orden resultante de ordenarlos por número de votos, solventando las discordancias entre votos y escaños de IU y CiU, y UPyD y ERC/BNG/CC que se produjeron en la realidad.

El PSOE podría continuar gobernando en solitario, aunque con la reforma propuesta cambiaría sus alianzas potenciales. Los votos de CiU no serían imprescindibles para adelante sus votaciones, como sucedió en la realidad, y le bastaría con los de IU, PNV o UPyD, además de los de CiU. Así que CiU perdería influencia, al existir tres opciones alternativas más. Dos partidos nacionales minoritarios como IU y UPyD ganarían influencia, tal y como corresponde a su porcentaje de votos. Se trataría de un Parlamento en el que el PSOE podría seguir gobernando con apoyos externos variables, pero en el que CiU perdería poder relativo y lo ganarían partidos nacionales minoritarios como IU y UPyD. La anomalía española por la cual los partidos nacionalistas tienen en nuestro Parlamento un poder muy superior al de sus votos se ve corregida y parte de ese poder se traslada a partidos nacionales minoritarios, tal y como sucede en los países europeos de nuestro entorno. Es importante destacar que esa pérdida relativa de poder de los partidos nacionalistas no se produce porque el sistema electoral propuesto los perjudique o penalice, pues les atribuye un porcentaje de escaños similar al de sus votos, sino porque se elimina la incoherencia de nuestro actual sistema electoral que perjudica a los partidos nacionales minoritarios, que con la reforma propuesta reciben un número de representantes equivalente al de sus votos en toda España.

Con el sistema electoral propuesto, diez partidos obtienen representación parlamentaria, de los que seis logran menos de cinco escaños. Únicamente el 3,0% de los votos no se ven representados (son inútiles), la mitad del 8,2% del sistema electoral actual, y el Índice Gallagher de desproporción es de 3,4, menor que el 4,9 real. De nuevo, este valor está causado casi completamente por la prima concedida al ganador de las elecciones, es el precio a pagar por mantener la gobernabilidad del sistema y se obtiene principalmente a costa de los partidos que no logran representación, pues la práctica totalidad de los partidos con representación parlamentaria obtienen un número de diputados estrictamente proporcional al porcentaje de votos logrado. Esta desproporción está en la media de los sistemas proporcionales del mundo. La desproporción según el Índice LH se reduciría del 8,1% al 4,8%, por debajo del 5%, y el número efectivo de partidos aumentaría de 2,3 a 2,5.

### 11.5.    La mayoría absoluta de Rajoy: Elecciones de 2011

El PP resultó vencedor por mayoría absoluta de las elecciones generales de 2011 con un 44,6% de los votos y 186 de los 350 escaños en liza (un 53,1% del total), necesitando una media de 58.230 votos por escaño. El PSOE logra el 31,4% de los escaños (110) con el 28,7% de los votos, necesitando una media de 63.399 votos por escaño. De nuevo, no existe correspondencia entre los votos obtenidos y los escaños. Así, el tercer partido en votos (IU) es el cuarto en escaños (11), el cuarto partido en votos (UPyD) es el sexto en escaños (5), y el quinto en votos (CiU) el tercero en escaños (16). IU obtiene cinco diputados menos que CiU, pese a lograr más de seiscientos mil votos más, y necesita 152.801 votos por cada escaño, mientras CiU apenas 63.391 votos por escaño. UPyD necesita 225.053 votos para lograr cada escaño, y logra dos diputados menos que Amaiur a la que triplica en número de votos y once representantes menos que CiU pese a obtener ciento veintiséis mil votos más que el partido catalán. Se trata del sesgo contra los partidos nacionales minoritarios que existe en nuestro sistema electoral y que da pie a una de sus principales críticas. Los partidos regionales o nacionalistas mayoritarios (PNV, CiU y CC) obtienen un número de diputados proporcionado respecto a su porcentaje de votos, pero los minoritarios (ERC, BNG) suelen estar infrarrepresentados, excepto los vascos, como muestra el caso de Amaiur, que logra un 2% de los escaños con un 1,4% de los votos. Este último caso se debe a que Amaiur logra el último escaño en liza en dos (Guipúzcoa y Vizcaya) de las cuatro provincias (País Vasco y Navarra) por las que se presentaba, y a que las provincias vascas, como provincias con escasa población que son, reparten más diputados de los que les correspondería de forma proporcional. Trece partidos obtienen representación parlamentaria, de los que seis logran menos de cinco escaños. Igualmente, el 11,4% de los votos no se ven representados, son inútiles, y el Índice Gallagher de desproporción es de 7,3, uno de los más elevados en el mundo entre los sistema de representación proporcional.

Con la reforma propuesta, en el reparto provincial de la primera fase, doce partidos políticos obtendrían representación parlamentaria, así que estarían habilitados para participar en las dos fases siguientes, y no habría ningún partido que hubiese alcanzado el dos por ciento de los votos en toda España que no hubiera obtenido representación provincial alguna. En esta fase, Geroa-Bai pierde el único escaño que había obtenido, así que queda fuera del Parlamento, lo que reduce el número de partidos con presencia parlamentaria de trece a doce. Se trata de un resultado lógico, pues este partido apenas logra el 0,2% de los votos y no tiene una presencia dominante en Navarra, ya que había logrado el último escaño en disputa, que es el que se elimina en la primera fase.

En la segunda fase de representatividad únicamente participarán los partidos con representación local (obtenida en la primera fase) o que hayan logrado un 2% de los votos en toda España. De no existir el límite del 2% nacional de los votos, nada menos que cuatro partidos más habrían logrado representación parlamentaria (Equo, Pacma, Eb y PA), formando un Congreso de dieciséis partidos políticos. Todos ellos habrían obtenido únicamente un escaño, excepto Equo que habría logrado tres, así que serían poco funcionales pues todos irían a parar al grupo mixto, que incrementaría sustancialmente sus integrantes, ya que deberían repartirse aún más los tiempos de intervención y la asistencia a comisiones. La existencia de la barrera mínima asegura un Parlamento funcional a costa de excluir a pequeños grupos escasamente representativos y que en muchas ocasiones representan a corrientes más radicales o extremas. Una barrera reducida de un 2% del voto nacional siempre que no se logre representación provincial, parece pues bastante razonable.

## ELECCIONES GENERALES 2011

| Partido | Votos | Dip. | Prov | Rep | May | Total | % votos | % esc. |
|---------|-------|------|------|-----|-----|-------|---------|--------|
| PP | 10.866.566 | 186 | 145 | 8 | 23 | 176 | 44,6% | 50,3% |
| PSOE | 7.003.511 | 110 | 87 | 13 | 2 | 102 | 28,7% | 29,1% |
| IU-LV | 1.685.991 | 11 | 10 | 13 | | 23 | 6,9% | 6,6% |
| UPyD | 1.143.225 | 5 | 3 | 13 | | 16 | 4,7% | 4,6% |
| CiU | 1.015.691 | 16 | 16 | | | 16 | 4,2% | 4,6% |
| AMAIUR | 334.498 | 7 | 4 | | | 4 | 1,4% | 1,1% |
| EAJ-PNV | 324.317 | 5 | 4 | | | 4 | 1,3% | 1,1% |
| ESQUERRA | 244.854 | 3 | 2 | 1 | | 3 | 1,1% | 0,9% |
| EQUO | 215.776 | | | | | | 0,9% | |
| BNG | 184.037 | 2 | 1 | 1 | | 2 | 0,8% | 0,6% |
| CC-NC-PNC | 143.881 | 2 | 1 | 1 | | 2 | 0,6% | 0,6% |
| COMPROMÍS-Q | 125.306 | 1 | 1 | | | 1 | 0,5% | 0,3% |
| PACMA | 101.557 | | | | | | 0,4% | |
| FAC | 99.473 | 1 | 1 | | | 1 | 0,4% | 0,3% |
| Eb | 97.706 | | | | | | 0,4% | |
| PA | 76.852 | | | | | | 0,3% | |
| PxC | 59.781 | | | | | | 0,2% | |
| P.R.C. | 43.903 | | | | | | 0,2% | |
| GBAI | 42.415 | 1 | | | | | 0,2% | |
| OTROS | 206.036 | | | | | | 0,9% | |
| TOTAL | 24.015.376 | 350 | 275 | 50 | 25 | 350 | | |

Fuente: Ministerio del Interior. Elaboración propia

En el reparto de los cincuenta escaños de esta segunda fase resultan agraciados siete partidos, pero son tres los principales beneficiados: PSOE, IU y UPyD, cada uno de ellos con 13 escaños, dado que eran los más perjudicados en el reparto inicial. El PP obtiene 8 escaños; mientras Esquerra, BNG y CC logran uno cada uno, pues al tratarse de partidos nacionalistas minoritarios se ven algo perjudicados en el reparto provincial inicial de escaños. Así pues, esta fase de reparto no discrimina entre partidos nacionales o nacionalistas, sino que compensa a los partidos minoritarios que se han visto perjudicados por el pequeño tamaño de las circunscripciones o la regla D'Hondt en el reparto provincial de escaños de la primera fase.

En la fase mayoritaria, los 25 escaños van a parar al partido claramente vencedor de las elecciones (PP), al ganar por 15,9 puntos porcentuales, muy por encima de los 5 p.p. que delimitan en mi propuesta la diferencia entre una victoria ajustada y una clara. De esta manera, todos los escaños recaerían en el único partido capaz de formar gobierno, pero como únicamente necesita 23 para lograr la mayoría absoluta de 176 escaños respecto a 350, los otros dos se reparten de forma proporcional, teniendo en cuenta los escaños ya repartidos a cada partido.

El resultado final es que el PP mantiene la mayoría absoluta, pero pierde 10 escaños respecto al sistema electoral actual, reduciendo su prima del 53,1% de los escaños al 50,3%. El PSOE pierde 8 escaños y obtiene una representación (29,1%) más acorde a su porcentaje en votos (28,7%). El tercer partido político del Congreso pasaría a ser IU, con 23 diputados, 12 más que en el resultado real, y UPyD obtendría el cuarto lugar, con 16 diputados, 11 más (4,6% del total) en línea con sus votos (4,7% del total). CiU pasaría a ser la quinta fuerza política del país en representantes, el mismo puesto que tiene en votos, en lugar de la falseada tercera posición que tiene ahora, y mantendría sus 16 diputados, beneficiada al obtener el último escaño en varias de las pequeñas provincias catalanas. El resto de los partidos políticos con representación vería igualmente ajustado casi exactamente su representación a su porcentaje de votos. Entre los partidos con representación parlamentaria, el orden según el número de votos y el número de escaños es idéntico, a diferencia de lo que ocurre con el sistema electoral actual. Como hemos visto, se trata de una positiva consecuencia de la reforma propuesta que se repite en todas y cada una de las simulaciones que se han mostrado: estos es, ningún partido político recibe menos escaños que otro al que supera en número de votos.

Con el sistema electoral propuesto, doce partidos obtienen representación parlamentaria, de los que siete logran menos de cinco escaños. Únicamente el 3,5% de los votos no se ven representados (son inútiles), a diferencia del 11,4% del sistema electoral actual, y el Índice Gallagher de desproporción es de 4,1, un 44% menor que el 7,3 actual. Este valor está causado casi completamente por la prima concedida al ganador de las elecciones, es el precio a pagar por mantener la gobernabilidad del sistema y se obtiene principalmente a costa de los partidos que no logran representación, pues la práctica totalidad de los partidos con representación parlamentaria obtienen un número de diputados estrictamente proporcional al porcentaje de votos logrado. La desproporción según el Índice Loosemore-Hanby (LH) se reduciría del 11,8% al 5,8%, y el número efectivo de partidos aumentaría de 2,6 a 2,9.

## 11.6. España ingobernable: las elecciones de 2015 y 2016

Las elecciones del 20-D fueron muy aleccionadoras. Los ciudadanos acudieron a ellas después de largos años de crisis con la esperanza de regenerar un sistema político necesitado de renovación, y con la expectativa de abrir cauces a otras fuerzas políticas para abordar los grandes problemas que habían venido afectando –y fracturando– a la sociedad y al Estado. El resultado electoral dio paso a un Congreso más plural, con equilibrios múltiples: entre la izquierda y la derecha, entre los separatistas y los unionistas, entre la vieja y la nueva política. El resultado es que no hubo vencedores claros, ya que todos quedaron por debajo de sus previsiones. Singularmente, los partidos tradicionales, el PP y el PSOE, cedieron bastante terreno en favor de los nuevos, pero mantuvieron el tipo. Así, la gobernabilidad del país quedó en manos de una complejísima negociación entre políticos, justo uno de los aspectos más criticado por los electores, que rechazan acuerdos de gobernabilidad tejidos entre bambalinas y fruto de componendas. El resultado fue un rotundo fracaso, pues las elecciones debieron repetirse en junio de 2016 ante la incapacidad de nuestro Parlamento de otorgar su confianza a un Gobierno. Los británicos denominan "parlamento colgado" al que carece de posibilidad de establecer mayorías para gobernar, y el Congreso de los Diputados tras el 20-D se encontró en esa situación tras la pírrica victoria del PP. Bloques bien diferenciados, incompatibles entre sí y cada uno de ellos, por sí mismos, insuficiente, y con desuniones internas. La aritmética parlamentaria decía que sólo la suma de PP y PSOE, con o sin ayuda de

Ciudadanos, daría una mayoría absoluta para apoyar sin sobresaltos al Gobierno resultante, pero la lógica histórica lo imposibilitó, ya que en España la derecha y la izquierda no son capaces de coaligarse, dado el rechazo atávico, enfermizo y patológico que se procesan. Ni las diferencias ideológicas, ni la cultura democrática, ni el interés de España, ni la propia vitalidad de la democracia española son las que impiden una "gran coalición", solo el sectarismo que lastra la política española.

Las **elecciones de 2015** condujeron a España al Parlamento más fragmentado de su historia tras la restauración democrática de 1978, y resultó la primera ocasión en la que los ciudadanos se fueron a dormir tras conocer el resultado electoral sin saber a ciencia cierta quién iba a gobernarles. El PP fue el partido más votado, con el 28,7%, el menor porcentaje de votos de un partido ganador desde 1977, y 123 escaños (el 35,1% del total), también el menor número de escaños con diferencia para el primer partido en votos y escaños. Eso dejaba el panorama abierto para todo tipo de combinaciones y coaliciones para formar gobierno. El mayor pluralismo político del parlamento traía aparejado un aspecto desfavorable. Por primera vez desde 1978 no serían los españoles quienes decidirían quién encabezaría nuestro Gobierno, sino las negociaciones políticas entre los partidos. Se había perdido un aspecto fundamental en un sistema electoral: la **rendición de cuentas del Gobierno**, cuya formación no dependería de los electores.

El PSOE fue el segundo partido más votado en esas elecciones, pero también con el menor porcentaje de votos (22%) y escaños (25,7%) para el segundo partido desde 1977. Del mismo modo, la diferencia en votos con el tercer partido (Podemos) fue también la menor de la historia: apenas 1,3 puntos porcentuales, aunque en escaños la diferencia fue muy superior (21 escaños entre PSOE y Podemos, 6 puntos porcentuales de diferencia), ya que el PSOE se benefició de la sobrerrepresentación de las provincias menos pobladas y más tradicionales, donde sus apoyos eran muy superiores a los de Podemos, cuyo voto se concentraba más en las grandes ciudades de provincias infrarrepresentadas. Sin embargo, Podemos alcanzó un porcentaje de votos superior el 20% a partir del cual el sistema electoral ya no castiga tanto a las fuerzas políticas, pues puede disputar el último escaño incluso en las provincias pequeñas que eligen cuatro y cinco diputados. Así su porcentaje de escaños era del 19,7% y sus votos el 20,7% del total. Apareció también un nuevo cuarto partido, Ciudadanos, con un porcentaje de voto del 13,9%, que sin embargo sí que sufrió los efectos de la desproporcionalidad del sistema electoral, al recibir únicamente el 11,4% de los escaños (40). Por último, IU (en la coalición UP) siguió siendo el gran perjudicado habitual, al recibir el 3,7% de los votos y únicamente dos escaños (el 0,6%).

El resultado fue tal que ninguna combinación de dos partidos, excepto la gran coalición PP-PSOE que resultó imposible, alcanzaba la mayoría absoluta. El PP rehusó presentarse a una sesión de investidura para que todos los demás partidos lo rechazaran y, finalmente, PSOE y Ciudadanos se presentaron con un acuerdo de gobierno que apenas sumaba 131 escaños (PSOE, Ciudadanos y CC), muy lejos de los 176 necesarios para una mayoría suficiente para gobernar. La investidura de Sánchez fue rechazada con 219 votos en contra, pero aunque Podemos u otros partidos se hubiera abstenido para facilitar la investidura, el gobierno con el exiguo apoyo de 131 diputados habría sido imposible. España estaba condenada a la inestabilidad.

El 20-D no extinguió el bipartidismo, sino que tan solo comprometió la tradicional estabilidad de nuestro sistema constitucional. Si hasta 2015 se reclamaba la reforma de nuestro sistema electoral para otorgarle una mayor representatividad, legitimidad y una mejor rendición de cuentas de nuestros representantes, desde el 20-D, a esos requerimientos hay que añadirle, uno más: que sea capaz de conservar la gobernabilidad del país incluso en el caso de un reparto de votos como el que nos ocupa. Como verán, eso es precisamente lo que mi propuesta de reforma logra. Cuadrar el "sodoku". Así, el resultado de las elecciones de 2015 de haber estado en vigor mi propuesta de reforma habría modificado los resultados lo suficiente para que un acuerdo estable fuese posible.

En la primera fase, tanto el PP como el PSOE hubieran obtenido un porcentaje de escaños similar al de sus votos. El PP habría logrado 100 escaños (28,6% de los escaños totales), casi idéntico al 28,7% de votos obtenidos, y el PSOE 74 escaños (21,1% del total), muy similar el 22% del total de votos logrados.

## ELECCIONES GENERALES 2015

| Partido | Votos | Dip. | Prov | Rep | May | Total | % votos | % esc. |
|---|---|---|---|---|---|---|---|---|
| PP | 7.215.752 | 123 | 100 | | 25 | 125 | 28,7% | 35,7% |
| PSOE | 5.530.779 | 90 | 74 | | | 74 | 22,0% | 21,1% |
| PODEMOS | 5.189.463 | 69 | 53 | 16 | | 69 | 20,7% | 19,7% |
| CIUDADANOS | 3.500.541 | 40 | 24 | 23 | | 47 | 13,9% | 13,4% |
| UP | 923.133 | 2 | 2 | 10 | | 12 | 3,7% | 3,4% |
| ERC | 599.289 | 9 | 8 | | | 8 | 2,4% | 2,3% |
| DL | 565.501 | 8 | 8 | | | 8 | 2,3% | 2,3% |
| EAJ-PNV | 301.585 | 6 | 3 | 1 | | 4 | 1,2% | 1,1% |
| PACMA | 219.181 | | | | | | 0,9% | |
| EH-BILDU | 218.467 | 2 | 2 | | | 2 | 0,9% | 0,6% |
| UPyD | 153.505 | | | | | | 0,6% | |
| CC | 81.750 | 1 | 1 | | | 1 | 0,3% | 0,3% |
| OTROS | 624.507 | | | | | | 2,5% | |
| TOTAL | 25.123.453 | 350 | 275 | 50 | 25 | 350 | | |

*Fuente: Ministerio del Interior. Elaboración propia*

Así, en la segunda fase, de representatividad, ni PP ni PSOE habrían logrado ninguno de los 50 escaños a repartir, que habrían ido a parar a fuerzas infrarrepresentadas como Ciudadanos, que recibiría 23 escaños; Podemos, que ganaría 16 escaños en esta fase; UP, que obtendría 10 escaños más, pasando de dos a doce; y el PNV, que habiendo perdido tres escaños (uno en cada una de las provincias vascas) en la primera fase, se vería compensado en la segunda con un escaño más, para situarlo en un porcentaje de escaños respecto al total (1,1%) similar el de votos (1,2%), y no superior como le ocurrió en la realidad.

Finalmente, en la tercera fase el PP ganaría los 25 escaños de prima al partido mayoritario, al haber vencido por una diferencia de más de cinco puntos porcentuales (en concreto, 6,7 p.p.). Esos 25 escaños de prima le permitirían lograr un total de 125 escaños, dos más que los reales. El PSOE perdería toda su sobrerrepresentación y pasaría a tener 74 escaños en lugar de 90, y una diferencia con Podemos de apenas 5, en lugar de 21, más acorde con la diferencia real de voto entre ambos. Podemos conservaría sus 69 escaños, mientras Ciudadanos, "castigado" con el sistema electoral actual, sumaría siete más hasta los 47. Finalmente, UP sumaría 12 escaños, diez más que los dos que logró en la realidad, lo que le otorgaría un 3,4% de los escaños con un 3,7% de los votos.

De nuevo, los partidos con representación parlamentaria habrían logrado un número de escaños proporcional al de los votos obtenidos y el orden de los partidos sería el mismo tanto en votos como en escaños, algo que el sistema actual no solo no garantiza sino que únicamente ha cumplido en una de las trece elecciones celebradas. Las diferencias de escaños entre los partidos estarían proporcionadas con las diferencias de votos y, por ejemplo, el PSOE aventajaría a Podemos únicamente en cinco escaños, como corresponde a una diferencia en votos de 1,3 p.p., y no en veintiuno. Del mismo modo, UP sacaría un 50% de escaños más que ERC (y no la cuarta parte de los escaños) con un 54% más de votos.

Sin embargo, en las elecciones de 2015 el problema fundamental no fue tanto la falta de proporcionalidad de los resultados, sino la imposibilidad de formar gobierno de acuerdo con ellos. La reforma propuesta modifica esos resultados de tal manera que la suma de PP y Ciudadanos sería de 172 diputados y no de 163, de modo que quedarían a apenas cuatro escaños de la mayoría absoluta, que podrían alcanzar con los 4 diputados del PNV. De este modo, habría una alternativa de gobierno factible para sacar adelante las votaciones. Por el contrario, no existiría otra alternativa distinta para formar gobierno (además de la rechazada de la gran coalición), ya que la suma de PSOE, Podemos y UP ascendería a 155 diputados, muy lejos de la mayoría absoluta, y aún más lejos los 121 que ahora sumarían PSOE y Ciudadanos, que ni siquiera superaría los 125 escaños del PP por sí solo. La ventaja de estos resultados es que, a diferencia de lo que ocurrió realmente, se recuperaría la rendición de cuentas del Gobierno ante los ciudadanos, que seguirían siendo, como habían sido siempre, quienes decidirían quién se encargaba de formar gobierno en España, pues ya no dependería de pactos o acuerdos más o menos transparentes, sino de la decisión soberana de los electores. A la postre, estos resultados nos habrían evitado una nueva convocatoria electoral, más de diez meses (315 días) de gobierno en funciones y no pocas incertidumbres y tensiones para acabar invistiendo como Presidente al candidato del PP, que fue lo que acabó sucediendo.

Con el sistema electoral propuesto, diez partidos obtendrían representación parlamentaria, de los que tres lograrían menos de cinco escaños. Únicamente el 4,0% de los votos no se ven representados (son inútiles), a diferencia del 11,0% real, y el Índice Gallagher de desproporción es de 5,1, menor que el 6,1 de 2015. La desproporción según el Índice Loosemore-Hanby (LH) se reduciría del 10,9% al 7,0%, y el número efectivo de partidos aumentaría de 4,1 a 4,3.

Las **elecciones de junio de 2016** se convocaron ante la incapacidad de los partidos de ponerse de acuerdo para formar o permitir formar un gobierno. El resultado fue fortalecer al PP, que pasó de 123 a 137 escaños, y debilitar a todos los demás partidos, ya que el PSOE pasó de 90 a 85 escaños, Podemos igualó los mismos 71 que tenía tras el 20-D junto con IU, que había obtenido entonces 2 escaños y que ahora concurría en coalición bajo el nombre Unidos Podemos, y Ciudadanos vio reducida su representación parlamentaria de 40 a 32 escaños. El PP obtuvo el 39,1% de los escaños con el 33% de los votos a candidaturas, el PSOE el 24,3% de los escaños con el 22,6% de los votos, Unidos Podemos el 20,3% de los escaños con el 21,2% de los votos, y Ciudadanos el 9,1% de los escaños con el 13,4% de los votos. El gran perjudicado habitual de nuestro sistema electoral, IU, no se vio tan afectado por la desproporción de nuestro sistema electoral por primera vez desde las elecciones de 1977 al concurrir en coalición con Podemos y desaparecer sus siglas de la contienda electoral como partido independiente.

Podía parecer que los resultados eran más determinantes en esta convocatoria electoral que en la anterior, ya que la suma de PP y Ciudadanos ascendía a 169 escaños, seis más que en 2015, mientras que la de PSOE y Unidos Podemos apenas alcanzaba los 156. Pero seguían faltando siete diputados para la mayoría absoluta, y la imposibilidad de apoyarse en partidos independentistas excluía a ERC, CDC y Bildu de cualquier combinación, y ni siquiera los votos de CC y PNV alcanzaban la suma, ya que se quedaban apenas a uno, sumaban 175, siempre que el resto de partidos se opusiera. Ante esto, la única posibilidad era asumir los resultados y la derrota y, en consecuencia, abstenerse por parte del PSOE, pero la incomunicación absoluta entre las dos principales fuerzas del país lo hizo imposible. Finalmente, su líder fue defenestrado cuando se disponía a intentar formar gobierno con el apoyo de Unidos Podemos, ERC, CDC y PNV, en un acuerdo motivado únicamente por el deseo de desalojar al PP del poder, pero sin ninguna posibilidad de generar un gobierno estable y verosímil, dada la multiplicidad y radicalidad de los actores implicados. El PSOE tuvo que verse en una situación límite para dar un paso al lado unilateral y desgarrador, confirmando que en España la relación entre la derecha y la izquierda está contaminada por la deslegitimación mutua. Tras 315 sin gobierno, España volvió a tener un gobierno legítimo emanado de unas elecciones, lo que nos hace regresar al club de las democracias "normales", pero al sistema electoral se le han visto las costuras del desgobierno. Lo que en cualquier país de nuestro entorno hubiera sido una situación normal que se habría resuelto o bien mediante una coalición entre los dos mayores partidos, lo más habitual en Europa en situaciones similares, o por el contrario permitiendo el gobierno en minoría de la única alternativa factible, en España ha conducido a acercarnos al record mundial de país sin gobierno y a unas acusaciones de traición e incluso de golpe de palacio a los socialistas que derrocaron a su líder, y que deslegitiman al gobierno que comienza su labor. Si queríamos una prueba de que en España un sistema electoral con resultados proporcionales "puros" o casi puros, como el de Holanda, que obliga a negociaciones, pactos y cesiones mutuas resulta impracticable, la hemos tenido en este largo periodo de desgobierno que hemos vivido, y en la más que probable inestabilidad que viviremos en adelante ante la imposibilidad de alcanzar cualquier tipo de acuerdo razonable de gobierno entre fuerzas que se consideran enemigas, más que rivales. Por eso mi propuesta de reforma intenta garantizar cierta estabilidad otorgando una prima de escaños a la fuerza mayoritaria, aunque siempre conservando la proporcionalidad en los resultados del resto de partidos. Es posible que llegue un día que ello no sea necesario, pero ese momento aún no parece haber llegado.

En el sistema electoral reformado los resultados habrían sido diferentes, garantizando la formación de un gobierno estable, incluso de una forma más clara que en 2015. En la primera fase, de representación provincial, el PP obtendría 110 diputados, 27 menos de lo que ocurrió realmente, el PSOE 17 escaños menos, Unidos Podemos 18 escaños menos, Ciudadanos 10 escaños menos, PNV dos escaños menos y CDC un escaño menos.

Los partidos que se quedarían más alejados de su representación proporcional se verían compensados en la segunda fase, donde cuatro fuerzas políticas se repartirían los 50 escaños de esta fase de la siguiente forma: 23 escaños para Ciudadanos, que una vez "desaparecida" IU como partido independiente pasa a ser el partido más perjudicado por la falta de proporcionalidad de la primera fase, 18 para Unidos Podemos, 8 para el PSOE y 1 escaño para el PNV. Finalmente, en la tercera fase el PP, como claro vencedor de las elecciones al lograr 10,4 puntos porcentuales de diferencia con la segunda fuerza, recibiría los 25 escaños de prima para formar gobierno.

## ELECCIONES GENERALES 2016

| Partido | Votos | Dip. | Prov | Rep | May | Total | % votos | % esc. |
|---------|-------|------|------|-----|-----|-------|---------|--------|
| PP | 7.941.236 | 137 | 110 | | 25 | 135 | 33,0% | 38,6% |
| PSOE | 5.443.846 | 85 | 68 | 8 | | 76 | 22,6% | 21,7% |
| UNIDOS POD. | 5.087.538 | 71 | 53 | 18 | | 71 | 21,2% | 20,3% |
| CIUDADANOS | 3.227.123 | 32 | 22 | 23 | | 45 | 13,4% | 12,9% |
| ERC | 632.234 | 9 | 9 | | | 9 | 2,6% | 2,6% |
| CDC | 483.488 | 8 | 7 | | | 7 | 2,0% | 2,0% |
| EAJ-PNV | 287.014 | 5 | 3 | 1 | | 4 | 1,2% | 1,1% |
| PACMA | 286.702 | | | | | | 1,2% | 0,0% |
| EH-BILDU | 184.713 | 2 | 2 | | | 2 | 0,8% | 0,6% |
| CC | 78.253 | 1 | 1 | | | 1 | 0,3% | 0,3% |
| OTROS | 401.608 | | | | | | 1,7% | |
| TOTAL | 24.053.755 | 350 | 275 | 50 | 25 | 350 | | |

*Fuente: Ministerio del Interior. Elaboración propia*

Como resultado final, el PP obtendría 135 escaños, dos menos de los recibidos con el sistema electoral vigente. El PSOE tendría 76 diputados, un 21,7% del total, y nueve menos de los reales. Unidos Podemos los mismos 71 que ahora, mientras que Ciudadanos obtendría 45 escaños (12,9%), trece más que en 2016, y más cerca de su porcentaje de votos (13,4% de los votos a candidaturas). PNV y CDC perderían un escaño cada uno para "clavar" su porcentaje de escaños con el de votos. Los partidos con representación parlamentaria habrían logrado un número de escaños mucho más proporcional al de los votos obtenidos y las diferencias de escaños entre los partidos estarían de acuerdo con las diferencias de votos. Así, por ejemplo, el PSOE aventajaría a Podemos únicamente en cinco escaños, como corresponde a una diferencia en votos de 1,43 p.p., y no en catorce. Del mismo modo, Ciudadanos, que multiplica por cinco los votos de ERC, haría lo propio en número de escaños, y no lo triplicaría simplemente.

De nuevo, en las elecciones de 2016 el problema fundamental no fue tanto la falta de proporcionalidad de los resultados, sino la extrema dificultad para formar gobierno de acuerdo con ellos, ya que cualquier combinación precisaba de, al menos, cinco partidos o de la abstención de una de las dos grandes fuerzas políticas a derecha e izquierda. La reforma propuesta modifica esos resultados de tal manera que la suma de PP y Ciudadanos sería de 180 diputados y no de 169, de modo que alcanzarían sin problemas la mayoría absoluta y estarían capacitados para formar un gobierno estable que durara toda la legislatura sin sobresaltos (siempre que el acuerdo entre ambos funcionase correctamente). Esto podría hacerse tanto formando una coalición como con el apoyo externo de Ciudadanos y un acuerdo programático de Gobierno, No sería preciso el apoyo de ningún partido nacionalista y estaríamos ante la primera ocasión de nuestra reciente experiencia democrática en la que la legislatura estaría en manos de dos partidos de dimensión nacional, y no de un partido nacional apoyado por nacionalistas más o menos moderados, lo que convertiría a España en un país europeo "normal", donde esto es lo que sucede habitualmente tras unas elecciones.

Con el sistema electoral propuesto, nueve partidos obtienen representación parlamentaria, de los que tres logran menos de cinco escaños. Únicamente el 2,9% de los votos no se ven representados (son inútiles), a diferencia del 8,2% del sistema electoral vigente, y el Índice Gallagher de desproporción es de 4,2, menor que el 5,5 real. La desproporción según el Índice Loosemore-Hanby (LH) se reduciría del 8,3% al 5,6%, y el número efectivo de partidos aumentaría de 3,8 a 3,9.

## 12. ANÁLISIS DE SENSIBILIDAD

La reforma electoral propuesta soluciona los grandes problemas del sistema electoral actual mientras conserva los elementos positivos que sin duda tiene. La duda que puede asaltar al lector es, ¿y qué ocurre si modifico alguno de los parámetros propuestos? ¿Qué ocurriría si los escaños asignados en la fase de representación provincial fuesen 300, en lugar de 275? ¿Y si fueran 250? ¿Y si aumentasen o disminuyesen los 50 escaños de representatividad? ¿Y los 25 escaños de prima al partido mayoritario? En este capítulo contestaré a esas preguntas, que yo mismo me hice cuando simulaba distintos escenarios, e intentaré justificar por qué realicé esta elección y no otra.

Comencemos por los **escaños de representación provincial**. Cuantos más escaños se asignen en esta fase, más resultados desproporcionados se producen a favor de uno o varios partidos que luego resultan incorregibles en fases posteriores. Así, por ejemplo, si se repartiesen 300 escaños en la primera fase, el segundo partido más votado obtendría una sobrerrepresentación de escaños en siete elecciones[161]. Es decir, en prácticamente la mitad de las elecciones se volvería a reproducir el resultado de que los dos partidos más votados acaben sobre-ponderados, una situación que se pretende evitar, ya que ello, dependiendo de si esos nuevos escaños se restan de la fase de representatividad o de prima al partido mayoritario, se produciría a costa de los partidos nacionales minoritarios o del partido más votado, que no obtendría un número de escaños suficiente para formar gobierno con garantías. Se trata de un escenario que pretendo evitar, pues el objetivo es mantener la gobernabilidad primando exclusivamente al partido más votado mientras el resto de los partidos obtiene unos escaños proporcionales a su resultado. Si, en cambio, se redujera el número de escaños a repartir en esta fase hasta, por ejemplo, 250, se dificultaría la obtención de escaños para los partidos minoritarios, tanto regionales como nacionales, con lo que se reduciría el número de partidos parlamentarios, desapareciendo en algunas elecciones partidos históricos como el BNG, ERC, CDS o UPyD, alguno de los cuáles en la posterior fase de representatividad podría incluso aspirar

---

[161] 1977, 1979, 1982, 1986, 1993, 1996 y 2015.

hasta a seis escaños. De esta manera, el número de votos malgastados aumentaría sustancialmente, y se perdería parte de la pluralidad del Congreso, y ninguna de ambas cosas se busca con esta reforma.

En lo que se refiere al número de escaños de **representatividad**, su aumento no mejoraría significativamente la proporcionalidad de los resultados en diez de las trece convocatorias electorales, pues en ellas los escaños se ajustan muy bien[162]. Únicamente en las elecciones de 2004, 2015 y 2016, PP (en 2004) y PSOE y Podemos (en 2015 y 2016) recibieron tres escaños menos de los que les hubiera correspondido con un reparto óptimo, pero en todos los casos lograron más del 95% de los escaños que les pertenecía. Un reparto de apenas cinco escaños más en esta fase solucionaría este ligero desajuste[163]. Pero ¿de dónde los restaría? En 2004 y 2016 no tendría gran importancia, pero en 2015, si se hiciera de la fase de prima al partido mayoritario, los perdería el PP y se complicaría la formación de gobierno, y ello justamente en la legislatura fallida que bloqueó el país durante más de diez meses. Y si se restasen de la fase de representación provincial, se verían perjudicados tanto el PP (con lo que se repetiría el bloqueo) como el PSOE y Podemos, ganadores de algunos de los últimos escaños restados, con lo que ambos volverían a la misma situación de partida. Ante el dilema entre mejorar levemente la representatividad en tres de las trece elecciones, a cambio de complicar la gobernabilidad precisamente en la legislatura durante la que España se volvió ingobernable, mi opción fue priorizar la gobernabilidad.

La **prima al partido mayoritario** también puede ser objeto de análisis. Una reducción de esta prima de 25 a 20 escaños complicaría la gobernabilidad tras las elecciones de 1977, 1979, 1996, 2015 y 2016 y haría perder al PP las mayorías absolutas de 2000 y 2011, lo que parece descartable. Un incremento de 25 a 30 escaños, por el contrario, mejoraría la gobernabilidad tras las elecciones de 1979, 1993 y 2015, además de otorgar el PSOE mayoría absoluta en 2004 y 2008. Sin embargo, eso se

---

[162] Quedan como máximo un escaño por debajo del óptimo en los partidos minoritarios o dos en los mayoritarios.

[163] En 2004 el PP recibiría dos nuevos escaños y el PSOE, tres. En 2015 el PSOE recibiría un escaño más y Podemos, dos (otro iría a parar a Ciudadanos, y otro a EH-Bildu). Y en 2016, el PP recibiría tres nuevos escaños, y PSOE y Podemos, uno cada uno.

haría a costa de empeorar la proporcionalidad de todos los resultados electorales, hasta el punto de que entre dos y cuatro procesos electorales resultarían menos representativos con la reforma planteada que en la realidad. Mi conclusión fue que el impacto negativo no compensaba el positivo, que la prima al partido mayoritario debe ser la menor posible para no romper la proporcionalidad de los resultados. Mi propuesta posibilita un gobierno con visos de ser estable, pero obligado a la negociación y al diálogo, que es lo que los electores buscaban.

Finalmente, queda la opción de un mayor o menor **umbral mínimo** para entrar en el reparto de la segunda fase. El umbral nacional del 2% nunca se alcanza por un partido que no tenga representación provincial, así que lo establezco en previsión de que se haga necesario. Ese 2% es lo suficientemente elevado para evitar la entrada en el Congreso de todo tipo de grupos radicales, populistas, personalistas y marginales, pero también lo suficientemente reducido como para que un partido que alcance la cifra de medio millón de votos, que correspondería en la actualidad a entre cinco y siete escaños, se asegure representación en el Parlamento. Si fuera más reducido sería relativamente sencillo alcanzarlo y algunos de esos partidos marginales accederían al Parlamento. Si fuese mayor, ocasionaría que un partido político con más de medio millón de votos de apoyo fuese extraparlamentario. Con menos votos de esa cifra CiU logró ocho escaños en 2016, y un partido con representación permanente en el Congreso como el PNV ronda tradicionalmente los 300.000 votos. Sería discriminatorio para los partidos nacionales minoritarios. Por otro lado, la cifra mínima de un representante en la fase provincial responde a la voluntad de, una vez un partido logra representación parlamentaria, tenga un número de escaños proporcional a su número de votos. Lo contrario perjudicaría a los partidos nacionales minoritarios, y ni el CDS en 1996, ni UPyD en 2008 accederían a la segunda fase de reparto de escaños y obtendrían un solitario escaño, menos que otros partidos con menos votos, volviendo a reproducir esta paradoja que la reforma propuesta había solucionado.

## 13. CONSECUENCIAS DE LA REFORMA

### 13.1.  Representatividad

Con la propuesta de reforma la representatividad del sistema electoral mejora sustancialmente. Los principales partidos perjudicados actualmente son los partidos minoritarios de ámbito estatal (IU, UPyD y Ciudadanos), y eso se modifica de forma radical. Si se compara la siguiente tabla con la misma analizada cuando se diagnosticaba el sistema electoral vigente, el gran perjudicado histórico de la desproporción del mismo, el PCE o IU en sus distintas configuraciones electorales, pasa de tener una prima negativa media de 12,7 escaños en cada elección, y un acumulado de 152 escaños obtenidos de menos, a una media de 0,7 escaños en negativo y un total de 8 escaños obtenidos de menos. Es decir, una caída del 95% de la desproporción de resultados.

### PRIMAS ELECTORALES (ESCAÑOS)

| | MAYORITARIOS | | MINORITARIOS | | |
|---|---|---|---|---|---|
| AÑO | PSOE | UCD/CP/ PP | PCE/IU/ UP | AP/CDS/ UPD/C's | POD. |
| 1977 | -1 | 33 | -1 | 0 | |
| 1979 | 1 | 30 | -1 | 0 | |
| 1982 | 10 | 5 | 1 | 0 | |
| 1986 | 21 | 6 | 0 | 2 | |
| 1989 | 24 | 0 | 0 | 0 | |
| 1993 | 20 | -1 | -1 | 0 | |
| 1996 | 5 | 10 | -2 | | |
| 2000 | 1 | 18 | 0 | | |
| 2004 | 20 | -3 | -1 | | |
| 2008 | 17 | -1 | -1 | 0 | |
| 2011 | 1 | 20 | -1 | 0 | |
| 2015 | -3 | 24 | -1 | -4 | -3 |
| 2016 | -3 | 19 | | -2 | -3 |
| **MEDIA** | 8,7 | 12,3 | -0,7 | -0,4 | -3 |
| **ACUM.** | 113 | 160 | -8 | -4 | -6 |

También los partidos de centro y centro-derecha se veían perjudicados por el sistema electoral cuando eran minoritarios, y perdían una media de 11,4 escaños y un total de 114 escaños sobre los que les correspondería en cada convocatoria electoral en la que se presentaban. Sin embargo, con la reforma planteada habrían perdido apenas 0,4 escaños de media y un total de 4 escaños en todas las elecciones, lo que supone una reducción en la desproporción de sus resultados de un 96%. En la práctica el sesgo negativo contra los partidos minoritarios nacionales desaparece.

En cuanto a los partidos nacionales mayoritarios, siguen sobrerrepresentados debido a la prima a la mayoría que se le concede al ganador de las elecciones para que pueda formar gobierno, pero esa sobrerrepresentación se reduce a la mitad, pues bajo mi propuesta únicamente el ganador está sobre-ponderado y no ambos partidos. El PSOE pasa de 16,6 escaños de media y un total de 216 escaños de más a 8,7 escaños de media y un total de 113. En cuanto a UCD y PP, pasan de 22,8 escaños de media y un total de 296 escaños de más a 12,3 escaños de media y un total de 160 escaños de más. De igual forma, el sesgo pro-conservador se reduce de unos 10-11 escaños de media a 1-2 escaños, debido al cambio en el reparto de los escaños entre las provincias, mientras que el sesgo entre partidos tradicionales y "nuevos", desaparece por completo cuando actualmente se estima en 11 escaños.

La desproporción a priori por la asignación de escaños a las distintas circunscripciones electorales, el Índice de *Mal-apportionment* o índice electoral de desproporción, que indica el porcentaje de escaños que no se corresponde con la población de la circunscripción, se reduciría de un 9,63% a un 2,85%, lo que nos sacaría del puesto 19 en la lista de los países con una mayor desproporción de entre las 78 democracias del mundo[164], para situarnos por debajo de la media (establecida en el 7% de desproporción). La desproporción a posteriori, medida por el Índice de Gallagher o de los mínimos cuadrados[165], se reduciría de 7,0, la segunda

---

[164] SAMUELS, David and SNYDER, Richard, *The Value of a Vote: Malapportionment in Comparative Perspective*, British Journal of Political Science, Cambridge University Press, Cambridge, 2001.
[165] Mide la desproporción efectiva entre de un Sistema electoral comparando la diferencia entre el porcentaje de votos recibido por un partido político y el porcentaje de representantes obtenido por ese partido, tomando para ello la raíz cuadrada de la media de la suma de las diferencias al cuadrado entre el porcentaje de voto y el porcentaje de representantes de cada uno de los partidos políticos. Es decir, se calcula, para cada partido,

mayor del mundo entre los sistemas proporcionales, a 4,3, algo por encima de la media, aunque el 90% de esta desproporción se debe a la prima a la mayoría concedida a la primera fuerza política en cada elección, y no a que los partidos parlamentarios estén infrarrepresentados

| Índice Loosemore-Hanby (LH) | | |
| --- | --- | --- |
| Año | Real | Propuesta |
| 1977 | 18,3 | 9,6 |
| 1979 | 17,6 | 9,1 |
| 1982 | 13,9 | 4,9 |
| 1986 | 12,7 | 8,4 |
| 1989 | 15,1 | 7,3 |
| 1993 | 12,0 | 5,8 |
| 1996 | 8,1 | 4,3 |
| 2000 | 9,2 | 5,3 |
| 2004 | 8,5 | 5,7 |
| 2008 | 8,5 | 4,8 |
| 2011 | 11,7 | 5,8 |
| 2015 | 11,0 | 7,0 |
| 2016 | 8,4 | 5,6 |
| MEDIA | 11,9 | 6,4 |

En cuanto al índice absoluto o de Loosemore-Hanby (LH), que es interpretable como el porcentaje de escaños que no han sido repartidos de un modo completamente proporcional, en España se reduce del 11,9% de los escaños que no se han repartido de forma proporcional en el escenario real al 6,4% que habría tenido bajo la propuesta de reforma. Es decir se reduce casi a la mitad. Lo realmente importante es que en todas y cada una de las convocatorias electorales se reduce la desproporción de los resultados, y todo ello mientras no se ve perjudica, como hemos visto, la gobernabilidad.

---

la diferencia entre el porcentaje de escaños obtenido y el porcentaje de escaños que le correspondería en condiciones ideales. Para cada partido, se eleva al cuadrado la diferencia resultante y se suman los resultados. El resultado se divide entre dos y se halla su raíz cuadrada.

En resumen, en lo que respecta a la representatividad de los resultados, la reforma eliminaría los sesgos electorales contra los partidos nacionales minoritarios, dejaría de producirse la anomalía electoral de que un partido con más votos reciba menos escaños que otro, y la desproporción tanto a priori como a posteriori se reduce a prácticamente la mitad, y la que resta está causada casi en su totalidad por la prima al partido mayoritario que garantiza la gobernabilidad, y no a que el resto de partidos parlamentarios se vea perjudicado en el reparto de escaños.

### 13.2.   Representación geográfica.

El sistema electoral del Congreso cumple actualmente muy bien con su papel de representación geográfica, y lo seguiría realizando con la reforma planteada. La comparación entre los escaños obtenidos por los principales partidos políticos de ámbito regional y los que teóricamente deberían haberles correspondido de acuerdo con un reparto proporcional muestra que se reducen las disfunciones de la práctica totalidad de los partidos regionales. Las de signo positivo se reducen hasta casi desaparecer y las de signo negativo se hacen menores.

Así, entre los partidos nacionales mayoritarios, Convergencia y Unió (CiU) obtiene los mismos resultados en el sistema actual y en el propuesto. El PNV, sin embargo, pierde su exceso de 1,2 escaños de media y 15 escaños acumulados, y en su lugar se queda a la par, al acabar el reparto inicial de escaños con la sobrerrepresentación de las provincias vascas. ERC, en cambio, se beneficia de los nuevos escaños repartidos a Cataluña y reduce los escaños de infrarrepresentación a la mitad, y así pasa de un acumulado de 13 escaños perdidos a 7 escaños. Otros partidos como CC, BNG y PA reducen sus desfases sobre la proporcional, y únicamente HB/Bildu/Batasuna, aumenta su infrarrepresentación de un total de 3 a 5 escaños, ya que se ve perjudicado por la pérdida de escaños de las provincias vascas (y Navarra) pequeñas, así como por su condición de fuerza minoritaria en ellas, lo que los hace muy proclives en la actualidad a ganar el último escaño en las mismas.

## PRIMAS ELECTORALES (ESCAÑOS)

| | MAYORITARIOS REGIONALES | | | | MINORITARIOS REG. | | |
|---|---|---|---|---|---|---|---|
| AÑO | CiU | PNV | ERC | AIC/CC | BNG | PA | HB/BILDU |
| 1977 | -1 | 0 | 0 | -1 | | | |
| 1979 | 0 | 0 | -1 | 0 | -1 | 0 | 0 |
| 1982 | 0 | 0 | 0 | 0 | | -1 | -1 |
| 1986 | 0 | 0 | -1 | 0 | | -2 | 1 |
| 1989 | 0 | 1 | -1 | 0 | | -1 | -1 |
| 1993 | 0 | 1 | -1 | 0 | -2 | -1 | 0 |
| 1996 | -1 | -1 | 0 | 0 | 0 | -2 | -1 |
| 2000 | -1 | 0 | 0 | 0 | -1 | -3 | |
| 2004 | 0 | -1 | -1 | 0 | -1 | -2 | |
| 2008 | -1 | 0 | -1 | 0 | -1 | | |
| 2011 | 1 | -1 | -1 | 0 | -1 | -1 | -1 |
| 2015 | 0 | 0 | 0 | 0 | | | -1 |
| 2016 | 1 | 1 | 0 | 0 | | | -1 |
| **MEDIA** | -0,2 | 0 | -0,5 | -0,1 | -0,5 | -1 | -0,4 |
| **ACUM.** | -2 | 0 | -7 | -1 | -7 | -13 | -5 |

Del mismo modo, la reforma electoral reduciría el sesgo en favor de algunas regiones y, en particular, de aquellas con un mayor número de provincias de escasa población y en contra de las que cuentan con provincias de mayor población. La tabla adjunta muestra el número de escaños de más (en positivo) o de menos (en negativo) que cada comunidad autónoma aporta al Congreso respecto al que le correspondería de acuerdo con su población.

Como se observa, Castilla y León pasaría de elegir 12 representantes más de los que le correspondería a únicamente 4. El País Vasco y La Rioja reducirían su sobre-ponderación de 2 escaños a 2, y Cantabria mantendría su exceso de un escaño. El principal cambio sería que, con la reforma, diez de las diecisiete CC.AA. elegirían el número de representantes que les correspondería, en lugar de únicamente cinco como ocurre en la actualidad. La más perjudicada seguiría siendo Madrid, pero únicamente elegiría 3 escaños de menos, en lugar de los 12 actuales, Cataluña pasaría de elegir 9 diputados menos a solo 1 menos, la Comunidad Valenciana de 4 menos a

1, y Andalucía de 2 menos a únicamente 1 menos. De modo que los sesgos territoriales se corrigen de forma sustancial.

## ESCAÑOS POR REGIONES

| Comunidad Autónoma | Diferencia 2016 | Diferencia propuesta |
|---|---|---|
| Castilla y León | 12 | 4 |
| País Vasco | 2 | 1 |
| Rioja, La | 2 | 1 |
| Cantabria | 1 | 1 |
| Castilla-La Mancha | 5 | 0 |
| Aragón | 3 | 0 |
| Extremadura | 2 | 0 |
| Galicia | 2 | 0 |
| Asturias | 0 | 0 |
| Baleares | 0 | 0 |
| Navarra | 0 | 0 |
| Ceuta | 0 | 0 |
| Melilla | 0 | 0 |
| Murcia | -1 | 0 |
| Canarias | -1 | -1 |
| Andalucía | -2 | -1 |
| Com. Valenciana | -4 | -1 |
| Cataluña | -9 | -1 |
| Madrid | -12 | -3 |
| **Total Nacional** | **0** | **0** |

### 13.3.    Legitimidad.

La legitimidad de sistema electoral del Congreso mejora sustancialmente con la reforma planteada, y pasa de ser mediocre a muy buena, puesto que con ella los votantes pueden votar a su primera elección (lo que se llama voto "honesto" o "sincero") sin considerar si se trata de un "voto útil" o si será malgastado en el proceso electoral. El porcentaje de "votos no útiles"[166], que se malgastan en candidatos o partidos sin

---

[166] Es decir, votos válidos que no se traducen en la elección de ningún representante.

posibilidad de resultar elegidos se reduce del 11,6% de media al 4,9%. Bajo la propuesta de reforma prácticamente los únicos votos que se perderían serían los destinados a partidos que no alcanzaran representación provincial ni el 2% de los votos a nivel nacional, pero serían una minoría.

## VOTO MALGASTADO

| Año | % real | % propuesta |
|---|---|---|
| 1977 | 17,4% | 7,9% |
| 1979 | 16,3% | 7,3% |
| 1982 | 14,0% | 6,5% |
| 1986 | 13,5% | 6,8% |
| 1989 | 14,6% | 6,0% |
| 1993 | 10,9% | 4,8% |
| 1996 | 7,5% | 3,2% |
| 2000 | 9,2% | 4,8% |
| 2004 | 8,6% | 3,5% |
| 2008 | 8,2% | 3,0% |
| 2011 | 11,4% | 3,5% |
| 2015 | 11,0% | 4,0% |
| 2016 | 8,2% | 2,9% |
| **MEDIA** | **11,6%** | **4,9%** |

De esta forma el sistema electoral español dejaría de sufrir la paradoja de la **no independencia de alternativas irrelevantes** y se terminaría la apelación al "voto útil", en el que el elector de cualquiera de las circunscripciones pequeñas vota al "menos malo" de los partidos con opciones reales, y no a su partido preferido. Una opción que actualmente condena en la práctica a un elector a votar siempre a su segunda o tercera opción, y que genera apatía y frustración entre los electores, y reduce la legitimidad de los representantes elegidos. Con la propuesta planteada, todos los votos a partidos con representatividad local o nacional serían útiles y se acabaría con la presión para votar al menos malo.

Cabría, pues, esperar que en un sistema electoral como el propuesto, el voto a terceros partidos aumentase como consecuencia de la eliminación del voto útil, lo que aumentaría el peso de los partidos nacionales minoritarios e incrementaría la pluralidad y legitimidad del sistema.

### 13.4. Facilitar un gobierno estable y eficiente.

Nuestro actual sistema electoral fue bueno a la hora de facilitar un gobierno estable y eficiente mientras el sistema de "dos partidos y medio" se mantuvo vigente. Sin embargo, la gobernabilidad del sistema de partidos se ha puesto en entredicho en las dos últimas convocatorias electorales, una vez pasamos del bipartidismo o multipartidismo bipolar, al multipartidismo moderado y polarizado de nuestro actual régimen de partidos. La reforma electoral planteada reduce la influencia de los partidos nacionalistas en la gobernabilidad de España a su justa medida, pues hasta ahora su influencia ha sido desmedida el estar enormemente infrarrepresentados los partidos nacionales minoritarios. Al corregir este último aspecto, la situación se normaliza y la influencia de los partidos nacionalistas decae en la misma medida en que aumenta la de los partidos nacionales minoritarios.

Así, **en cuatro** (1982, 1986, 2000 y 2011) **de las trece** convocatorias electorales celebradas hasta la fecha, tanto en la realidad como con la reforma electoral propuesta, **un partido obtendría la mayoría absoluta** y no precisaría de ningún tipo de acuerdo para gobernar. En ese sentido, la reforma no altera la gobernabilidad en estas cuatro elecciones.

Sin embargo, la diferencia se observa en las **nueve elecciones** tras las que **un partido gobernó en minoría**. **En dos** de esas legislaturas (2004 y 2008), al gobierno le bastaba con el **apoyo exclusivo de partidos nacionalistas** para gobernar, pues el resto de partidos nacionales (descartando el principal de la oposición) no tenía un número de escaños suficientes para garantizar la aprobación de las propuestas del gobierno. Pues bien, bajo la propuesta de reforma electoral este hecho no se habría producido en ningún caso[167]. Además, las posibilidades del PSOE de alcanzar la mayoría absoluta con el apoyo de un solo partido se multiplicarían de 0 a 4 en 2004, y de 1 a 4 en 2008, con lo que la capacidad de influencia de los pequeños partidos se reduciría considerablemente. En **una** legislatura, 1996, el gobierno **se apoyó exclusivamente en partidos nacionalistas** para gobernar, pero **con la reforma propuesta eso no**

---

[167] En 2004 el Gobierno investido habría tenido la opción de apoyarse en IU, y en 2008 tanto en IU como en UPyD.

**habría sido posible**[168]. Con la reforma electoral planteada, **el apoyo de IU sería imprescindible para gobernar**, tanto para el PP, como para el PSOE, ya que esta sería la única legislatura en la que el gobierno resultante podría haber sido diferente del realmente elegido, dado lo apretado de los resultados. En otra legislatura, la resultante de las elecciones de 1993, el gobierno **se apoyó exclusivamente en partidos nacionalistas** para gobernar, y podría seguir haciéndolo tras la reforma.

En otras **tres legislaturas** (1977, 1979 y 1989), el Gobierno podía **apoyarse tanto en partidos regionales como nacionales. Con la reforma propuesta** en 1977 y 1989 no cambiarían mucho la correlación de fuerzas, pero **en 1979 los partidos nacionalistas CiU y PNV perderían casi toda su influencia**, ya que mientras en el escenario real bastaba con el apoyo de uno de ellos para aprobar leyes, tras la reforma planteada ni siquiera la suma de ambos bastaría para gobernar, así que el escenario más probable se decantaría por una coalición entre los partidos nacionales UCD y CD, con el apoyo puntual y ocasional de algún otro partido.

Finalmente, **en las últimas dos legislaturas** (tras las elecciones de 2015 y 2016), **la gobernabilidad se ha vuelto en extremo complicada**, hasta el punto de que en la penúltima se debieron repetir las elecciones por primera y única vez hasta la fecha ante la imposibilidad de investir a un gobierno, y en la última se ha logrado "por los pelos" y se gobierna con dificultades para aprobar leyes. **Con la reforma planteada, no hubiera sido necesaria la repetición de las elecciones de 2015**, ya que el gobierno podría haber resultado investido con los votos de PP, Ciudadanos y PNV, lo que en el escenario real no era suficiente[169]. Y **en 2016, bastaría el apoyo de Ciudadanos al PP para formar gobierno con mayoría absoluta**. Es decir, la reforma electoral habría resuelto el bloqueo

---

[168] Los votos del PP, CiU y PNV apenas ascenderían a 166 escaños en el escenario planteado. Hay que recordar que en esta legislatura se produjeron numerosos traspasos de competencias al País Vasco, Cataluña y otras regiones para mantener los apoyos nacionalistas.

[169] Para gobernar habría bastado incluso con la abstención del PNV, siempre que se sumara a CC como apoyo a PP y Ciudadanos. Las leyes quedan aprobadas siempre que no haya una mayoría en contra. La suma de PP, C's y CC ascendería a 173 escaños, y con la abstención del PNV (4 escaños) únicamente podrían oponerse otros 173 diputados.

acontecido durante 315 días en los que España tuvo un gobierno en funciones al ser incapaz de investir a uno nuevo.

Así pues, la reforma planteada habría generado las mismas cuatro mayorías absolutas que en la realidad, habría resuelto el bloqueo de las dos últimas legislaturas, habría evitado que en dos legislaturas (1979 y 1996) el Gobierno se apoyara exclusivamente en los partidos nacionalistas a cambio de numerosas cesiones competenciales, y habría multiplicado las posibilidades de apoyo para gobernar en otras dos legislaturas. La gobernabilidad, en conjunto, se ve sustancialmente mejorada incluso en el actual escenario de tetrapartidismo, al mismo tiempo que aumenta la influencia de los partidos nacionales minoritarios en el gobierno y se reduce la de los partidos nacionalistas.

La **duración de los gobiernos** se habría visto incrementada desde los 1.000 días de media con el sistema electoral actual hasta los 1.200 días que tendríamos si se hubiera formado gobierno tras las elecciones de 2015 y no hubiera sido precisa una nueva convocatoria electoral, ya que habríamos evitado el periodo de "no gobierno" de 315 días hasta la investidura de octubre de 2016.

Por último el "**número efectivo de partidos**" o Índice de Laakso y Taagepera[170] que en España indicaba un número medio de 2,6 partidos parlamentarios importantes entre las elecciones de 1977 y 2011, ascendería a 2,9 en los escenarios simulados con la reforma propuesta. Se pasaría de un régimen de "dos partidos y medio" que oscilaría entre el bipartidismo y el multipartidismo bipolar a un régimen de partidos algo más plural, que oscilaría entre un multipartidismo bipolar y uno moderado. En la práctica, a diferencia de lo que ha venido sucediendo hasta 2015, existiría permanentemente al menos un partido nacional minoritario en posición de ejercer su influencia sobre el gobierno cuando éste no tuviera mayoría absoluta, lo que ampliaría las opciones para el partido de gobierno. Tras los dos últimos procesos electorales, con la reforma propuesta el número

---

[170] La idea que subyace en este índice es "contar" el número de partidos políticos, pero ajustándolos a su tamaño relativo respecto al porcentaje de votos o de escaños. Si el número efectivo de partidos de acuerdo con los escaños obtenidos se aproxima al estimado de acuerdo con los votos, lo que significa es que los partidos tienen aproximadamente el mismo poder.

efectivo de partidos ascendería a apenas 4,1, muy similar al actual, pero la diferente proporción de fuerzas permite la formación de gobierno con tres partidos, en 2015, y únicamente dos partidos, en 2016, que no se vetan entre sí, lo que convierte el multipartidismo moderado en gobernable.

### 13.5.    Rendición de cuentas del Gobierno y los representantes.

La rendición de cuentas del gobierno ha sido hasta hace poco muy buena. En España todos los gobiernos excepto uno, el de Suárez en 1981, han caído por decisión de los electores, que son los que han castigado en las urnas lo que han considerado una mala gestión, y han atribuido de forma clara la responsabilidad de formar un nuevo gobierno a otro partido. En cuanto a la formación de un nuevo gobierno, pese a que **la rendición de cuentas fue excelente** en la fase de multipartidismo bipolar vigente **hasta 2015, ha mostrado carencias y dificultades en el nuevo sistema multipartidista**, lo que abre un espacio para la mejora, también en este aspecto. Bajo la **reforma propuesta, tanto en 2015 como en 2016 los electores** habrían realizado una **elección clara e inequívoca** sobre el encargado de formar gobierno, y no habría existido ninguna otra opción alternativa, así que se conservaría incluso en estas convocatorias electorales la cualidad de la rendición de cuentas del Gobierno, que cabría catalogar de excelente bajo el sistema electoral propuesto.

En cuanto a la rendición de cuentas de los representantes entre los electores, el sistema español es muy deficiente, pero **las listas flexibles** propuestas introducen un mecanismo de control por parte de los votantes de los representantes elegidos en cada distrito electoral. Serían pues los candidatos más votados los elegidos para representar a los ciudadanos, y no resultarían elegidos como hasta ahora de acuerdo con el orden preestablecido en la lista de partido. Este sistema traspasa el poder desde los partidos hacia los votantes, lo que hará que los representantes se vean incentivados a cultivar una relación y contacto estrecho con   los ciudadanos de su circunscripción, a los cuales deberá pedirles el voto personal. Este hecho estimula la **rendición de cuentas de los representantes**, pues el electorado tendrá la capacidad de verificar efectivamente a quienes, una vez elegidos, traicionan las promesas que hicieron durante la campaña o demuestran incompetencia en el cargo.

**13.6.  Incentivos para la conciliación y resistencia al extremismo.**

Nuestro sistema electoral para el Congreso tampoco ofrece incentivos para la conciliación, sino que promueve el enfrentamiento visceral fundamentado en la confrontación entre dos grandes fuerzas políticas, y en campañas de captación del voto útil contra su rival. En este contexto, proliferan las campañas electorales negativas del tipo "vota a mi partido si no quieres que gane el otro", que fomentan la rivalidad e incluso el odio a "los otros". La reforma electoral planteada ofrece mejores incentivos para la conciliación por dos motivos: 1º) por un lado, la confrontación ya no se produciría entre dos grandes fuerzas, sino que tendrían cabida tres o cuatro fuerzas políticas, una de las cuales sería en todo caso, moderada o de centro, ofreciendo de esta manera a los electores al menos una opción conciliadora y abierta al diálogo y al pacto, si las otras no lo estuvieran. Adicionalmente, su mera existencia moderaría a los partidos inmediatamente a su derecha e izquierda con el objeto de disputarle los votos de centro.  2º) Por otro lado, la opción de pedir el voto para el "menos malo" en la que se basa la campaña en favor del "voto útil" ya no sería factible, puesto que el voto no se desperdiciaría en las provincias medianas y pequeñas si se destinase a partidos nacionales minoritarios. El fomento de la rivalidad entre partidos no daría votos útiles.

**13.7.  Facilidad de uso, comprensión y coste de la administración.**

El sistema electoral español es fácil de usar, comprender y administrar y seguiría siendo igual de sencillo para el votante, con la única salvedad de que aquellos electores interesados podría realizar un voto preferencial en favor de uno o varios de los candidatos en la lista electoral de su partido, pero dado que se trataría de una opción y no de una obligación, este hecho no debería detraer a nadie de acudir a las urnas. La administración del voto seguiría siendo sencilla, con recuento en cada mesa electoral sin necesidad de recuentos centralizados, aunque habría que realizar una ronda adicional de recuento de los votos preferenciales, pero esto no retrasaría la rapidez en conocer al ganador de las elecciones, ni sería más complicado que el actual proceso de recuento del Senado. Así que la propuesta de reforma mantendría la facilidad de uso, comprensión y coste de la administración.

## 13.8.   Fortalecimiento de los partidos políticos.

Finalmente, la reforma sigue favoreciendo el fortalecimiento de los partidos políticos, ya que alienta su unidad y desalienta la fragmentación partidista. Las listas desbloqueadas alientan las campañas en positivo de los candidatos ya que el voto aprobatorio permite múltiples opciones de aprobación, y no una sola, y las campañas en negativo serían penalizadas. Por otro lado, el establecimiento de la barrera o umbral mínimo del 2% de los votos nacionales (3% si se trata de una coalición) desincentiva las escisiones, del mismo modo que la prima al partido mayoritario incentiva la conservación y fortalecimiento de partidos con aspiración de victoria.

## 13.9.   Conclusiones

Así pues, la propuesta de reforma de sistema electoral para nuestro Congreso de los Diputados conserva los elementos positivos respecto a la representación geográfica, facilidad de uso y fortalecimiento de los partidos, y mejora sustancialmente la gobernabilidad, representatividad, legitimidad, rendición de cuentas de los representantes e incentivos a la conciliación. Como conclusión, considero preciso destacar los siguientes aspectos de la reforma propuesta:

1. La **proporcionalidad** de los resultados **mejora** sustancialmente en las trece convocatorias electorales celebradas hasta la fecha, hasta el punto de que el porcentaje de escaños que no se reparten de un modo completamente proporcional se reduce del 11,9% al 6,4% de media.

2. Tras todas las elecciones, el **orden** de los partidos parlamentarios por número de **escaños es igual al orden** por número de **votos**, y la diferencia en el número de escaños es proporcional a la diferencia en el número de votos. Desaparece la anomalía producida en once de las trece convocatorias electorales, de que un partido recibiera menos escaños con más votos que otro.

3. **Se eliminan los sesgos** contra los **partidos nacionales minoritarios**, que reciben un número de escaños proporcional a su número de votos, así como los sesgos pro partidos conservadores y tradicionales, y todo ello sin castigar a los partidos nacionalistas, que ven también reducidos sus resultados desproporcionados.

4. Los **votos malgastados** o "no útiles" que no sirven para elegir a un representante, se **reducen a menos de la mitad**, del 11,6% de media al 4,9%. La apelación al "**voto útil**", en el que el elector se ve obligado a votar al "menos malo" de los partidos con opciones reales, y no a su partido preferido, **deja de tener sentido**, eliminando la apatía y frustración que genera e incrementando la legitimidad del resultado electoral.

5. Todo ello se logra conservando la **gobernabilidad** del sistema electoral que, incluso, **se ve reforzada**. La reforma planteada habría generado las mismas cuatro mayorías absolutas que se han producido, resuelto el bloqueo de las dos últimas legislaturas, evitado que el Gobierno se apoyara exclusivamente en los partidos nacionalistas en dos legislaturas (1979 y 1996) a cambio de cesiones competenciales, y multiplicado las posibilidades de apoyo para gobernar en otras dos legislaturas. Aumentaría la influencia de los partidos nacionales minoritarios y reduciría la de los partidos nacionalistas. Bajo la **reforma propuesta, tanto en 2015 como en 2016 la elección de gobierno** por los electores habría sido **clara e inequívoca**.

6. Mejora la rendición de cuentas de los representantes ante los electores con la introducción de **las listas flexibles** como mecanismo de control por parte de los votantes de los representantes elegidos en cada distrito electoral, y estimula la **rendición de cuentas de los representantes**, pues el electorado tendrá la capacidad de verificar efectivamente a quienes, una vez elegidos, traicionan las promesas que hicieron durante la campaña o demuestran incompetencia en el cargo.

7. **Incentiva la conciliación** y sigue mostrando resistencia al extremismo, al reducir la bipolarización, facilitar la presencia permanente de partidos moderados en el Parlamento y establecer un umbral de votos mínimo eficaz que evita la presencia de partidos extremistas, radicales, personalistas o populistas.

8. Conserva la **representatividad geográfica y la facilidad de uso**, comprensión y coste de la administración del actual sistema electoral.